Elogios ao Livro *Chamado Criativo*

"Sempre acreditei que uma pessoa aproveitará a vida e terá mais sucesso se ela se concentrar em criar experiências incríveis, seja nos negócios ou nos relacionamentos. O livro *Chamado Criativo* é um manual envolvente por fazer exatamente isso, de um homem que, por meio da CreativeLive, seguiu suas paixões e criou uma empresa para inspirar os outros."

— *Sir Richard Branson, fundador do Grupo Virgin*

"Há uma conexão selvagem e indomada entre nossa criatividade inerente e nosso anseio por uma vida baseada em propósito e repleta de significado. As experiências de Chase e seu compromisso com a criação fazem dele o guia perfeito à medida que embarcamos em nossas próprias aventuras para aprender como a criatividade tem o poder de mudar todas as coisas."

— *Brené Brown, PhD, autora do best-seller no. 1 segundo* The New York Times, A Coragem para Liderar

"O livro *Chamado Criativo* é um guia passo a passo para quem estiver adentrando o caminho da criatividade, seja para realização pessoal ou aspiração profissional. Você não encontrará uma ferramenta melhor para liberar seu verdadeiro potencial e alcançar o auge da economia criativa."

— *Jimmy Chin, diretor ganhador do Oscar por* Free Solo

"Chase Jarvis é um espírito criativo notável. Seu novo livro, *Chamado Criativo*, é a prova positiva de que a criatividade é tanto arte quanto prática. Com muita sinceridade e visão engenhosa, Chase desmistifica o que significa ser uma pessoa criativa e prova que qualquer um de nós pode ser criativo. O *Chamado Criativo* mudará por completo a forma pela qual você pensa em como e por que os seres humanos criam e lhe proporcionará inspiração para ter uma vida mais significativa do que você jamais

— *Debbie Millman, artista e preside grama de branding da Faculdade de podcast* Design Matters

"Todo mundo tem um sonho. No livro *Chamado Criativo*, Chase Jarvis nos fornece o que há de mais próximo a um roteiro para ir em busca desse sonho e alcançar o sucesso durante o processo. Todo criador ou empresário deve ler esse livro."

— Daymond John, celebridade do Shark Tank *da ABC, fundador/ CEO da FUBU e CEO do Grupo Shark*

"Incansavelmente generoso e interminavelmente criativo, Chase nos desafia a ver as mudanças em nossa cultura e na mídia como uma oportunidade única na vida. Se você se importa em ser melhor no que faz, este livro está aqui para ajudar."

— Seth Godin, autor de best-sellers e empresário

"Este livro não é sobre o chamado criativo, mas sim sobre o *grito* de criatividade que vem de dentro de cada um: lutando para ser ouvido e para estar pronto para mudar o mundo."

— James Victore, artista, ativista e autor de Feck Perfuction

"Um bom design ajuda e agrada os outros. Chase Jarvis mostra como fazer isso."

— Stefan Sagmeister, designer e fundador da Sagmeister & Walsh

"Para mim, Chase Jarvis é a pessoa favorita para pedir conselhos. Tenho certeza de que ele está cansado de receber minhas ligações. Ele foi uma das primeiras pessoas a reconhecer o poder da internet para artistas, e ainda possui a melhor visão para qualquer um que esteja procurando seguir o caminho criativo. Ele já me ensinou tanto. Este livro parece uma longa conversa íntima com Chase. E não há nada mais valioso no mundo do que isso."

— Brandon Stanton, criador do Humans of New York e autor de best-sellers segundo o The New York Times

CHAMADO CRIATIVO

Outras obras de Chase Jarvis

The Best Camera is The One with You:
iPhone Photography

Seattle 100: Portrait of a City

BEST-SELLER DO *WALL STREET JOURNAL*,
LOS ANGELES TIMES E *PUBLISHERS WEEKLY*

CHASE JARVIS

CHAMADO CRIATIVO

Estabeleça uma prática diária, encha seu mundo de significado e alcance o sucesso no trabalho e na vida pessoal.

ALTA BOOKS
E D I T O R A
Rio de Janeiro, 2021

Chamado Criativo
Copyright © 2021 da Starlin Alta Editora e Consultoria Eireli. ISBN: 978-85-508-1443-8

Translated from original Creative Calling. Copyright © 2019 by Chase Jarvis. ISBN 978-0-06-287996-7. This translation is published and sold by permission of Harper Business, an imprint of HarperCollins Publishers, the owner of all rights to publish and sell the same. PORTUGUESE language edition published by Starlin Alta Editora e Consultoria Eireli, Copyright © 2021 by Starlin Alta Editora e Consultoria Eireli.

Todos os direitos estão reservados e protegidos por Lei. Nenhuma parte deste livro, sem autorização prévia por escrito da editora, poderá ser reproduzida ou transmitida. A violação dos Direitos Autorais é crime estabelecido na Lei nº 9.610/98 e com punição de acordo com o artigo 184 do Código Penal.

A editora não se responsabiliza pelo conteúdo da obra, formulada exclusivamente pelo(s) autor(es).

Marcas Registradas: Todos os termos mencionados e reconhecidos como Marca Registrada e/ou Comercial são de responsabilidade de seus proprietários. A editora informa não estar associada a nenhum produto e/ou fornecedor apresentado no livro.

Impresso no Brasil — 1ª Edição, 2021 — Edição revisada conforme o Acordo Ortográfico da Língua Portuguesa de 2009.

Produção Editorial Editora Alta Books	**Produtor Editorial** Illysabelle Trajano Thiê Alves	**Coordenação de Eventos** Viviane Paiva eventos@altabooks.com.br	**Editor de Aquisição** José Rugeri j.rugeri@altabooks.com.br
Gerência Editorial Anderson Vieira	**Assistente Editorial** Maria de Lourdes Borges	**Assistente Comercial** Filipe Amorim vendas.corporativas@altabooks.com.br	**Equipe de Marketing** Livia Carvalho Gabriela Carvalho marketing@altabooks.com.br
Gerência Comercial Daniele Fonseca			
Equipe Editorial Ian Verçosa Luana Goulart Raquel Porto Rodrigo Ramos Thales Silva	**Equipe de Design** Larissa Lima Marcelli Ferreira Paulo Gomes	**Equipe Comercial** Daiana Costa Daniel Leal Kaique Luiz Tairone Oliveira	
Tradução Luciane Camargo	**Revisão Gramatical** Fernanda Lutfi Kamilla Wozniak	**Diagramação** Luisa Maria Gomes	**Capa** Larissa Lima
Copidesque Edite Siegert			

Publique seu livro com a Alta Books. Para mais informações envie um e-mail para autoria@altabooks.com.br

Obra disponível para venda corporativa e/ou personalizada. Para mais informações, fale com projetos@altabooks.com.br

Erratas e arquivos de apoio: No site da editora relatamos, com a devida correção, qualquer erro encontrado em nossos livros, bem como disponibilizamos arquivos de apoio se aplicáveis à obra em questão.

Acesse o site **www.altabooks.com.br** e procure pelo título do livro desejado para ter acesso às erratas, aos arquivos de apoio e/ou a outros conteúdos aplicáveis à obra.

Suporte Técnico: A obra é comercializada na forma em que está, sem direito a suporte técnico ou orientação pessoal/exclusiva ao leitor.

A editora não se responsabiliza pela manutenção, atualização e idioma dos sites referidos pelos autores nesta obra.

Ouvidoria: ouvidoria@altabooks.com.br

Dados Internacionais de Catalogação na Publicação (CIP) de acordo com ISBD

J38c   Jarvis, Chase

Chamado Criativo: estabeleça uma prática diária, encha seu mundo de significado e alcance o sucesso no trabalho e na vida pessoal / Chase Jarvis ; traduzido por Luciane Camargo. - Rio de Janeiro : Alta Books, 2021.
304 p. : il. ; 16cm x 23cm.

Tradução de: Creative Calling
ISBN: 978-85-508-1443-8

1. Autoajuda. 2. Sucesso. 3. Trabalho. 4. Vida pessoal. I. Camargo, Luciane. II. Título.

2021-570   CDD 158.1
                       CDU 159.947

Elaborado por Vagner Rodolfo da Silva - CRB-8/9410

Rua Viúva Cláudio, 291 — Bairro Industrial do Jacaré
CEP: 20.970-031 — Rio de Janeiro (RJ)
Tels.: (21) 3278-8069 / 3278-8419
www.altabooks.com.br — altabooks@altabooks.com.br
www.facebook.com/altabooks — www.instagram.com/altabooks

Para você, que está lendo isto neste exato momento.
Espero que este livro o ajude a moldar a única e
preciosa vida que tem.

E para Kate,
a pessoa que mais moldou a minha vida.
Todo o meu amor.

Agradecimentos

No começo do capítulo 10, expliquei a ideia de que nada acontece se estivermos isolados, que todo projeto requer uma orquestra de colaboradores nos bastidores para torná-lo possível. Este livro tem provas disso de sobra.

Primeiro à minha esposa, Kate: sem você, querida, esse livro seria apenas uma pilha de rabiscos, listas, lembretes, esboços, documentos em pendrives, citações e páginas de caderno espalhadas pelo chão. Em alguns momentos nesse processo de criar tudo isso, eu me despedacei e você colou de volta pedacinho por pedacinho de mim — e desse livro. Em algumas situações, você trabalhou mais do que eu: incentivando-me, sugerindo mudanças, revisando o rascunho que eu rabiscava em um pedaço de papel para revelar a ideia que eu imaginara. Nunca me esquecerei dos sacrifícios que você fez. Acho até que perdeu alguns episódios de *Game of Thrones* por causa do livro. Sou tão grato. Você é meu amor e minha luz, minha musa e meu tesouro.

À minha família, principal e estendida: o seu apoio interminável tem sido uma força motriz em minha vida. Amo vocês. Aos meus amigos com quem sempre posso contar, mesmo quando não podem contar comigo: obrigado por me manterem no mundo real, por me manterem verdadeiro, por conhecerem todos os meus lados e ainda se importarem comigo. Vocês conhecem todo o trabalho bom, ruim e feio — pessoal ou não — incluído nestas páginas... obrigado. Vocês são muito incríveis.

Ao meu agente, Steve Hanselman, você é simplesmente o melhor. Sua visão é espetacular. Obrigado por toda a sua orientação ao longo dos anos e por me ajudar a escolher o melhor caminho quando esse livro queria sair

CHAMADO CRIATIVO

de dentro de mim. Um brinde a este, ao próximo e a mais um próximo livro. Posso ver um caminho longo e alegre trabalhando juntos no futuro.

À minha equipe que trabalhou nesse livro dia após dia, obrigado. Hollis Heimbouch: eu sabia desde o primeiro minuto que nos conhecemos que você seria a responsável por dar vida a esse livro. Obrigado por me ajudar a criar o livro que eu tanto queria. Sei que lutou por ele, e isso tem grande importância para mim. Você e o resto da sua equipe na Harper: Rebecca, Brian, Rachel e muitos outros para citar, nos bastidores — obrigado. David Moldawer, obrigado por ajudar a encontrar esse livro dentro da minha cabeça, do meu coração e da minha alma e colocá-lo no papel; pela pesquisa; e por garantir o registro de ideias fugazes, as histórias certas, os cortes necessários e os prazos atendidos. A todos que fizeram o livro existir, obrigado. Estou extasiado com o que criamos juntos. Foi preciso uma vila inteira.

Aos meus queridos amigos e gurus da escrita que receberam rascunhos muito, mas *muito* embrionários e fizeram sugestões que realmente moldaram o arco deste projeto: obrigado. Brené Brown, Tim Ferriss, Seth Godin, Robert Greene, Ryan Holiday, Scott Aumont, Rozen Noguellou, Megan Jasper, Cal McAllister, Alex Hillinger e Taylor Winters... o tempo que passaram comigo nesse projeto foi um presente e tanto. Obrigado pelo apoio. Serei eternamente grato.

Aos ícones, inspirações, estrelas, líderes, heróis, amigos e colaboradores que aparecem nas páginas desse livro; a todos cujas experiências, sabedoria e histórias foram compartilhadas comigo durante um jantar, uma entrevista — gravada ou não — nos negócios, na sabedoria e na vida, obrigado. A cada conselho ou exemplo brilhante que encontrou seu caminho no livro, outros três ou cinco encontraram seu caminho no banco de reserva. Tenham certeza de que os partilharei em livros, podcasts, entrevistas, turnês de lançamento de livros e inúmeras outras situações que o universo permitir no futuro. Obrigado por serem os exemplos brilhantes que são no mundo, para mim, para os leitores desse livro e para as vidas que já tocaram em busca de seu próprio chamado criativo. Vocês são demais.

À Milan Bozic, Lou Maxon, Vasco Morelli, Matt Queen, Andrew van Leeuwen e Norton Zanini — o grupo que ajudou a organizar o design desta obra. Obviamente, não poderíamos fazer um livro sobre criatividade sem dar aquele empurrãozinho a mais no pacote padrão normalmente permitido, como fizemos aqui. Obrigado pelas noites, fins de semana e horários livres. Amei o resultado.

À minha família profissional na CreativeLive e na CJI do passado, presente e futuro: que viagem maluca. São muitos os colaboradores e conspiradores do meu grupo leal a serem mencionados, que passaram milhares de horas ralando dia após dia — fazendo coisas todos os dias que muitos diziam ser impossíveis. Observando o trabalho em equipe, o esforço individual — tudo — aprendi muito com vocês, e vocês inspiraram profundamente a criação desse livro. Embora eu saiba que vocês achavam que eu estava louco em vários momentos do nosso caminho — talvez com razão, de vez em quando — espero que tenham ficado contentes por termos chegado tão longe. Sei que fiquei. E espero que tenham a mesma empolgação que tenho por todas as loucuras que ainda estão por vir.

Por fim, a todos: o que mais importa é que não ficamos apenas falando disso, nós criamos.

Sobre o Autor

Chase Jarvis é um artista e empresário premiado. Considerado um dos fotógrafos mais influentes da última década, criou campanhas para Apple, Nike, Red Bull e muitas outras grandes marcas. Seu trabalho é exibido em galerias de arte nos Estados Unidos, na Europa e no Oriente Médio. Ele contribuiu para a matéria do *The New York Times* "Snow Falling", ganhadora do Prêmio Pulitzer, e recebeu uma indicação ao Emmy por seu documentário *Portrait of a City* [*Retrato de uma Cidade*, em tradução livre]. Criou o Best Camera, o primeiro aplicativo de foto para compartilhar imagens nas redes sociais. Ajudou também a fundar a CreativeLive, onde mais de 10 milhões de estudantes aprendem fotografia, vídeo, design, música e negócios com os melhores criadores e empresários do mundo.

Chase já foi o principal palestrante em seis continentes, consultor de marcas da *Fortune 100* e convidado na Casa Branca de Obama, na Organização das Nações Unidas, na Biblioteca do Congresso, na 10 Downing Street, no Palácio de Buckingham e no DIFC em Dubai. Mora com sua esposa, Kate, em Seattle, Washington, onde atua como diretor voluntário de vários conselhos sem fins lucrativos. Ele é @chasejarvis nas redes sociais.

Sumário

Leia Isto Primeiro!	1
Introdução	5

PASSO I: IMAGINE

Capítulo 1: Ouça o seu chamado	23
Capítulo 2: Siga o seu Caminho	41
Capítulo 3: Destaque-se	65

PASSO II: DESENVOLVA

Capítulo 4: Desenvolva seus Sistemas	97
Capítulo 5: Crie seu Espaço	125
Capítulo 6: Faça Seu Melhor Trabalho	151

PASSO III: EXECUTE

Capítulo 7: Crie Até Dar Certo	169
Capítulo 8: SUA Própria Universidade	183
Capítulo 9: É Preciso Fracassar para Alcançar o Sucesso	201

PASSO IV: AMPLIE

Capítulo 10: Encontre sua Turma	223
Capítulo 11: Construa seu Público	241
Capítulo 12: Lançar!	261

Leia por Último	279

Leia Isto Primeiro!

A criatividade não é esgotável. Quanto mais se usa, mais se tem.

— MAYA ANGELOU

Faça a seguinte pergunta a si mesmo: o modo pelo qual você está trabalhando está *dando certo*? O modo pelo qual você está *vivendo* está dando certo?

Este livro é sobre criatividade, porém, de maneira mais ampla, é sobre a vida e como a vivemos. Não se trata apenas de dar início a uma prática criativa ou de se tornar um designer, escritor, fotógrafo ou empresário melhor — apesar de que este livro alavancará toda a sua habilidade criativa. Trata-se de levar uma vida mais rica, profunda e recompensadora do que antes. Passar a usar a criatividade na vida é como aquele momento de *O Mágico de Oz* em que Dorothy sai de sua casa, no Kansas, em que tudo era preto e branco e entra no colorido País dos Munchkins, em Technicolor.

Pense no que levou você a abrir esse livro hoje, neste exato momento. O que você está buscando?

Se tiver a certeza de que está vivendo seu maior chamado da vida e alcançando todo o seu potencial, ótimo. Se você coloca atitudes generosas e lúdicas em tudo o que faz, não apenas nas tarefas criativas, mas em todas as áreas da vida, fantástico. Se o espírito da criatividade e da invenção inunda todos os seus dias e os seus relacionamentos importantes com alegria, inspiração e vitalidade, você já aprendeu o que tenho para ensinar aqui. Seja lá o que estiver fazendo, está dando certo. Você está vivendo um sonho. Volte para a criação do seu dia, porque o mundo precisa do que você tem para oferecer, e dê esse livro a alguém que realmente precise dele.

Está lendo ainda?

Tudo bem, vamos à outra possibilidade: você não está vivendo seu sonho, na verdade. Longe disso, talvez. Você está em busca dele. Pode ser que esteja esgotado, exausto, estagnado; ou pode ser que apenas acredite que a vida na Terra poderia ser algo mais do que somente *isto*. Tem algo faltando. Pode ser que você se considere ou não uma "pessoa criativa" — seja lá o que isso significa —, mas tem alguma coisa nesse livro que despertou o seu interesse. Pode ser que você ainda não saiba o que é. Pode ser que você ainda não esteja disposto a admitir o que é, se souber. Vamos chegar lá, mas tenha certeza: esse livro foi feito para você.

Ou, talvez, você se identifique como uma pessoa criativa, mas ainda não crie nada, certo? Pelo menos, não muita coisa. Você costumava tirar fotografias, codificar, escrever ou tocar um instrumento, mas de alguma forma a prática que um dia fez você se sentir animado ou realizado simplesmente se foi. O engraçado é que você nem mesmo consegue voltar a se sentir dessa forma, por mais que esteja sempre tentando. Esse livro foi feito para você também.

Ou você é uma daquelas pessoas que faz as coisas. Escreve, dança, canta ou abre negócio atrás de negócio. Seja um bico ou um trabalho em tempo integral, você cria com regularidade e obtém sucesso no que faz. Agora, entretanto, não tem certeza de como continuar, nem mesmo *se* deve continuar. Talvez seu projeto atual esteja em uma fase difícil, seu cliente o esteja deixando louco e você esteja pronto para desistir. Ou você tem sentido um vazio após o último show. Na verdade, talvez você esteja até mesmo pensando em — *suspiro* — se acomodar.

Se sua prática criativa não for tudo o que você sempre sonhou até agora, não seria hora de desistir?

Calma aí.

Sem uma prática criativa resiliente, colegas criativos que o apoiam, uma comunidade próspera e uma mentalidade forte, a vida simplesmente não tem a mesma intensidade. Até mesmo um profissional de sucesso pode se atrapalhar. Esse livro ajudará você a encontrar o que está faltando. A criatividade dentro de você — aqui, agora — é a alavanca que usaremos. Citando Arquimedes, dê-nos um ponto de apoio e uma alavanca e moveremos o mundo.

Há uma última possibilidade: tudo sobre sua prática criativa fica bem-escrito no papel, mas você ainda se sente desmotivado, até mesmo apático, para continuar. Isso acontece mesmo. Já aconteceu comigo. Tudo pode parecer certo para quem está do lado de fora e ainda assim você se sente vazio.

A solução aqui é se lembrar por que você começou a criar em primeiro lugar. Encontramos o caminho a ser seguido quando voltamos ao início de tudo. Algo dentro de você pediu para ser mostrado. Seja porque você começou tirando o pó do violão que tocava no ensino médio ou se inscreveu para uma noite aberta ao público em um clube de comédia. Essa inspiração, ou seja, essa alegria, essa força da vida que já sentiu tão intensamente, ainda está disponível para você. Basta ouvir o chamado e seguir o seu caminho.

Seja onde estiver, todo novo dia é uma oportunidade de se conectar ao seu chamado criativo.

A beleza do caminho que seguimos é que nada do que fazemos foi à toa; em meio a tantas reviravoltas, nunca estamos realmente perdidos por mais longe que tenhamos ido. Essa é a natureza do processo criativo: tudo o que fazemos conta. Tudo o que fazemos tem um significado. A frustração, o tédio ou o ressentimento que sente agora é apenas uma forma de a sua intuição lhe dizer que há algo melhor à frente. Você estará pronto para isso?

Uma vida boa é planejada. Criada. E este livro é sobre ter uma vida melhor *baseada na criatividade*. Ao se expressar com frequência através de pequenos gestos, você descobrirá a influência e o ímpeto necessários para criar a vida dos seus sonhos. A criatividade é tão importante à saúde e ao bem-estar quanto os exercícios físicos, uma dieta equilibrada e a atenção plena. Somente com essa energia poderosa liberada você será capaz de viver a vida ao máximo.

Esse livro foi feito para você.

Introdução

> Não existem pessoas criativas e pessoas que não são criativas. Existem apenas pessoas que usam a criatividade e outras que não a usam. E não usá-la tem consequências. No final das contas, a criatividade inutilizada não é benigna, mas sim perigosa.
>
> — BRENÉ BROWN

Tudo parecia certo no papel: eu tinha ambições "adequadas" e um plano claro para alcançá-las. Sabia o que faria da vida e estava confiante de que teria sucesso. Mas, por dentro, estava perdido, perturbado, ausente emocionalmente e estagnado. Não conseguia identificar o que era, mas tinha algo estranho. Estava me esforçando, mas não conseguia ir adiante. Como, então, seguiria esse plano?

Só depois de perder uma pessoa muito querida percebi uma coisa: aquele plano era uma droga. As etapas dele faziam sentido, mas o destino final não me animava. No ano anterior, desisti da oportunidade de engatar uma carreira profissional no futebol. Ia começar a Faculdade de Medicina, dando início a uma nova vida que não tinha a mínima vontade de ter. O que eu estava fazendo? Como isso foi acontecer?

Durante a minha vida toda, busquei a aprovação dos outros, que tinha que ser alcançada a todo custo, portanto, ser médico parecia uma escolha óbvia. A única escolha. Eu realmente pensava assim, mas foi então que a perda me ensinou o contrário. A morte inesperada de meu avô me deu um chacoalhão. Perdê-lo me lembrou de que tenho apenas uma vida a ser vivida. Se eu não buscasse o meu chamado nesse ciclo, nunca o buscaria.

Mas se eu não curaria pessoas doentes, onde seria meu lugar no mundo? O que eu deveria fazer? Qual seria meu chamado? Ainda não conseguia enxergar o seu formato ou seus contornos exatos, mas havia algo dentro de mim pedindo para sair. Acabei me encontrando em uma das encruzilhadas da vida: o caminho "seguro" de um lado, incertezas — e possibilidades — do outro.

Por fim, percebi que um chamado é exatamente isso: um sussurro ao longe. A maioria de nós não acorda de um dia para o outro e decide que nasceu para ser veterinário de equinos ou cantor de ópera. Essa é a história que contamos a nós mesmos após tudo acontecer, assim que descobrimos o que vamos fazer. Não, um chamado é uma dica intuitiva, um estalo que percebemos quando estamos fazendo alguma coisa que parece ser certa: *Isso é maravilhoso! Vou continuar fazendo isso aqui para ver aonde me levará.*

Se continuarmos ouvindo essas dicas e deixarmos os estalos nos guiar, se atendermos ao chamado, logo descobriremos que estamos no caminho certo. Não importa aonde vamos, estamos exatamente onde deveríamos estar.

Portanto, não, não foi de repente que percebi, aos vinte e um anos, que queria ser artista, fotógrafo de esportes radicais ou fundador de uma plataforma online de aprendizado. Eu simplesmente decidi ouvir minha intuição. Sabia que queria tirar fotos, simples assim. Enquanto eu fizer o que parece certo, pensei, o resto vai acabar se encaixando, e foi o que aconteceu.

Esse foi o momento em que tive a coragem de decepcionar praticamente todos à minha volta. Pela segunda vez, abandonei o plano que tinha para o meu futuro e dei meu primeiro passo hesitante em direção a um novo caminho, e em busca do meu chamado criativo. Ainda estou nesse caminho hoje, e nunca olhei para trás.

Ser criativo não quer dizer largar seu emprego, usar boina ou se mudar para Paris. Não quer dizer usar roupas diferentes ou fazer amigos totalmente novos que tenham um "lado artístico". Não quer dizer ter outra personalidade ou passar por uma fase. Esqueça tudo o que acha que sabe sobre o que significa ser um criador. A criatividade é uma função humana natural, que se sustenta por uma vida toda, essencial para nossa saúde e bem-estar. É tão natural como respirar.

Aliás, vamos colocá-la em perspectiva. Imagine um mundo em que respirar seja uma prática vergonhosa. As crianças aprendem na escola: "Não respirem alto, crianças!" As crianças nunca correm nem brincam porque acabariam respirando ofegantemente. Os adultos nunca ficam empolgados por nada por medo de ficar sem ar. Imagine viver nesse mundo, sobrevivendo com pequenas inaladas de oxigênio e sempre se sentindo tonto e cansado.

Agora imagine se dissessem que inspirar profundamente o ar fresco e encher totalmente os pulmões é revigorante, revitalizante e incrivelmente bom para a saúde. Imagine se dissessem que sua sociedade é quem está doente, e não você. Imagine se dissessem que respirar profundamente mudará seu modo de pensar e sentir para sempre.

O que você faria após ouvir tudo isso?

Todos nascemos criativos. Não importa raça, sexo, orientação sexual, capacidade ou histórico, a criatividade nos acolhe. O objetivo desse livro é convidá-lo a aproveitar e passar a usar todos os benefícios da criatividade.

Quando criamos, tocamos em algo poderoso dentro de nós. Não controlamos essa energia o tanto quanto a canalizamos. A capacidade dessa força criativa em cada ser humano é inquestionável — já a vi solta muitas vezes para pensar o contrário. Esse poder está lá murmurando dentro de você agora mesmo, quer você o conheça ou não.

Quando criamos alguma coisa, essa vasta fonte interna é ativada, mesmo se o que criamos for algo simples e pequeno, mesmo se for uma primeira tentativa hesitante rapidamente abandonada. Nossa criatividade não se importa. Ela está acordada agora e sua energia começa a fluir por todas as partes. Se continuarmos usando nossa energia criativa fazendo coisas novas dia após dia, mês após mês, algo incrível acontecerá. Vamos nos *sentir* melhor: acordados, realizados, plenos. Ao criar com regularidade, teremos acesso a uma nova fonte de vitalidade.

Pegar uma ideia e torná-la em realidade tangível é uma das satisfações da vida, seja o resultado uma história, uma fotografia, uma refeição ou um negócio. Nascemos com um reservatório para fazer isso, uma pequena massa densa de plutônio criativo. Esse reator contém uma quantidade de combustível mais que o suficiente para ativar nossa criatividade por uma vida toda. Aliás, quanto mais usar seu poder, mais poder terá disponível. Mas, assim como o plutônio, a criatividade é perigosa. Toda essa energia precisa ir a algum lugar. Deve ser liberada por meio da prática regular da criatividade. Se reprimida, pode atingir um estado crítico, tornando-se tóxica. Se não for demonstrada, a criatividade pode envenenar a sua vida.

O que é criatividade, e por que ela é importante?

A criatividade é a prática de combinar ou reorganizar duas ou mais coisas improváveis em formas novas e úteis. É isso, apesar de essa definição simples ter uma profundidade oculta.

Mais importante do que *o que* é o *porquê*: quando criamos, nós nos doamos sem restrições, agregando valor, sem esperar nada em troca. Para isso, temos que tocar em nosso eu verdadeiro e autêntico, o que significa que a criatividade é o processo de aprender a confiar em alguém. Quando a criatividade pura está fluindo em você, o julgamento não tem vez. É impossível. Esse livro mostrará como abrir mão do julgamento e confiar em si mesmo por completo. Tudo de que precisa está dentro de você agora mesmo.

O seu futuro se baseia em três diferentes pressupostos:

1. Você é criativo por natureza, abençoado com uma capacidade praticamente sem limites para criar e desenvolver coisas novas;

2. O acesso a essa capacidade requer um tipo de músculo criativo que precisa ser alongado para alcançar seu potencial máximo;

3. Ao se identificar como uma pessoa criativa, aceitar o mundo à sua volta como sua tela em branco e manifestar suas ideias com regularidade, você criará intuitivamente a vida que verdadeiramente quer para si mesmo.

Em outras palavras: sim, tocar piano faz com que você seja melhor na vida. Cozinhar ou codificar ou abrir um negócio muda sua cabeça, trazendo a noção de que você consegue moldar seu ambiente e sua experiência. Oferece a você um senso imutável de influência. Quanto mais criativo for no dia a dia, melhor será na construção da vida que quer. Trata-se apenas da criação em grande escala.

Nunca nos ensinaram isso. A narrativa da sociedade sobre "as pessoas criativas" contra "o resto das pessoas" é falsa e destrutiva. Assim que você parar de pensar dessa forma destorcida, sua mentalidade mudará e, de repente, você entenderá que a criatividade é uma busca imensamente prática, uma das verdadeiras fontes de abundância da vida. Liberar a sua capacidade criativa é, de fato, seu maior chamado, a chave para moldar o arco da vida. Por mais poderosa e perigosa que a criatividade possa ser, a única forma que você pode estragar esse dom é ignorando-o como já fiz uma vez.

CHAMADO CRIATIVO

Também sou prova viva de que o dano é reversível. Aprendi a ouvir o meu chamado e encontrei meu caminho de volta. É por isso que sou tão apaixonado em ajudar os outros a encontrar e acabar com todas as suas crenças tóxicas e limitantes sobre a criatividade, como ela funciona e quem é escolhido para usá-la. No topo dessa lista fica a crença de que a criatividade é um talento raro limitado a um pequeno grupo seleto. Isso não faz o menor sentido! A criatividade é uma força natural. É a nossa cultura que a tira de nós.

A criatividade conecta nossos modos predefinidos: pensar e fazer, aberto e fechado. Quando estamos abertos, analisamos as possibilidades e buscamos formas de encaixar as peças do quebra-cabeça de forma coesa. Quando estamos fechados, trabalhamos sem parar, procurando finalizar tudo o que temos que fazer.

Tudo bem ser fechado. Aliás, é necessário, *se* estivermos fazendo a coisa certa do modo certo. Por exemplo, se você estiver feliz com a cor e o acabamento daquela tinta que comprou para pintar o quarto, não fique parado lá. Arregace as mangas e pinte a bendita da parede. Entretanto, cada vez mais ficamos presos na posição fechada. Em geral, estamos com tanta pressa para começar que não paramos para pensar duas vezes na cor da casa, até que seja tarde demais: "Ai, tudo é *bege*!"

Fomos ensinados desde cedo a nos sentarmos, ficarmos quietos e fazer o que pedirem ou nos arriscaríamos a parecer fracos, vulneráveis ou bobos. Como adultos, o estresse crônico e a incerteza da vida moderna nos mantêm nesse ambiente fechado, concentrados em eliminar o próximo item da lista de afazeres. Adquirimos um tipo de visão de túnel que nos impede de ver as oportunidades à nossa volta. Para prosperar, precisamos aprender a passar de um modo para o outro, do aberto para o fechado e vice-versa.

Para ser claro, quando digo "criatividade", não quero dizer apenas "arte", como a que vemos nas pinturas a óleo e nas sonatas de violino. Sim, a arte é um subconjunto da criatividade, mas a própria criatividade não se limita a atividades manuais específicas, ela é a capacidade de fazer com que suas ideias se manifestem no mundo. É resolver problemas, fazer negócios, ser ativista, criar uma família, e fazer conexões, com os outros e consigo mesmo, que façam a vida valer a pena. Qualquer atividade manual criativa praticada com regularidade — fotografia, codificação, culinária — libera e ativa uma capacidade criativa maior, que permite que você veja todas as possibilidades disponíveis em suas mãos para assim escolher entre elas e criar a vida que quer.

De acordo com o talentoso e criativo ator, comediante e autor John Cleese: "A criatividade não é um talento, é uma forma de atuar." Para ajudar você a atuar desse novo jeito, vou mencionar tudo o que aprendi sobre a criatividade — como artista, empreendedor, amigo, marido, ser humano — para ajudar você a estabelecer uma prática criativa recompensadora e produtiva. Se estiver criando por lazer, para fazer um bico ou no trabalho, ou mesmo se você não tem a mínima ideia do que quer criar, esse livro pode salvar a sua vida. Não sei onde estaria sem esta divertida, mas sagrada, boba, mas séria, força da natureza.

Buscando meu próprio chamado

Há um motivo para ser tão difícil seguir nosso chamado. O sussurro da intuição que nos diz o que devemos fazer e como devemos viver vem de dentro, mas nos leva ao desconhecido. Quando finalmente passei a ouvir o chamado, pude me encontrar em um novo caminho. Não o caminho projetado por meu orientador vocacional, incentivado por meus pais ou sugerido pela sociedade. Mas sim o meu próprio caminho.

É uma descoberta emocionante quando percebemos que estamos indo na direção que só nós mesmos poderíamos ir, mas ouvir o chamado e encontrar nosso caminho é apenas o começo. Em seguida vem como fazer tudo isso. Para percorrer o meu caminho, tive que fazer um imenso esforço — horas de exploração, prática, tentativas e erros — antes de colher qualquer fruto. O dinheiro sempre foi uma preocupação; passei meus primeiros anos servindo mesas como garçom, comendo miojo e controlando as contas da casa para poder comprar filmes para minha câmera. Sempre que tinha a oportunidade de praticar minha arte, valia a pena, mesmo que tivesse que passar horas congelando no topo de uma montanha coberta de neve, tirando fotos com os dedos entorpecidos.

Não importava se eu estava muito cansado ou frustrado, sentia que meus pés estavam no caminho certo e isso tornava tudo válido. Minha intuição estava me chamando a vida inteira. Toda vez que eu prestava mais atenção nela, sentia uma harmonia e um alinhamento raros sem bem perceber o porquê. Agora estava ouvindo com os dois ouvidos e andando com os dois pés. Pela primeira vez, estava em sintonia comigo mesmo, e isso fez com que todo o trabalho árduo fosse mais que válido. Embora não fosse linear e sensorial, meu caminho fazia perfeito sentido assim que comecei a segui-lo de verdade. Por fim, descobri uma saída para tudo o que estava preso dentro de mim.

No final das contas, o trabalho passou a ser recompensado e deslanchei. Passei a viajar o mundo para fotografar campanhas para marcas como Apple, Nike e Red Bull. Agora sim tudo estava se encaixando: minhas aspirações criativas, minhas ambições profissionais, o dinheiro. Estava *dando certo*. Encontrei uma carreira maravilhosa e que me deixava realizado e cresci absurdamente como artista, e então ouvi um outro chamado para conectar criadores, viver de forma mais colaborativa e expansiva do que do modo como estava vivendo. Essa vontade de ter uma conexão pessoal e profissional me levou a um ecossistema inteiro de pessoas que pensam da mesma forma, cada uma delas seguindo seu próprio caminho criativo com paixão. Essa comunidade global existia em paralelo ao mundo do trabalho tradicional. Eram eles artistas, empreendedores, construtores e criadores de coisas que priorizavam a criação entre as tantas outras demandas da vida. Muitos trabalhavam independentemente, outros eram autônomos atuando dentro de grandes empresas. Fiquei muito motivado só de saber que havia outros lá fora criando seu próprio destino assim como eu.

Na fotografia profissional, as pessoas mantêm suas técnicas para si mesmas e veem outros fotógrafos como concorrentes, não colegas de trabalho. Compartilhar e aprender não faz parte do paradigma. Vi que isso é verdade em outros campos criativos também, e isso tinha que mudar. Já que cada um de nossos caminhos era basicamente o mesmo, não entendia por que não podíamos seguir nossos próprios caminhos e também nos manter conectados durante a jornada. O caminho criativo já é bastante difícil; por que não poderíamos ajudar uns aos outros a aprender e crescer? Fiz um Blogue, escrevendo sobre meus sucessos e fracassos como criador. À medida que a tecnologia progredia, passei a compartilhar vídeos por trás das câmeras do meu trabalho. E foi contribuindo com o ecossistema criativo que comecei a empoderar não só os outros como a mim mesmo, o que rapidamente levou a um círculo virtuoso de criatividade, ação e descoberta nas primeiras plataformas sociais, amplificadas pelos efeitos do networking.

Hoje, esse tipo de compartilhamento aberto é normal para profissionais criativos, mas no início das redes sociais era heresia. Os fotógrafos da velha guarda me diziam que eu estava "acabando com a profissão" ao compartilhar meus "segredos comerciais". Talvez estivesse me colocando em uma posição de desvantagem dando de mãos beijadas o conhecimento que batalhei tanto para obter, mas guardar o que aprendi não parecia certo para mim. A oportunidade de causar um impacto, criar uma comunidade e divulgar minhas ideias parecia ser mais positiva do que qualquer lado negativo possível.

Decepcionado, mas não surpreso, pela raiva de meus supostos colegas, deixei as críticas de lado e dobrei minha aposta no compartilhamento. Lá no fundo, porém, esperava que outros profissionais acabassem decidindo compartilhar o que haviam aprendido também. Ainda lutava com a "síndrome do impostor", a sensação de que fotógrafos "de verdade" sabiam tudo e que eu não seria verdadeiramente legítimo até que alcançasse o domínio completo também. Apesar do sucesso comercial significativo que já tinha alcançado, ainda me sentia um novato, um intruso, uma farsa.

Continuei praticando minha arte e me jogando em todas as plataformas e ferramentas sociais que surgiam, e consegui me conectar cada vez mais com a comunidade criativa mundial. Seus membros se identificavam com meu trabalho e com minhas ideias porque eram como eu: com fome de conhecimento, histórias e experiências. À medida que o engajamento com o meu trabalho crescia, percebia que esse fenômeno, independentemente do que fosse, era enorme. Muito maior que a fotografia. Muito maior até mesmo que a arte.

Não sabia na época, mas o conceito de compartilhar conhecimento, criar uma comunidade e empoderar os outros a irem em busca de seus sonhos criativos me levou à CreativeLive, a empresa online de aprendizado que ajudei a fundar em 2010. Desde então, mais de 10 milhões de alunos de todos os cantos do planeta já consumiram bilhões de minutos de aprendizado em vídeo por meio de nossa plataforma. Criamos a melhor biblioteca do mundo de conteúdo educativo criativo e empreendedor, com mais de dez mil horas de aprendizado da mais alta qualidade. Nossas aulas foram conduzidas por ganhadores de prêmios como Pulitzer, Grammy e Oscar, autores de best-sellers segundo o *New York Times*, líderes de pensamento e empreendedores que sabem virar o jogo. Nossas aulas, podcasts e artigos proporcionam inspiração e ferramentas às pessoas para liberarem seu próprio poder criativo e progredirem em qualquer coisa que fizerem.

Os números ainda me surpreendem, mas, enquanto escrevo aqui após nove anos dessa jornada, tenho certeza de que estamos apenas começando. Afinal, o mundo mudou, e faz tempo que passamos por essa mudança. Nossa espécie e nosso planeta enfrentam um novo conjunto de desafios que somente a criatividade pode resolver.

Quem é você

Neste exato momento, você pode estar relembrando algumas coisas que foram ditas sobre a sua própria capacidade criativa ao longo dos anos. O que nossos pais, colegas, professores e chefes dizem sobre nós causa um grande efeito em nossa identidade criativa. Elogios inspiraram muitos criadores. Críticas destruíram muitos mais.

Como você se vê? Você é novato, apenas começando no caminho criativo e ainda cético sobre se tem algo de valor para contribuir? Você tem praticado um hobby criativo por anos, mas sente a necessidade de se comprometer mais com sua arte, talvez até mesmo com uma carreira em tempo integral? Você é um profissional criativo lutando para pagar as contas no fim do mês ou continuar engajado em seu trabalho?

Esse livro o ajudará, não importa em que estágio você esteja nos dias de hoje:

- **PROFISSIONAL AMBICIOSO.** Você se identifica como criador profissional sério, mesmo se seu trabalho não for sua principal fonte de renda, e quer levar seu trabalho e a receptividade pública sobre ele a um outro nível.

- **CRIADOR ESTAGNADO.** Você quer fazer seu trabalho, mas não está chegando em nenhum lugar, seja por estar acomodado, pela pressão econômica ou pelo medo. Você está aberto a um novo despertar criativo, mas não tem certeza de como acender essa chama.

- **ENTUSIASTA EM DESENVOLVIMENTO.** Você se contenta em manter seu trabalho diário que paga as contas de suas paixões criativas, mas quer melhorar suas habilidades e desenvolver uma prática criativa mais profunda e produtiva.

- **CURIOSO CRIATIVO.** Você não se considera criativo, mas possui um lado que quer explorar a ideia de que a criatividade é fundamental para o bem-estar humano.

Não importa em que campo esteja — artista em tempo integral, empreendedor, entusiasta, aposentado, estudante, criador dentro de uma empresa — esse livro o ajudará de formas inimagináveis. Essa é a pegada da criatividade: você não precisa enxergar o caminho todo. Precisa apenas dar o próximo passo. E o próximo. O caminho de todo criador tem muitos altos e baixos inesperados. Essa é sua natureza. A única forma de "não dar certo" na criatividade é parar de seguir esse caminho.

Quando o assunto é criatividade, nenhum esforço é desperdiçado. Nunca. Todo manuscrito não finalizado, negócio afundado, esboço amassado ou instrumento musical abandonado representa outro passo adiante. Assim que você entender que toda a sua jornada criativa — todo erro sem noção, todo fracasso dolorido — é parte essencial do seu caminho, você verá que não há nada a perder ao dar o próximo passo, não importa aonde ele leve.

Uma nova forma de atuar

Como um todo, o *Chamado Criativo* oferece um sistema estruturado, robusto e repetível para o processo criativo. Cada capítulo foi cuidadosamente projetado para tomar o anterior como base. Dividi os capítulos em quatro partes seguindo a sigla:

- Imagine o que quer criar, sem limitações;
- Desenvolva uma estratégia para tornar seu sonho uma nova realidade;
- Execute sua estratégia e acabe com os obstáculos;
- Amplie sua visão para criar o impacto que busca.

A sigla IDEA [ideia em português] é simultaneamente uma estrutura para criar qualquer projeto de sucesso *e* uma ferramenta para criar a vida que você quer. De maneira semelhante, com pequenos ou grandes gestos, permitirá que você manifeste suas inspirações criativas e se reinvente durante o processo.

Cada elemento nesse sistema é valioso por si só, mas aproveitar o poder real da sigla IDEA — e desse livro — é se comprometer com o processo como um todo. Por exemplo, Imaginar seus resultados mais animadores e Desenvolver um plano para chegar lá sem agir pode parecer inspirador temporariamente, mas no final das contas é apenas fantasia. De maneira semelhante, Executar ou Ampliar os grandes sonhos de outra pessoa o deixará insatisfeito e talvez até cheio de arrependimentos. Por outro lado, o ciclo completo da sigla IDEA, em que todos os elementos do processo trabalham juntos, cultiva o poder pessoal e cria os resultados que você está buscando. Ciente ou não disso, qualquer pessoa que gere resultados de sucesso de forma consistente — em projetos específicos e em sua vida em geral — estará usando o processo da sigla IDEA de alguma forma para liberar seu potencial. Dando nome a esse processo imbatível, podemos garantir que o seguiremos em todas as áreas da nossa vida.

Assim que terminar de ler o livro e implementar as sugestões que têm a ver com você, continue contando com elas como uma referência de confiança. Não tenha vergonha, não. Escreva no livro, releia-o, faça dobras para marcar as páginas, use-o como suporte para sua câmera. Acima de tudo, faça o que foi recomendado e veja o que acontece. Quando eu passar uma tarefa, faça-a. Leve este trabalho a sério assim como você o faria em qualquer processo que tenha o poder de melhorar a sua vida. Um compromisso com a criatividade trará muitas e muitas recompensas.

Em minha jornada para ajudar milhões de pessoas a buscar suas paixões criativas, descobri que cada um de nós foi agraciado com dons. Os seus são únicos e específicos. A tarefa número um é descobrir quais são eles. A tarefa número dois é colocar esses dons exclusivos em prática. Como? Busque seu próprio caminho, aonde quer que ele leve. Desenvolva as habilidades para alcançar o sucesso nessa busca. Quando duvidar de si mesmo, adote uma nova mentalidade: pare de evitar as coisas que não quer e comece a buscar as coisas que quer. A meta não é criar uma obra de arte, mas sim fazer da sua vida uma obra de arte.

Ao sair do palco após um discurso de abertura na South by Southwest, uma longa conferência e festival de arte em Austin, Texas, encontrei umas cem pessoas esperando para perguntas e respostas. A primeira da fila era uma mulher de uns quarenta anos que queria trazer a criatividade de volta à sua vida. Ela explicou que sempre foi apaixonada por design, mas que desde que terminou a faculdade, abandonou seu sonho de se tornar designer autônoma de vez. Não apenas escolheu uma carreira "segura" que não a deixava realizada, mas também tinha desistido de todas as formas de expressão criativa.

Quando perguntei a ela o que a impedia de ir atrás desse sonho, ela caiu aos prantos. As exigências do trabalho, da família e da vida a deixavam sem tempo ou energia para si mesma. Ela se via completamente sem saída porque a família dependia de sua renda.

Sem ao menos perceber, essa mulher caiu em uma enorme mentira que tantos de nós aceitamos. Internalizamos a ideia de que nosso chamado é arriscado demais, impraticável demais, e nem consideramos ir em busca dele. Se fôssemos em busca dele, seria uma atitude egoísta, extremamente imprudente. Lá no fundo, sabemos que estamos traindo a nós mesmos e, por isso, carregamos esse arrependimento conosco em todas as novas fases da vida. Essas crenças errôneas se enraízam em nós como dogmas, sendo cada vez mais difícil desfazer o dano com o passar dos anos. O único antídoto, para essa mulher, e para você, é dar um fim nessa loucura agora mesmo. Com amor e empatia por si mesmo, gradativamente vá encontrando a coragem de mudar.

Minha resposta para ela foi simples: comece. Retome sua arte criativa em alguns momentos do dia, todos os dias. Não se preocupe com o resto agora, apenas pare e faça alguma coisa. Assim que você retomar a sua prática, poderá então decidir se quer avançar e ganhar dinheiro com ela ou mesmo mudar de carreira. As conversas com familiares e pessoas queridas serão mais fáceis quando puderem ver a paixão e o amor que você tem por sua arte.

O dela é um dos milhares de exemplos da vida real que me inspiraram a espalhar essa mensagem, seja por meio de meu podcast, *The Chase Jarvis LIVE Show*, das redes sociais, ou agora nesse livro, anos e anos pensando sobre a natureza da criatividade e sua importância em nossa vida. Se você estiver na mesma situação dessa mulher, use a hashtag #creativecalling e deixe que esse livro e nossa comunidade inspirem e incentivem você a dar o próximo passo.

Quando sempre dizemos não a nossos impulsos criativos, eles enrijecem, como um tubo de cola sem a tampa. Felizmente, isso pode ser revertido. A criatividade dentro de nós é indestrutível.

Toda vez que um novo grupo de alunos chega ao estúdio da Creative-Live para participar do curso, fico impressionado com as transformações que ocorrem em seguida. As pessoas chegam no primeiro dia para ver o que é, até mesmo fechadas e, após um ou dois dias, vão para casa <u>animadas</u> para adotar os novos desafios criativos. É lindo.

Saber que possui a criatividade dentro de si é fundamental. Você já se considera criativo? Caso a resposta seja sim, ótimo. Vamos partir daí. Caso a resposta seja não, você vai aceitar a identidade que recebe ou lutar pelo que é seu por direito? Você vai se apoderar de sua própria vida?

Se estiver disposto a dizer que é um criador, esteja pronto para entrar em um mundo de possibilidades. Havia um caminho prescrito para entrar em qualquer carreira. Esse não é mais o caso. Levando em consideração as mais diversas profissões, muitos dos trabalhos mais recompensadores dos dias de hoje são intrinsecamente criativos. Eles envolvem fazer coisas que nem existiam quando as pessoas que o fazem estavam ainda na escola. Os caminhos prescritos estão desmoronando. Os livros didáticos estão mofando. Nunca foi tão necessário — e *menos* arriscado — ir em busca de seu próprio caminho.

O mundo está em uma encruzilhada, à beira de uma mudança tectônica. Cada um de nós deve se responsabilizar por liberar nosso próprio potencial, não importa quem somos ou o que estamos tentando fazer. *Nosso chamado criativo é nosso maior chamado.*

PASSO I

IMAGINE

Imagine o que quer criar, sem limitações.

IMAGINE

Imagine o que
quer criar, sem
limitações.

1

Ouça o seu Chamado

Nenhum artista tolera a realidade.

– FRIEDRICH NIETZSCHE

Sem rodeios, muitos de nós passamos anos, até mesmo décadas, em busca do sonho de um outro alguém para a nossa preciosa vida. E é aí que caímos em uma enrascada: por nossas crenças limitantes, pelos caminhos bem-conduzidos dos outros, por todos os "você tem que fazer isso" da nossa cultura. Mas a enrascada é uma ilusão. O mundo o faz acreditar que a prática criativa é apenas um prazer, um desperdício inútil de recursos que seriam mais bem-investidos em... outra coisa, outra coisa que valha mais a pena. Entrar no mercado de ações? Fazer experimentos científicos? Nunca fica muito claro o que você tem que fazer, na verdade, somente fica claro que sair em busca da criatividade é um ato inalcançável, egoísta e até mesmo ingênuo.

Mas a verdade é bem o contrário. A criatividade é seu direito inato. Estabelecer uma prática criativa é a base para qualquer coisa que você esteja buscando. A criatividade é generosa, muda a vida e a cabeça das pessoas, e é prática demais. Aliás, só entenderemos que podemos fazer grandes mudanças na vida quando as desejarmos e forem mais necessárias. Somente através do desenvolvimento da capacidade de criar *algo* que conseguiremos criar *tudo*.

O sistema é manipulado

O cineasta James Cameron, escritor e diretor dos filmes O *Exterminador do Futuro* e *Avatar*, começou a ter ideias para filmes ainda na adolescência. Enquanto o resto da sala memorizava as capitais do país, ou estudava biologia, ele escrevia sobre alienígenas e robôs. Décadas depois, ele *ainda* está usando essas inspirações da época de escola para fazer grandes sucessos nos cinemas. É isso que significa um poço de potencial, ele é fundo (imagine o que ele ainda fará como diretor quando usar todas as ideias que teve aos vinte e poucos anos).

Mas o negócio é o seguinte: James Cameron não é exceção em sua capacidade criativa. Todos nós nascemos criativos. As crianças são, sem sombra de dúvida, incentivadas a criar, repletas de ideias e loucas de vontade de torná-las realidade. Vá a qualquer jardim da infância e pergunte se alguém quer fazer um desenho para você. Todas aquelas mãozinhas vão se levantar. As crianças vão até subir na mesa para desenhar.

Infelizmente, isso muda. Se você perguntar a mesma coisa em uma sala do quinto ano, talvez metade da sala levante a mão. Em uma sala do ensino médio? Terá sorte se dois adolescentes se voluntariarem. *Isso é intencional.* O ensino tradicional freia todos os nossos impulsos criativos para nos preparar para as fábricas e baias de escritório. Nosso sistema educacional foi feito dessa forma com as melhores das intenções, mas esse modelo é completamente obsoleto.

No segundo ano, eu amava me apresentar para a sala: desenhava, fazia truques de mágica e contava piadas. Um dia, ouvi minha professora dizendo para minha mãe que eu era "muito melhor nos esportes do que em arte". Por dentro, até me encolhi. Mas, com certeza, naquele momento fiz um pacto comigo mesmo de largar mão das apresentações e passar a me concentrar nos esportes. Minha história é bem comum. Fomos treinados para nos desviar dos obstáculos criativos em vez de arriscar e tentar superá-los.

Nunca mais. Nosso instinto criativo natural — nosso chamado na vida — não vai embora. Tenha você mantido esse estado de espírito, retomado-o recentemente, ou esteja se preparando para redescobri-lo agora, o importante é que a chama dessa capacidade criativa ainda está acesa dentro de você.

Na vida, a maioria de nós tem um intervalo entre o que estamos vivendo e a vida que queremos viver na realidade. Está na hora de você olhar para esse intervalo, identificá-lo e então usar a sua capacidade criativa para encerrá-lo. Pare de seguir o roteiro de outra pessoa e escreva a sua própria história: o que você quer criar? E ainda mais importante, quem você quer ser?

Espero que algo tenha mexido com você ao ler a introdução anterior a este capítulo (se você a pulou, volte e confira.) Talvez você tenha tido uma pequena vontade, o mais vago desejo de tirar do armário aquele instrumento há tanto tempo abandonado ou de tirar o pó de suas ferramentas. "Por que não? Que divertido seria aproveitar uma tarde do fim de semana sem se preocupar com a lista de afazeres."

É esse o chamado? Talvez. Ou talvez você esteja ouvindo o chamado o tempo todo, mas simplesmente não se dispôs a respondê-lo. Ouvir o chamado é fácil, mas somente se você souber o que está tentando captar. Seria o murmúrio da multidão, seus pais, seus colegas, a narrativa cultural como um todo? Não. É aquela voz silenciosa dentro de você. Sua intuição, seu coração. Você sabe a diferença.

A intuição é a ferramenta mais poderosa que temos. Realmente conseguimos sentir a verdade de uma situação através do corpo. Lembre-se das vezes que sua intuição lhe disse para continuar saindo com uma pessoa ou finalmente sair daquele emprego: é possível que ela estivesse lhe dizendo a coisa certa, mesmo que você tenha ignorado esse conselho na época, mesmo que tenha levado meses ou anos para perceber que a sua intuição sabia qual era o caminho certo o tempo todo.

A intuição "leve" que nos ensinaram a ignorar na verdade é o dom mais vital que recebemos, não só como criadores, mas como seres humanos. No entanto, após uma vida toda sendo condicionados a ignorar nossa intuição, pode ser difícil identificá-la e confiar nela. As experiências difíceis me ensinaram a prestar bastante atenção à minha intuição todas as vezes. Quando ela me afasta, ou me incentiva, sempre tem alguma coisa genuína e importante por trás, mesmo que eu precise refletir mais para entender o que é.

Ouça essa voz interna com atenção. A resposta é quase sempre certa quando vem da sua intuição, e a ciência confirma isso. A cultura ocidental possui um longo histórico de diminuir a importância da intuição a favor do chamado pensamento racional. Somente durante as últimas décadas, os pesquisadores começaram a descobrir que o lado racional está longe de ser perfeito: a cognição humana cotidiana é limitada, lenta e distorcida por vieses inúteis. Enquanto isso, a intuição tem se revelado cada vez mais uma ferramenta atordoadamente veloz, sensível e perceptiva, percebendo rapidamente as sutilezas e os padrões do mundo que a mente consciente não tem o poder de identificar.

Se você concorda com o que eu disse até agora — que a criatividade é uma fonte de energia ilimitada — consequentemente, a criatividade reprimida é um enorme dreno de energia. Todo aquele trabalho não criado e aquele eu não expressado fica dentro de você como um peso, puxando-o para baixo, consumindo a satisfação que uma pessoa saudável encontra na vida cotidiana. Aliás, você pode se considerar um caso bem complicado se tratar o que está lendo agora com indiferença. Se a sua resposta a tudo isso for "que nada" e um dar de ombros, você está reprimido *de vez*.

Vendo pelo lado bom das coisas, isso também significa que você ainda tem mais poder pronto para ser liberado. A única coisa que importa é tomar uma atitude. Comece a criar.

O fardo de abafar a sua criatividade todos os minutos do dia é exaustivo. É certo que você ficará doente — o estresse e a ansiedade têm comprovado gerar consequências negativas à saúde —, mas também rouba a sua alma. Negar a criatividade é como continuar em um relacionamento tóxico ou em um trabalho sem futuro só porque você não consegue se imaginar em algo melhor. Está se identificando?

Se você se permitir confiar no processo e usar esses métodos, poderá acabar com o que está inibindo a sua capacidade de ter uma expressão criativa constante. Quanto mais se comprometer, melhores serão os resultados. É uma reação em cadeia: quanto mais der, mais receberá. Não será fácil no princípio, mas imagine como se sentiria leve se finalmente começasse a tornar suas ideias realidade, uma atrás da outra.

Ser criativo *não* significa abandonar a carreira ou jogar tudo para o alto. Esse é um mito tóxico. Não vou lhe dizer para deixar as considerações práticas para trás. Todos nós temos nosso próprio caminho rumo a uma vida criativa vibrante e recompensadora. Como a sua se manifesta depende só de você. Esteja você buscando pequenas formas de enriquecer o seu dia, tentando fazer um bico ou sonhando com uma carreira integral, a criatividade é um amplificador da vida. É tão fundamental para o nosso bem-estar quanto fazer atividades físicas, ter uma dieta equilibrada e uma mente plena. Não importa quais sejam suas intenções, ou onde você se encaixe no espectro criativo, você é um criador e sua criatividade não é puro prazer ou luxo, e sim um requisito para a prosperidade.

Suas palavras criam sua mentalidade

Algumas pessoas dizem: "Finja até dar certo". Apague isso da sua cabeça. *Crie* até dar certo. Os criadores criam. Não importa quem você conhece, que escola frequentou, para quais festas é convidado ou o que está vestindo. Os criadores criam. O que você faz é sua identidade. Você se torna o que faz. Você não precisa da permissão de ninguém para se chamar de escritor, empreendedor ou músico. Você só precisa escrever, abrir um negócio ou compor. Você precisa fazer o verbo para ser o substantivo.

O primeiro e mais importante passo para reabrir o seu canal criativo não é aprender uma certa habilidade ou revelar um talento escondido. Trata-se apenas de identificar — lembrar, na verdade — uma coisa muito importante: *VOCÊ É CRIATIVO*.

As palavras importam. Se você não estiver disposto a se considerar um criador e declarar essa verdade para as outras pessoas, não importa o que você *poderia* fazer ou quanto talento você *pode* ter guardado lá dentro. Quando eu finalmente admiti para mim mesmo que não seria mais médico, mandei fazer alguns cartões de visita: "Chase Jarvis, fotógrafo". Eu nem tinha uma câmera profissional ainda, e só tirava algumas fotos informais, mas esses cartões de visita não eram para convencer meus futuros clientes e sim para convencer a *mim mesmo*.

Aqui nos Estados Unidos, quando você vai a uma festa, a primeira coisa que a maioria das pessoas pergunta é "O que você faz?". Por mais envergonhado que ficasse, comecei a responder a essa pergunta batida com sinceridade: "Sou fotógrafo". O que as pessoas queriam saber na verdade era "Qual é a sua ocupação remunerada de tempo integral?". Eu não ligava mais, me sentia bem dizendo o que queria ser. Lembre-se: *crie* até dar certo. Assim que alguém começa a tirar fotos, é considerado fotógrafo em todos os aspectos: conceitualmente, legalmente, e em todos os sentidos práticos. Pare e comece a pintar: você virou pintor. Simples assim.

Mas isso não quer dizer que seja fácil.

Quando você para de se esquivar de sua identidade criativa, ou talvez até mesmo de evitá-la, como fiz quando era mais novo, tudo muda. Aquelas barreiras formidáveis desaparecem. Elas nunca foram reais, sempre foram apenas palavras: talento, privilégio, oportunidade, sorte. Quando você para e cria coisas de verdade consegue fazer toda essa balela verbal desaparecer.

A linguagem é poderosa. O modo que conversa consigo mesmo importa. Quando você se autoproclama um criador, possui uma vantagem imbatível em comparação com aqueles que ainda estão ignorando a criatividade que têm.

Medo? Só um pouquinho? Isso é sinal de que você está indo na direção certa. O próprio pensamento de trazer algo de novo ao mundo pode ser assustador.

E se eu não for bom o suficiente?

E se isso não for a coisa "certa" para ir atrás?

E se ninguém gostar de mim nem das minhas coisas?

E se eu não conseguir ganhar o bastante para sobreviver?

O medo é um dom, um instinto precioso. O seu primitivo "cérebro reptiliano" está lá para protegê-lo e mantê-lo vivo. Você não consegue convencê-lo de nada; ele aprende através das atitudes tomadas. Porém, se você tomar uma atitude *mesmo* com medo e sobreviver, ele aprende uma pequena lição. Com o passar do tempo, atitude após atitude, o volume das vozes negativas diminui. Pode ser a voz de pais que não dão apoio, professores que criticam, colegas cruéis e outros criadores frustrados que cruzaram seu caminho. Mas essas pessoas não estão neste ambiente agora. O que você está ouvindo, na verdade, é o medo fazendo uma análise. O seu cérebro está apenas ensaiando as falas de roteiros antigos escritos por amadores, e quanto mais você as ouve, mais alto elas ficam. Ignore. Escreva sua própria história.

Obstáculos criativos e forças ocultas

Leio biografias e assisto a documentários para desconstruir a vida dos criadores que mais admiro. Embora os detalhes sejam diferentes, os traços mais comuns vêm à tona. Ernest Hemingway colocou a sua máquina de escrever Royal Quiet Deluxe em uma estante e começou a digitar em pé. Edith Wharton escrevia na cama usando uma caneta. Mas ambos estabeleceram rituais criativos e se agarraram a eles. Ambos trabalharam continuamente e publicaram com regularidade. Quem é profissional vai ao trabalho estando inspirado ou não. Aceita imperfeições em seu trabalho. Termina o que começou. Compartilha o trabalho quando o conclui. As exceções somente comprovam a regra.

Por outro lado, os criadores que enfrentam dificuldades sofrem de formas diferentes. O interessante é que cada ponto fraco aparente, na verdade, representa uma força oculta maldirecionada ou mal-aproveitada.

Você inicia muitos projetos e não termina nenhum? Você pode ser um **Iniciador**.

Você trabalha várias vezes em um único projeto sem parar até se cansar dele? Você pode ser um **Cabeça-dura**.

Você foi prejudicado por conta de forças externas? Você pode ser um **Priorizador**.

Você nega a ideia de ser artista? Você pode ser um **Resistente**.

Você é um criador ativo que não atende a nenhum padrão interno de qualidade, quantidade, reconhecimento externo ou remuneração? Você pode ser um **Batalhador**.

Pode ser que você se identifique com mais de um desses personagens. Tudo bem. Vamos passar por cada um deles e ver o que temos em comum.

O iniciador

Para os Iniciadores, o começo de um projeto criativo é uma época empolgante, um novo romance repleto de possibilidades. Esteja você pensando em fazer uma grande série de fotos sobre um tema importante, um Grande Romance Americano, ou um documentário alternativo, o céu é o limite. Você está no comando da sua pista da imaginação, com céu azul e limpo em todas as direções. Não precisa se preocupar com orçamentos, cronogramas, colaboradores, nem mesmo — *suspiro!* — em encontrar seu público. Não, ainda não. Fique apenas curtindo a felicidade da pura imaginação.

Essa parte de qualquer projeto pode ser inebriante. Muitos de nós, aliás, nem passa disso. Compramos todos os materiais, encomendamos pilhas de livros, fazemos a matrícula para as aulas. Eis que surge algo dentro de nós e emperramos, prometendo que, um dia, vamos tentar de novo, quando as condições forem mais favoráveis.

Alguns passam pela primeira onda de resistência e vão um pouco mais longe: tiram as primeiras fotos, digitam os primeiros parágrafos, tocam as primeiras notas. A idealização conhece a realidade. Na hora, fica claro que o que estamos fazendo, na verdade, não é exatamente a versão idealizada na nossa cabeça. Pior, não enxergamos um caminho claro para sair de onde estamos e irmos em direção aonde queremos chegar.

Por fim, é aí que os Iniciadores param, após algumas pinceladas hesitantes. Sabe de uma coisa? Há uma nova ideia melhor para se buscar.

> *Sim, já tirei algumas fotos boas para a série de paisagens, mas uma série de retratos seria muito mais curtida no Instagram.*
>
> *Sim, o primeiro capítulo do meu romance está saindo, mas acho que teria mais chance de ser publicado se, em vez disso, eu escrevesse um conto.*

Sim, tenho algumas entrevistas prontas para o meu documentário, mas, quando eu terminar, é provável que esse tema não seja tão relevante para festivais de filmes como este outro aqui.

Sim, temos alguns clientes que pagam pelo aplicativo, mas nunca será uma startup. Sabe o que seria...

Para os Iniciadores, a empolgação com a próxima ideia esconde a realidade: eles abandonam a ideia atual. Os Iniciadores podem levar anos, até mesmo décadas, de trabalho em uma prática criativa e não chegar a nada concreto, nada *feito*. Pior, todos esses projetos incompletos ficam na cabeça, ocupando o espaço criativo. Com o passar do tempo, muitas das "novas" ideias parecem ser apenas variações das antigas, embora, em geral, isso seja mais óbvio para todas as pessoas do que para o Iniciador em dificuldades, que está constantemente reinventando a roda em vez de rodar para algum lugar. Nessa busca incessante pelo novo, as coisas começam a ficar ultrapassadas.

Esse ponto fraco pode ser um ponto forte. O que seria um Iniciador senão alguém com a chama acesa por suas paixões e novas ideias, mas que ainda não aprendeu a canalizar essa paixão e defender essas ideias? Se você se identificar como Iniciador, talvez possa aprender a se concentrar na sua visão e executá-la com resistência, a capturar novas ideias e dar vida a elas de maneira prática. Dessa forma, conseguirá aplicá-las sistematicamente, uma de cada vez. O tamanho do resultado será de tirar o fôlego.

O cabeça-dura

Às vezes, o problema não é uma enxurrada de novas ideias. Sendo um Cabeça-dura, você trabalha todo feliz no seu projeto. Na sua cabeça, a ideia é maravilhosa, e você vai aproveitar essa oportunidade. Começar não é um problema. O problema é parar.

Quando buscamos um projeto criativo independentemente, não há ninguém à nossa volta para nos dizer quando ele precisa ser finalizado. Como criadores, sempre teremos mais ciência sobre os erros da nossa criação do que os outros, e alguns de nós têm bastante dificuldade para aceitar imperfeições. *Não está pronto ainda*, pensamos. *Mais um rascunho. Mais uma semana para corrigir a cor. Mais uma cena para ficar completo.*

Em geral, por trás disso tudo existe o medo de compartilhar o trabalho. Embora, às vezes, o problema nem seja a questão do perfeccionismo, e sim a necessidade de ainda ter algo para fazer. Afinal, criamos porque, de alguma forma, gostamos do que estamos fazendo. Quando dizemos que algo está pronto, significa que não vamos mais brincar nesse parquinho. E isso pode ser assustador.

O Cabeça-dura é um mestre em potencial sem algumas habilidades. Os maiores criadores possuem a mesma capacidade de pegar uma obra e desenvolvê-la progressivamente ao máximo. Eles alcançam a grandeza não porque aceitam menos do que o seu melhor, mas porque aprenderam a reconhecer quando chegam a um ponto em que os retornos são cada vez mais escassos.

O trabalho quer um público. Compartilhar suas criações é uma parte poderosa do processo criativo. Embora cada meio seja diferente com relação a requisitos de tempo — e sabendo que, sim, alguns projetos levam anos para serem concluídos —, há sempre um momento em que mexer demais começa a tirar a vitalidade do trabalho. Aprender a aceitar que você fez o possível é uma capacidade criativa essencial. Você a desenvolverá.

O priorizador

"Ei!", você está pensando, "queria eu ter esses problemas. Sempre sou produtivo — quando começo a trabalhar. Se não fosse por [minha família/meu diagnóstico médico/meus problemas financeiros/etc.], eu teria engatado e terminado minha [meta criativa] há anos".

CHAMADO CRIATIVO

Talvez isso seja verdade. Mas mesmo com aquela doença crônica, ou com o primeiro filho que só chora de cólica, pode ser que você tenha mantido a sua paixão e até mesmo se tornado um profissional. Não se pode negar que a vida pode atrapalhar. Essa síndrome é particularmente controversa porque *temos* que saber priorizar as coisas na vida. É uma questão de sobrevivência. Nosso tempo é limitado e se não aprendermos a deixar cada coisa em seu devido lugar — segurança financeira, saúde, família e assim por diante —, nunca sairemos da linha de partida.

É possível, até mesmo necessário, dar prioridade à sua criatividade junto com outras questões essenciais, como a saúde e a família. Você não precisa adiar a criação até estar 100% pronto ou até que as condições estejam perfeitamente alinhadas. Isso nunca vai acontecer. A vida é complicada e, sem a criatividade, incompleta. A criatividade não é algo bom de se ter, e sim algo que se deve ter. Pense nela como colocar sua própria máscara de oxigênio antes de ajudar os outros ao seu lado no avião. Se a criatividade fica de fora, a priorização não funciona.

A maioria de nós não tem um coach ao nosso lado nos dizendo quando é a hora de jogar a toalha e quando precisamos aguentar firmes. Sem um foco único, ou mesmo uma obsessão, pode ser difícil justificar por que ficar no estúdio se você tem um bebezinho em casa, uma emergência de trabalho ou um resfriado daqueles. O problema é que, se você começa a dar prioridade a outras áreas da vida colocando-as acima das suas necessidades criativas, será cada vez mais normal continuar fazendo isso.

A vida dos grandes artistas revela que para cada cara de sorte com uma saúde perfeita, um cônjuge que oferece infinito apoio e recursos financeiros ilimitados, inúmeros outros enfrentaram obstáculos pelo menos tão complicados quanto o que fez você desistir. A diferença é que cada um deles persistiu. Por quê? Chame de garra, resiliência ou pura teimosia. Eles entenderam o segredo: trabalhar no que se ama é como o sal, torna tudo mais gostoso. Não forçavam a criatividade com uma determinação implacável, mas sim, com muito entusiasmo, preenchiam seu tempo neste planeta com graça, alegria e fantasia. Eles trouxeram a criatividade para sua vida e deram vida à sua criatividade.

Priorizar a criatividade eleva tudo o que você faz. Se você for um Priorizador, a paixão que você tem em desempenhar o seu melhor e apoiar quem ama será o seu superpoder, assim que você aceitar o valor que a criatividade tem a oferecer.

O resistente

Em *O Herói de Mil Faces*, Joseph Campbell, mitólogo comparativo, descreveu os estágios da jornada arquetípica enfrentada pelos heróis de todas as religiões e mitologias. Esses estágios são universais, seja descrevendo Ester salvando os judeus de Hamã, Afrodite intervindo na Guerra de Troia para resgatar Eneas, ou Luke Skywalker destruindo a Estrela da Morte em *Star Wars*. Para Campbell, cada um de nós é o herói de sua própria história, e é por isso que tantos se identificam com esses mitos.

A jornada do herói começa com um chamado para a aventura. Você sente esse chamado quando percebe que tem algo especial dentro de você que quer se manifestar. Em seguida, o herói recusa o chamado. Quando Obi-Wan Kenobi chama Luke Skywalker para se juntar a ele para ajudar a Princesa Leia, Luke diz não, mesmo tendo sonhado em sair de casa por anos. Somente quando os Stormtroopers destroem essa casa, ele atende ao chamado.

Mas quem é que vai saber por que você recusa seu próprio chamado? Talvez seus pais ralaram muito para criar você, portanto, ir em busca da sua paixão parece uma autoindulgência. Talvez você tenha uma ideia fixa de como são e como se comportam os "criadores" e não quer ser associado a essa imagem. Talvez você se preocupe por não ter nada de valor para oferecer ou por achar que sua arte nunca será boa o suficiente para ser compartilhada. Seja lá qual for a razão, você tem evitado cruzar essa linha. Como Resistente, você é teimoso, pragmático, racional. Atributos esses que são fenomenais quando confrontamos um desafio criativo. Se você se desvencilhar dessas crenças limitantes, ninguém mais conseguirá segurá-lo.

O batalhador

Você pode ter uma prática criativa sólida e uma comunidade considerável; você pode até mesmo se manter somente com a renda vinda de seus esforços criativos. Você está lendo este livro porque não está onde acha que *deveria* estar. A insatisfação pode ser alimentada por ressentimentos que tem de seus colegas criadores. *Por que ele recebeu aquela premiação e não eu? Como ela conseguiu aquele auxílio se eu me inscrevi onze vezes?* Isso pode ser motivado por uma crítica interna cruel. *Isso poderia ser muito melhor. Por que eu não consigo fazer isso tão bem quanto meus ídolos criativos?* É quase certo que se trata da síndrome do impostor em ação.

Seja qual for a razão, você não tem o *bastante*: talento, reconhecimento, dinheiro, tempo, seguidores.

Algumas dessas deficiências podem ser abordadas por meio de estratégias ou de muito trabalho. No entanto, pode ser que haja um buraco dentro de você que nunca será preenchido. Até que você mude a sua mentalidade, nunca estará satisfeito com seu trabalho criativo, ou mesmo com a sua vida.

Quem é Batalhador? Alguém com uma ambição ardente de estar mais longe do que está agora, de crescer, mudar e dar o máximo de si. Isso não é lindo? Assim que você se livrar da armadilha de "se comparar e perder a esperança", assim que você perceber que o único caminho a seguir é aquele à *sua* frente, seu progresso alcançará essa ambição sem limites.

Você identificou a sua própria identidade criativa em um ou mais desses personagens? Ótimo. Use isso como uma lente para ajudar a identificar as soluções ao longo desse livro. Caso não a tenha identificado, você pode ser uma combinação de dois ou mais. Tudo bem, também. Espero que essas categorias o ajudem a entender melhor seus bloqueios como forças ocultas e a reconhecer as habilidades que faltam e que o impedem de explorá-las ao máximo. Agora é hora de desenvolver suas habilidades. As estratégias desse livro o ajudarão a aproveitar seus pontos fortes, e não a guardá-los. Você precisa colocar todas as cartas que tem na mesa se quiser dar o seu melhor.

A revolução criativa

As vidas e carreiras criativas são *planejadas*. Elas ocorrem intencionalmente. Os chamados sortudos, pessoas que vivem a criatividade loucamente, ou são pagos para fazer o que amam, *construíram* o que têm de maneira deliberada e estratégica. Criaram uma visão e trabalharam para alcançá-la. Cada um deles começou exatamente onde você está agora, ou mesmo em um estágio muito anterior.

Está na hora de arregaçar as mangas e botar para quebrar. Não importa onde estiver hoje, você pode planejar uma vida criativa gratificante para si mesmo. Não importa se já é um artista profissional ou apenas um "curioso criativo". Comece do zero. Pergunte-se como realmente gostaria de expressar a sua criatividade, não apenas em uma lista de coisas que quer fazer antes de morrer como "finalizar aquele romance", mas sim todos os dias pelo resto da sua vida. Se você for um fotógrafo atuante, talvez seja a hora de parar de fotografar casamentos e começar a fotografar obras de arte que o façam se sentir realizado de verdade. Se você for profissional em alguma coisa, não significa que essa coisa deve ser a sua única forma de expressão. Quando as contas estão pagas, o que preenche seu coração?

Não julgue pelo potencial comercial. Na caligrafia, por exemplo, você pode encontrar uma atividade que não apenas faz uso da criatividade, mas também aprofunda uma prática primária. Steve Jobs atribuiu às aulas de caligrafia que fez na faculdade a forte filosofia de design da Apple (além disso, com a caligrafia você economiza: nunca mais precisará comprar um cartão).

Da mesma forma, a jardinagem é a incorporação da expressão criativa. Há limitações: um espaço de terra, um clima específico, certas condições de luz e solo. Depende só de você o que fazer com tudo isso. Não existe o jardim "certo", mas sim o jardim que você escolheu criar, plantar e cuidar. Se isso não é uma forma de arte, então o que seria?

Independentemente do que nossa cultura diga a você, sua idade, sexo, aparência e histórico não importam. Cada aspecto seu é combustível para sua chama criativa. Se quiser atuar, não precisa se parecer a atriz Halle Berry. Já temos uma Halle Berry. Em algum lugar, os filmes e as peças teatrais vão precisar do *seu* rosto, da *sua* voz, do *seu* corpo. Da mesma forma, um estilista não precisa usar só preto e um poeta não precisa morar em uma cabana nas montanhas. Livre-se de todas essas ideias de como um criador é, e como ele age.

Você não é a sua arte. Quanto maior for a separação entre seu ego e seus esforços criativos, mais feliz e produtivo você será, então, abra mão de todas as suposições e pensamentos que costumava ter. Questione-se: de quais atividades criativas pode gostar? Não se preocupe com o produto ainda ou onde ele chegará. Se você gosta de criar aquelas incríveis experiências gastronômicas para os outros — pelo menos em algum momento do seu tempo — isso é tudo o que importa. Neste estágio, não importa o que gostaria de ter cozinhado ou quem gostaria de receber para o jantar. Você não precisa ser bom em nada ainda. Você pode aprender. Aliás, você passará a ver o processo de aprendizagem como uma alegria e não um obstáculo. A única pergunta que importa aqui é: o que realmente gostaria de tentar fazer?

Está na hora de ligar os motores para deixar as coisas acontecerem e analisar as possibilidades em sua mente. Qualquer coisa é possível: ferragem, cerâmica, composição de músicas, dança, artesanato com fios, produção cinematográfica, arranjos de flores, jardinagem, modelagem de vidro, criação de joias, redação de piadas, artesanato em couro, codificação, pintura, artesanato em papel, fotografia, tocar um instrumento, cantar ou abrir um negócio. É o hábito que importa.

Essa é só uma lista superficial. A pergunta não é "Onde vou chegar?", mas, sim, "Por onde devo começar?". O chamado raramente vem no formato de uma escada profissional já pronta com um estágio para você começar a carreira. A sua intuição dá direções, mas não destinos finais. Se você ouvir o chamado, será direcionado para o seu caminho. E o seu trabalho será seguir esse caminho.

2

Siga o seu Caminho

Este caminho tem um coração? Se tiver, o caminho é
bom; se não tiver, não presta... Um torna a viagem alegre;
enquanto você o seguir, será um com ele. O outro fará você
maldizer sua vida. Um o torna forte; o outro, o enfraquece.

— CARLOS CASTAÑEDA

Imagine um mundo com somente duas opções de caminho a percorrer.
Um é o caminho da razão e da certeza. Bem-conduzido, bem-mapeado, é
o caminho das médias: prazer médio, dor média, alegria média, tristeza
média. Acima de tudo, resultados médios. Nessa jornada, é certeza que
você passará por experiências, uma combinação de tudo, uma média, a
metade do que é possível.

O segundo caminho é *o seu caminho*. Vem de dentro e obedece o ritmo do seu coração, esse caminho é exclusivamente seu. Ele não é desprovido de razão e certeza, mas também não fica preso a elas. Não é mediano porque não há dados configurados para dar uma média. Apenas você. A cada cruzamento, você escolhe a direção fazendo uso de todas as suas capacidades: intuição, instinto, coração.

Pode parecer uma escolha arriscada, mas é muito mais arriscado ficar na defensiva. A segurança é uma ilusão quando o assunto é seguir seu coração, uma mentira vendida a nós por idiotas que vivem de proteger vidas pequenas e pensamentos insignificantes. No *seu* caminho, nada do que fizer será perfeito, mas tudo o que fizer será certo. Você faz o melhor que pode com tudo o que tem, em sintonia com seu eu autêntico. Por isso, nada do que fizer será desperdiçado. Todas as experiências agregam em sua jornada.

O mundo nos empurra em direção ao primeiro caminho porque é o mais fácil para todas as outras pessoas entenderem. Foi projetado para produzir resultados médios de maneira consistente, não importando quem o percorrer. Em contrapartida, é você quem projeta o segundo caminho à medida que o segue, criando uma vida que somente você pode viver. Isso leva a uma variedade muito maior e mais rica de possibilidades. Para seguir esse caminho, você só tem que ouvir o chamado e começar a ir em sua direção.

Mesmo se não estiver em seu caminho agora, você deve ter cruzado com ele no passado. Faça um resgate na sua história. Analise bem todas as vezes que foi produtivo, que se sentiu realizado e vivo na vida. Você verá momentos, por mais passageiros que tenham sido, em que ouviu o chamado e realmente o *captou*. Pode ter sido por um curto período de tempo, mas você estava seguindo o seu caminho.

No capítulo 1, você reconheceu que é um criador. Esse rótulo abre um mundo de possibilidades. Neste capítulo, peço que aceite essa verdade interna sobre o que realmente gostaria de criar ou presenciar na sua vida e que tente e brinque bastante com ela para descobrir o que é.

Assim que conseguir entrar em sintonia com esse chamado e arregaçar as mangas para seguir seu próprio caminho, coisas incríveis começarão a acontecer. Primeiro, você sentirá um novo poder. Estará nadando na direção certa, e não contra a corrente. Segundo, entenderá por que nenhuma outra pessoa poderia lhe dizer qual é o seu chamado. Somente você pode ouvi-lo. Terceiro, passará a confiar em si mesmo de uma forma diferente. Perceberá que ir atrás do que o inspira, intriga, ou interessa, sempre levará ao progresso e ao crescimento que busca.

Comece a percorrer o caminho

Neste momento, você pode estar sentindo uma combinação de empolgação e medo. Empolgação porque está enxergando novas possibilidades criativas no futuro. *Está dizendo que eu realmente poderia fazer algumas dessas coisas? Ser muito bom mesmo em algo? Até transformar minha vida?* Medo por duas razões. Primeiro, talvez porque tenha medo de ter de largar do seu trabalho atual e viver sem ter dinheiro para ir em busca de seu sonho. Segundo, porque talvez tenha medo de que eu o faça escolher apenas um sonho. Pode ser até que tenha medo dessas duas coisas ao mesmo tempo.

Respire fundo. Você não precisa piorar seu estilo de vida para buscar a criatividade. Em vez disso, verá que passará a dar valor para as coisas de outra maneira, que com a sua criatividade acordada seu conceito de uma vida boa será totalmente diferente.

Você não precisa se limitar a uma única disciplina criativa também. David Lynch é famoso por dirigir filmes, mas quando não está no set de filmagem ele pinta, faz esculturas e tira fotografias. Por quase uma década, escreveu um quadrinho para um jornal alternativo semanal. Surpreendentemente, um grande número de pessoas criativas bem-sucedidas se expressa em diferentes meios dessa forma. Muitas vezes, acham que seu modo de expressão "secundário" os realiza tanto quanto o que traz dinheiro e reconhecimento. Gwyneth Paltrow não parou de atuar para dirigir sua empresa, Goop, ou escrever livros de culinária, mas essa variedade mantém sua chama criativa acesa.

A vida é feita de escolhas. Quando escolhemos buscar todos os interesses criativos é o mesmo que abandonar todos eles. Sabemos aonde esse caminho vai dar: comprar um monte de equipamentos e manuais de como fazer as coisas, ficar empolgado quando eles chegam, colocar tudo dentro de um armário para "um dia" fazer aquilo e voltar a ver televisão. Em vez disso, escolha uma ou duas práticas criativas para buscar e desligue-se das dezenas de ideias restantes para começar. Assim que obtiver algum progresso no seu caminho, pode ser perfeito sair em busca de outras áreas de interesse para dar um tempo revigorante na sua disciplina principal. Além disso, esse comprometimento com uma área específica por um tempo o ajudará mais tarde.

Naturalmente, sua primeira escolha pode não ser a certa para você. Não tem problema. Se realmente não se encaixar, você tem toda a liberdade de voltar à prancheta de desenho (talvez até literalmente). Mas se comprometa em terminar alguns trechos do trabalho antes de passar para outro. Você aprenderá alguma coisa sobre si mesmo durante o processo. Cada passo que damos ao longo do caminho criativo é um passo adiante; não há decisões erradas para um artista, somente outros modos de fazer em uma evolução contínua à medida que aprende a expressar seu ponto de vista.

O importante é começar. Tudo o que você está decidindo fazer neste momento é apenas *tentar.* Faça o que puder com o que tiver. Parece que a hora certa nunca vai chegar. Você nunca vai estar "pronto". Não fique se preparando tanto. Comece antes mesmo de estar pronto. Comece com medo. Comece com incertezas. Esse é um dos maiores segredos das pessoas mais criativas, felizes e bem-sucedidas: apenas comece.

Meu caminho tortuoso

Cresci em Seattle, filho único. Em casa, não tinha videogames para me entreter, então passava grande parte do tempo brincando com minha própria imaginação. Tinha sempre algo sendo produzido lá. Aos sete anos, percebi que "algo" era um filme.

Eu e as crianças da vizinhança escrevemos uma peça teatral. Por sorte, havia uma câmera Super 8 na casa de um amigo da rua de baixo. Mas o filme virgem era caro, então passamos a lavar carros para juntar dinheiro. Fizemos os trajes e os objetos do cenário, planejamos nossas cenas de luta e filmamos seis empolgantes minutos, tudo cronologicamente feito na câmera com pequenos cortes e nenhuma edição.

Quando *Os Filhos de Zorro* ficou pronto para a estreia, colocamos anúncios por todo o bairro. Cobramos entrada para a exibição no porão, vendemos doces para nosso público de pais e amigos, afinal todos sabem que as vendas internas geram o grande lucro dos teatros.

Enquanto a Academia nos humilhava em todas as categorias, ganhamos 30 dólares com um filme que custou 15 dólares para ser feito. Um lucro de 100%! Não é todo cineasta que pode se gabar disso! E o mais importante, essa experiência na infância trouxe um esquema para a vida criativa que uso até hoje. Lembro que pensava: "Será que há algum jeito de fazer isso para sempre?"

O problema é que eu parei. Fazer e compartilhar meu trabalho significava dar a cara para bater, o que era uma coisa que não me animava muito. Morávamos em um subúrbio confortável, mas sem graça, no qual os esportes dominavam. Se o sistema escolar e a cultura da nossa cidade tivessem dado mais valor à expressão criativa, poderia ter sido diferente, mas me ensinaram que a criatividade era somente usada na aula de artes com palitos de picolé, fitilhos e cola.

Assim que devolvi a câmera Super 8 ao seu estojo, entrei para o time de futebol. Talvez pudesse ter sido melhor se eu tivesse mais dificuldades nos esportes e não recebesse essa opção de fuga social, mas eu era um bom jogador, por isso o esporte passou a ser minha identidade por anos. Depois de *Os Filhos de Zorro*, demorou mais de uma década até eu pegar a câmera de novo para criar, inspirado em meu pai e sua antiga Canon.

Quando era adolescente, descobri a cultura do skate, um mundo em que você pode ser tanto esportista quanto criativo. A cultura do skate combinava com expressão pessoal, de grafitar o skate a projetar todo o seu estilo de vida de maneira consciente. Foi um presente, a intimação de um caminho. Mas o tempo passou e logo fui para a faculdade com uma bolsa de estudos graças ao futebol.

Posso ver agora que não estava de corpo e alma em meu plano mal-concebido de entrar para a faculdade de medicina. Eu só queria agradar a minha família. As convenções sociais e a dinâmica familiar deixavam minhas opções claras: ser atleta profissional ou médico. Parecia que o meu era somente um entre tantos votos que estavam sendo expressos.

Então, uma semana antes de me formar na faculdade, meu querido avô teve um infarto e faleceu. Arrasado com a perda repentina, fiquei sabendo, para minha surpresa, que meu avô, fotógrafo amador entusiasta por toda a vida, havia deixado sua coleção de câmeras para mim. Minha tristeza encontrou uma nova direção. Perder meu avô no auge do percurso de uma carreira — ou de uma vida — que eu nunca quis, fez com que eu me libertasse. Senti-me impelido a tirar fotos assim como ele e meu pai.

Na época, parecia que essa ideia tinha surgido do nada — eu não pegava numa câmera há anos fora da aula de fotografia do ensino médio. Mas essa perspectiva me tocou profundamente e mergulhei em um nível totalmente novo. Está vendo? Uma explosão de inspiração repentina não é uma meta nem uma estratégia. A inspiração vai embora. Algo muito maior pode acontecer na nossa vida e nos convencer de que *realmente* queremos ser X, Y ou Z, mas se não seguirmos essa dica intuitiva *agindo*, as sensações podem evaporar e logo estaremos de volta onde sempre estivemos.

Vamos agir, então. Juntei as câmeras de meu avô e fui para a Europa com minha namorada na época, agora minha esposa, Kate, e com as poucas economias que tínhamos. Fizemos mochilão por lá enquanto eu aprendia o ofício por conta própria. Como pano de fundo, eu tinha tudo desde os Alpes Suíços até as belas praias da Grécia. Como modelo, eu tinha a Kate. Estava cercado de beleza.

Por dez dólares o rolo de filme e vinte para revelá-lo, acampamos, comemos feijões e atum direto da lata, fizemos o que era preciso para ver os resultados do meu trabalho. O processo poderia levar um tempo, portanto, fiz anotações cuidadosas de cada foto que tirei para me lembrar das escolhas que fiz: "Emolduramento 2 da Basílica de São Pedro, f/8, 1/250 de um segundo no obturador, tempo encoberto". Seis semanas depois, em Budapeste, finalmente consegui ver se havia feito as escolhas corretas na viagem a Roma.

Após meses nessa linha de trabalho, senti como se tivesse reunido uma noção básica sobre composição. Aquela alquimia perfeita — seis meses de liberdade, aventura, um novo amor e as câmeras de meu avô — foram um catalisador para um período de incrível crescimento criativo na minha vida. Comecei a cair em mim. Era isso que estava faltando, percebi então. Desde a época de *Os Filhos de Zorro*.

Voltando da Europa, decidi explorar a fotografia de esportes radicais. O mix de esporte, cultura e um estilo de vida independente era sedutor, trazendo-me de volta aos meus dias de jovem punk no parque de skate. Na época, não entendia como ganharia a vida, mas estávamos determinados a adiar a "vida real" para um pouco mais tarde. Por que me apressar e entrar em uma carreira tradicional antes de dar uma chance à fotografia? Assim, fomos até uma meca dos esportes radicais: Steamboat Springs, Colorado, casa dos melhores atletas de esqui e snowboard do país. Existe lugar melhor para se inserir na comunidade e praticar o ofício?

Assim que chegamos, encontramos trabalho: Kate em um restaurante e eu em uma loja de esqui. Embora trabalhássemos muito, ainda tínhamos mais tempo que dinheiro, mas isso não era problema. Toda noite, Kate colocava suas gorjetas no cofrinho e sempre que tínhamos o bastante para pagar o aluguel, gastávamos o restante com filmes. Eu tinha que ser seletivo ao tirar fotos. Muitas vezes tinha que escolher entre tirar fotos ou comer miojo mais uma vez. Nem sempre foi divertido e não foi nada fácil, mas parecia o certo a ser feito, como se eu estivesse gradualmente mirando em... alguma coisa.

Não havia como existir um ambiente natural mais maravilhoso: picos nevados gigantescos, vistas que se estendiam por todo lado. Fiz amizades com pessoas que andavam de esqui e snowboard enquanto trabalhava na loja de dia, regulando suas pranchas e, à noite, passando um tempo junto com elas. Apesar do meu kit amador, ninguém parecia se importar em ser fotografado. Eu não estava nem mesmo documentando tudo — juntos, tentávamos criar imagens que gostaríamos de ver nas revistas. Isso significava incontáveis horas congelando agachados nas montanhas cobertas de neve antes de voltar para casa para revelar os negativos no meu banheiro que tinha virado uma câmara escura.

Em um dado momento, percebi que não dava mais conta de revelar as fotografias em uma banheira. Foi então que um amigo que estudava em uma faculdade local, acidentalmente, ofereceu me mostrar a câmara escura totalmente equipada do campus.

Eu não tinha dinheiro para fazer o curso com ele como ele esperava, mas eu estava *muito* interessado na câmara escura do campus.

Não me orgulho disso, mas deixei a janela entreaberta antes de sairmos da sala. Na noite seguinte, voltei lá sem ninguém saber e passei algumas horas revelando minhas fotos muito feliz. Logo antes do amanhecer, organizei tudo, coloquei fita isolante na trava para manter a janela aberta, e saí de fininho. Como me dei bem, acabou virando um hábito. Toda vez a mesma rotina: eu entrava pela janela lá por volta de uma hora da madrugada, revelava sem parar por horas, organizava tudo e saía de fininho lá pelas cinco. Agora que reconheço minha paixão criativa, vejo como estava disposto a fazer o que fosse preciso para desenvolver meu trabalho.

Deixando o comportamento questionável de lado, a dedicação valeu a pena com minha primeira venda profissional. A equipe de marketing de uma marca de esqui veio à cidade para tirar algumas fotos promocionais. Aproveitei a oportunidade para mostrar o meu portfólio. Para minha surpresa, eu os surpreendi. Na hora, ofereceram 500 dólares e um par de esquis da coleção nova em troca de uma das minhas fotos para a campanha deles. Foi a primeira vez que o universo me mostrou que eu poderia ganhar dinheiro fazendo o trabalho que amava.

Com o passar do tempo, comecei a vender cada vez mais. Digo e repito, queria poder dizer que aproveitei esse ímpeto e mergulhei em uma carreira de fotógrafo em tempo integral. Mas não, eu me afastei mais uma vez. Estava muito influenciado pela narrativa cultural de "artistas passando fome". Pensando que poderia unir o útil ao agradável, ou seja, unir a minha vontade criativa ao meu desejo de deixar minha família orgulhosa, acabei me matriculando em um doutorado em Filosofia da Arte na Universidade de Washington. Mesmo tendo sentido a alegria de ir em busca do meu sonho, mesmo tendo descoberto como ganhar dinheiro fazendo isso, lá estava eu saindo do caminho.

Nunca tive a ilusão de que um doutorado em filosofia garantiria segurança financeira. Entretanto, na faculdade, você fica *seguro*. Você volta ao caminho suave, socialmente aceitável passando do ensino fundamental ao ensino superior e a um emprego das nove às cinco. Na faculdade, você sabe onde está e aonde está indo. Você sabe o que tem de fazer para "alcançar o sucesso": basta seguir os passos certos.

É claro que eu não tinha mudado de direção por completo. Não foi nenhuma coincidência ter escolhido estudar a filosofia da arte. Estava claro que eu ainda sentia que estava sendo puxado para outra direção. Para pagar as contas enquanto estudava, arrumei um emprego na nova loja de esportes REI, em Seattle, mais uma vez me incorporando o máximo possível no setor de esportes radicais enquanto me preparava para a vida na universidade. Não consegui evitar a decepção que sentia ao ver as imagens que decoravam a loja: inautênticas, datadas, sem alma. Com muito pouco a perder, cheguei para a gerente de merchandising e mostrei meu portfólio. Por que não? Afinal, eu era um filósofo em treinamento que passava os dias debatendo Hegel, Husserl e Heidegger. Não tinha nenhum risco envolvido mesmo se ela desse risada na minha cara (falei a mim mesmo). E para minha sorte, ela me ofereceu dez mil dólares para licenciar algumas fotos.

Dez mil. Era o que eu tinha ganhado *o ano inteiro no ano anterior*. E era para fazer o que amava.

Agora, sim, eu tinha entendido. Com ou sem doutorado, era hora de levar a fotografia a sério. O dinheiro foi usado para fazer um upgrade nos meus equipamentos. Meu tempo livre era para melhorar minhas habilidades. Como era autodidata, tinha um longo caminho para alcançar o profissionalismo. Continuando o programa de estudos que comecei na Europa, passei a desconstruir o trabalho de fotógrafos profissionais experientes do setor de esportes radicais. Cada minuto livre entre fotografar, trabalhar, ir à aula e escrever artigos acadêmicos, era usado para analisar as fotos das revistas (eu não tinha dinheiro nem para comprar revistas, então ficava lá parado na livraria durante horas com meu bloquinho de anotações). Para a minha conveniência, cada imagem vinha com o nome do fotógrafo correspondente, permitindo que eu fizesse a conexão da arte com o artista.

Para cada imagem, eu me perguntava: quais são os elementos que tornam esta foto uma boa foto? Por que alguns escolheram esta imagem em vez das centenas que deveriam estar disponíveis? A técnica era crucial, isso era óbvio, mas neste nível, a técnica era indiscutível. O que elevava uma imagem?

O primeiro e mais óbvio elemento era a localidade. As fotos eram praticamente sempre tiradas em locais conhecidos ou "sonhos de consumo" — você via o fundo e pensava, *sempre quis conhecer esse lugar.* Esse fator isolado já descartava muitos aspirantes. A maioria dos aspirantes a fotógrafo de esportes radicais não tem o tempo, o dinheiro, nem a dedicação para ir a esses lugares remotos, em geral no exterior, para rechear seus portfólios.

O segundo elemento de cada fotógrafo de sucesso era o modelo. Todo mundo sabe que atletas famosos vão estar nas capas de revistas e propagandas. Mas muitos fotógrafos iniciantes não conseguem ou não sabem como fazer para encontrar e fotografar esses ícones. A maioria considera isso impossível e fotografa seus próprios amigos e alguns desconhecidos. Depois ficam se perguntando por que suas imagens maravilhosas não vendem. A resposta é simples: as revistas não querem comprar fotos de gente desconhecida.

O elemento final era a ação que ocorre na foto. Para dar certo, ela tinha que ser impressionante, até mesmo surpreendente. Ninguém quer uma foto do maior atleta da neve descendo a pista mais fácil da montanha.

Estava claro que eu precisava entrar no mundo dos profissionais para unir os elementos de sucesso. Assim que chegasse aos lugares que todos querem frequentar, encontraria os atletas de ponta. Assim que encontrasse os atletas de ponta, teria que ter contato com eles de alguma forma para capturá-los em ação.

O método de desconstruir o que dá certo para chegar a seus componentes tem sido a chave para meu sucesso como criador e empreendedor. Você junta os elementos da melhor forma que puder e vê o que acontece. Lembre-se do que dá certo, esqueça-se do resto. Continue analisando até descobrir a fórmula de sucesso e, então, use essa fórmula de maneira consistente.

Parece simples, mas pode chocar de tão poderoso:

Desconstrua
Imite
Analise
Repita

DIAR para resumir.

Comecei a frequentar o círculo. Eventos da Red Bull, X Games; se os melhores atletas estavam competindo em algum lugar, lá estava eu, fizesse chuva, fizesse sol. Eu acordava no meio da noite e dirigia por horas ou pegava os voos mais baratos e mais longos com os piores itinerários possíveis, o que fosse necessário para chegar onde precisava. Em seguida, subia na montanha antes do amanhecer e dava uma olhada na área reservada para os profissionais. Às vezes, eu colocava minha câmera no vão de uma cerca para obter uma foto que *parecesse ter sido tirada* do mesmo ponto reservado para o acesso de fotógrafos profissionais.

Estar em um local como aquele me proporcionava mais um benefício: comunidade. Em cada evento, eu me apresentava para os atletas, para outros fotógrafos, representantes de marcas e editores de revistas. Assim que voltava para casa e revelava minhas fotos, sabia exatamente para onde enviá-las. Eis que então comecei a vender minhas fotos. Fazia anos que eu estava atrás desse sonho, mas para o mundo dos esportes radicais, era como se eu viesse do nada.

"Cara", diziam eles, "a gente nunca ouviu falar de você, mas essas fotos são demais. Por onde você andou esse tempo todo?" "Ah, por aí", eu respondia. "Tenho tirado fotos para a REI, enrolava... enrolava, trabalhos comerciais, enrolava... enrolava. É que esse negócio editorial é novo para mim." Eu pisava em ovos para falar sobre a minha limitada experiência.

Minhas credenciais não importavam porque minhas fotos seguiram a fórmula de sucesso. Elas venderam muito. Em geral, você passa anos trabalhando para um fotógrafo reconhecido para aprender como se faz e entrar no mercado. Todos acabam conhecendo você como "assistente do Fulano" antes de ter permissão para sair tirando fotos por conta própria. Eu pulei etapas, indo do anonimato para publicações de duas páginas sem passar um dia sequer como assistente de alguém. Esse caminho não era o aceito por uma carreira profissional, mas eu logo percebi que não importava.

A voz negativa na minha cabeça tentava me dizer que eu não tinha passado de fase, que eu deveria me envergonhar por isso. Ao me desfazer dessa voz, fiquei orgulhoso, não tanto com o que conquistei, mas sim com a forma que o conquistei. Encontrei o destino final do meu sonho com uma bússola e não com um mapa, uma bússola que me levou ao meu próprio caminho. Sim, foi um caminho estranho e sinuoso, mas no final me levou ao meu destino final anos à frente do cronograma "tradicional", apesar de todos os desvios e todas as lições doloridas que enfrentei. Aliás, foi enquanto estava nessa jornada idiossincrática que comecei a entender meu eu criativo e que eu precisava escrever minha própria história e seguir meu próprio caminho.

Seria ótimo para o meu ego pular minhas dificuldades do caminho criativo e chegar onde uma inspiração mágica me dissesse exatamente quem eu era e o que eu queria fazer da vida. Nunca foi simples assim. E ainda não é. Estou seguindo o caminho com todos os seus altos e baixos, e sempre estarei seguindo. Às vezes, ele é duro e confuso. Em algumas situações, é verdade, uma inspiração me deu mais clareza, mas nunca a resposta completa. Ainda estou buscando, assim como você, mas sou agradecido por ter aprendido o suficiente para ajudar outros criadores a terem mais noção de seu chamado criativo.

Tudo se resume a nossos valores. O que mais importa para você na vida? Tem algo por trás do trabalho criativo que traz nossos valores, ou a ausência deles, para o centro de tudo: "Devo desistir ou continuo batendo com a cabeça na parede até fazer dar certo?"

Na expressão criativa, diferentemente de outras áreas do comportamento humano, não há nenhuma medida de sucesso objetiva, nenhum Único Jeito Certo de fazer as coisas. Isso significa que estamos sempre vulneráveis à ilusão do caminho mais fácil e seguro. É contra intuitivo, mas, se você valoriza o dinheiro, o conforto ou a conveniência acima de sua própria criatividade, acaba pondo em risco todos eles.

O caminho que segui na Europa e em Steamboat Springs e o início da minha carreira profissional me revelaram meus valores essenciais. O que realmente importa para você? Seja lá como você definir seus valores, o seu trabalho criativo pertence ao alto dessa lista, se não em primeiro lugar. A criatividade é essencial para sua saúde e felicidade. Quando você é realizado criativamente fazendo o trabalho no qual acredita, você se torna um cônjuge, pai, irmão, funcionário melhor — essa sensação contagia tudo. Quem estiver disposto a priorizar a sua criatividade colherá recompensas sem fim em todas as áreas da vida. Isso transformou a minha.

Muito trabalho sem esforço

Algumas décadas atrás, o caminho certo estava claro: terminar a faculdade, conseguir um "bom emprego" em uma empresa trabalhando quarenta horas semanais durante quarenta anos, e ganhar um relógio de ouro. Hoje, há inúmeros caminhos que levam a um leque inimaginável de destinos em constante mudança. O empolgante desse momento na história é que quem guardava a chave não a tem mais. Sua carreira tem cada vez menos a ver com as opções de uma feira do estudante e cada vez mais com a descoberta do chamado que você ouve quando fica acordado à noite, olhando para o teto. Quando ouvi-lo, siga seu caminho e comece a chegar aos destinos de seus sonhos, não importa como. Ninguém questiona seu pedigree, se você foi para a escola certa ou se conhece as pessoas certas. Tudo o que importa é o que você tem feito — e que você o tenha feito do seu próprio jeito esquisito e único.

Seguir o seu próprio caminho é como escrever o roteiro de um filme. Você pode decidir escrever um filme alternativo ou um estouro de bilheterias. Estabeleça metas modestas ou mais nobres — o mundo que você cria é seu. *Você* monta o cenário, *você* desenvolve os personagens e *você* faz os enredos acontecerem.

Visto que esse é o caso, a minha pergunta para você é a seguinte: por que se contentar com menos que um glorioso épico som surround? Como fotógrafo, aprendi muito rápido que vender o meu trabalho por 100 dólares deu tanto trabalho quanto vendê-lo por dez mil dólares — a diferença foi para quem eu o vendi. O fator limitante era minha visão e ambição, não o infinito mundo de possibilidades à minha volta.

Você quer se tornar artesão profissional do macramé ou criador de quadrinhos na web? Quem disse que você não pode fazer essas coisas? E o que essas pessoas negativas já fizeram por si próprias? Tem que haver muito trabalho e persistência para alcançar *qualquer* meta, então por que não buscar as estrelas? Há um antigo provérbio chinês: a pessoa que diz que não pode ser feito não deveria interromper a pessoa que o está fazendo.

Acontecem duas coisas quando você para de se conter e começa a sair em busca das metas que realmente quer alcançar:

- **AS PESSOAS QUEREM AJUDAR VOCÊ.** Quando as outras pessoas passam a ver o quanto você se importa, elas querem se unir a você. É assim que você encontra a sua tribo. Precisamos de outras pessoas, de uma comunidade, para nos ajudar a criar o trabalho e a vida que queremos para nós mesmos.

- **O CAMINHO O ATRAIRÁ.** Quando você está no caminho escolhido, descobrirá que raramente precisa se forçar a trabalhar. Em vez disso, você passa a vivenciar a alegria e a animação de ser atraído em direção aos seus objetivos.

Se você nunca sentiu essa atração antes, isso tudo pode parecer muito bom para ser verdade. Mas é verdade. Ir atrás de seu sonho autêntico é um grande acelerador. Não há nada mais revigorante do que buscar seu verdadeiro chamado em vez de se acomodar com algo próximo: escrever em vez de editar, atuar em vez de agenciar, ser seu próprio chefe em vez de trabalhar para alguém. Pode ser que você realmente queira ser editor ou agente de talentos ou gerente, e isso é ótimo. Você precisa apenas chegar a essa conclusão por si só. Mas não venha dizer a si mesmo que se contentar com menos do que *realmente* quer é uma escolha inteligente. É uma péssima troca que ocorre porque você nem sabe o que é possível. Ouvir o que está o chamando e decidir seguir o caminho faz qualquer coisa parecer possível. Quando você sentir essa atração, nunca mais quererá ser empurrado <u>novamente</u>.

Mudei-me para as montanhas do Colorado para adiar o doutorado, para sair de uma vida que eu não tinha certeza se queria viver. Porém, quando cheguei a essa parte da minha vida, algo mudou dentro de mim. Passei do estado de "sair da faculdade" para "ir em direção ao que amo". Era como se eu percebesse que tinha usado os sapatos de outra pessoa por anos, até doer. Comparando, a fotografia parecia um par de sapatos velhos, rasgados e confortáveis. Não cheguei a essa conclusão comprando câmeras, lendo livros, ou pensando em como a vida como fotógrafo poderia ser. Fiz apenas *o que parecia ser divertido* — o que estava me chamando. Nem sempre foi o som de um trompete monumental vindo do topo das montanhas. Às vezes, era um clique baixinho da câmera. Satisfazendo a minha curiosidade, segui o caminho e senti a atração. Fui apanhado. Era tudo o que precisava para continuar.

Tive medo, é claro, mas o medo nunca se vai quando estamos tentando algo novo. A insegurança e o desconforto são parte integral do processo de crescimento — para criar arte e criar a si mesmo. Você apenas aprende a confiar no seu medo e deixar que ele o guie. Continue marcando as páginas do livro, seguindo aquela inquietação interna, até escrever algo verdadeiro. Quando você tropeçar e sair do caminho ao ignorar seu chamado criativo por um tempo, tudo bem. A sua tarefa é apenas retomar o caminho.

Se você conhece meditação, esse processo pode parecer comum. Quase todas as tradições de meditação envolvem direcionar a sua atenção — para a sua respiração ou para um mantra, por exemplo. Quando a sua atenção se perde — para sua lista de compras do mercado ou para uma música que ouviu no rádio — a sua única "tarefa" é perceber o que está acontecendo e direcionar a sua atenção ao seu foco novamente. Buscar seu chamado criativo é a mesma coisa. Ao praticar com regularidade, você perceberá quando sair dos trilhos para poder trazer a sua atenção de volta à busca por seu sonho. O chamado criativo está sempre presente não importa se você estiver exausto ou distante do caminho que estiver seguindo.

Você encontrará fracassos ao longo do caminho. Mas e daí? É uma ilusão achar que o plano que a sociedade tem para você é mais seguro. Esse é o momento mais arriscado da história para agir com cautela. "Ir para a faculdade para conseguir um bom emprego e desfrutar da segurança financeira para sempre?" O público aceita os super-heróis e monstros nos filmes de ação, mas nunca aceita a mesma fantasia absurda mais de uma vez. A segurança econômica absoluta sempre foi um mito, mas a promessa da estabilidade em um emprego de tempo integral que suga a alma e que você odeia nunca foi tão obviamente falsa. O problema é que o cérebro humano evoluiu para nos manter seguros em vez de felizes — ele resistirá aos seus esforços de seguir seu próprio caminho porque a criatividade desafia a certeza. Ele até mesmo aceitará a ilusão reconfortante de que há uma certeza ao longo do caminho tradicional. É muito mais difícil ignorar o risco quando estamos sendo criativos. Por necessidade, você está transitando pelo novo, pelo desconhecido.

Aliás, o caminho criativo é muito mais resiliente e seguro do que qualquer trabalho sufocante. Os criadores aprendem a mitigar o risco, fazer apostas melhores e sempre entender os aspectos negativos. Ao praticar seu ofício, aprendem a ser flexíveis e proativos em todos os aspectos da vida. Com sua ingenuidade e motivação, é impossível mantê-los presos por tanto tempo.

Os três grandes

Enquanto viaja pelo caminho escolhido, você certamente sente momentos de sucesso fácil — a atração do fluxo criativo, a alegria e a tranquilidade —, mas é garantido que você também encontrará dificuldades ao longo do caminho. Embora os detalhes de cada luta sejam particulares à sua situação, os desafios fundamentais são praticamente universais. Assim, eu seria negligente se não compartilhasse o que chamo de "Os Três Grandes". Esses desafios surgem na jornada de praticamente todos os criadores: dinheiro, controle criativo e suas companhias.

Dinheiro

Comece a usar dinheiro e criatividade na mesma frase e você está fadado a irritar as pessoas. Posso dizer com certeza absoluta que você não precisa ganhar dinheiro com seu trabalho criativo para se considerar um criador. Que escrevi este livro para todas as pessoas criativas, sejam elas aspirantes, amadoras ou profissionais. Que você pode ignorar tudo o que eu disser relacionado à aplicação comercial do seu trabalho. De qualquer forma, não importa quantas advertências eu dê a você, ainda recebo tweets zangados e críticas me dizendo que errei por falar de dinheiro em um livro que tem como objetivo ajudar as pessoas a liberarem seu poder criativo.

Esqueça isso tudo. Estou aqui para ser direto. Em algum momento no seu caminho, o dinheiro vai aparecer, mesmo que seja somente para comprar os materiais para seu hobby. E daí? Aliás, dinheiro não é um palavrão. Se você decidir sobreviver ou não com seu trabalho criativo, quero chamar a atenção para suas crenças não analisadas sobre o dinheiro. Essas ideias comumente distorcidas impedem os criadores de alcançarem seu potencial máximo.

O persistente mito do "artista passando fome", do poeta surrado, mas exuberante, que tem de escolher entre tinta e comida, não é só falso como também tóxico. Esse tipo de ideia suga sua energia e faz você correr atrás de dinheiro por todos os motivos errados ou incentiva os outros a se aproveitarem de você desvalorizando seu trabalho.

Os livros didáticos e os filmes biográficos de Hollywood, em geral, somente dão uma pincelada sobre as negociações financeiras do dia a dia de grandes artistas. Quando era criança, você nunca ouviu dizer que Michelangelo ficou barganhando com o Vaticano por sua obra de arte lápis-lazúli caríssima para o teto da Capela Sistina ou, mais recentemente, que a cineasta americana Kathryn Bigelow tem lutado por pagamentos mais altos. Ninguém diz a você que o famoso fotógrafo Ansel Adams não ficou muito feliz em aceitar um pagamento de 25 centavos para autorizar que suas fotos fossem impressas em menus de restaurantes, mas que essa decisão também não arruinou a sua carreira.

No final, não é de surpreender que nossos sentimentos sobre a interseção do dinheiro e da arte sejam complexos. E não importa se você só quer um impulso criativo na vida ou se está tentando transformar seu bico em um trabalho de tempo integral. Pergunte-se se suas ideias sobre dinheiro e arte são baseadas na realidade ou são parte do roteiro da sociedade. Se for o último caso, essas crenças limitantes têm impedido você de ter uma carreira dos sonhos criativa, produtiva e próspera? Ou mesmo de ganhar um extra com seu hobby?

Se a resposta for sim, por que você está preso a elas?

Queremos que nossos Michelangelos e Bigelows sejam pagos por suas esculturas e produções cinematográficas para que possam continuar a fazer seu trabalho. E reconhecemos que Ansel Adams pode ter feito o que era certo aceitando aquela moeda de 25 centavos naquele momento da sua carreira.

60 CHAMADO CRIATIVO

Não importa o que você leu ou ouviu dizer, os criadores podem se dar bem financeiramente se não forem tão presunçosos. Quando os artistas não conseguem pagar as contas, todos nós perdemos. Sem dinheiro, como se espera que os criadores comam entre suas proezas de comunhão transcendente com sua Musa?

Ser um artista passando fome não tem nada de nobre, moderno ou descolado. Passar fome é uma droga, simples assim. Acreditar no mito do artista passando fome também é uma profecia de autorrealização. Quando os aspirantes a artista têm essa crença distorcida, aceitam pouco ou nada por seu trabalho, o restante da sociedade realiza trabalhos criativos por muito pouco e, como consequência, outros artistas passam a ter dificuldades de cobrar o que é adequado.

Se você não quer um trabalho que envolva sua arte, encontre um que a sustente. Esteja você decidindo ter dinheiro apenas para passar o máximo de tempo possível fazendo sua arte ou reduzir o seu compromisso de tempo com a arte para não se estressar e continuar recebendo seu salário estável, você está fazendo seu trabalho, e é isso o que importa.

A questão é: os criadores possuem atitudes totalmente diferentes com relação ao dinheiro. Passe a analisar a sua. Não seja presunçoso com relação ao seu trabalho. Tenha uma mente aberta quando o assunto é dinheiro e criatividade, e faça o que está alinhado com seu chamado e seu caminho para chegar lá.

Controle criativo

Esteja você indo em busca de uma prática criativa para expressão pessoal, sucesso profissional, fama ou simplesmente para levar alegria e inspiração aos outros, acabará tendo que defender o seu trabalho, a sua visão. O controle criativo pode se tornar um problema sempre que você trabalhar com outras pessoas. Não importa se você vai se tornar uma pessoa de sucesso ou não. Os diretores de filmes brigam pelo "corte final" de seus filmes. As estrelas da TV são tiradas de seus programas. Os fundadores de startups se esforçam para reter o controle de suas empresas.

Defender o seu trabalho pode significar também estabelecer limites saudáveis, desde negociar com seu cônjuge ou parceiro para ter tempo para praticar com a banda até estabelecer um limite quando um cliente o pressionar a ir aonde você não quer. As perguntas que você deve responder agora são: O que importa para você no seu trabalho? Quanto isso importa? E por quê?

Contrário às crenças de alguns *artistes* de boina, você não precisa saber tudo sobre onde você se encontra com relação à sua arte, memorizar suas respostas e estar preparado para defendê-las no momento certo. Tudo bem se seus valores aumentarem e evoluírem com o passar do tempo. Saiba apenas que, a menos que você seja um monge budista, em algum momento, você precisará negociar com os outros e defender a sua visão. Não precisa estar disposto a morrer pela sua arte, mas precisa começar o processo de decidir o que importa para você e por quê.

As suas companhias

Quando você passar a usar a criatividade, perceberá que as pessoas que mais o amam reagirão das formas mais inesperadas. Seus amigos e família podem ser os primeiros a dizer que você não deveria seguir *esse* caminho, que precisa estar "seguro" voltando a agir de maneira que eles possam entender facilmente o que está acontecendo e buscando metas que façam sentido para eles.

Em casos assim, Caco, o Sapo dos Muppets, dá o melhor conselho: "Quando você decidir qual é o seu Grande Sonho, você estará cheio de entusiasmo e quererá dividi-lo com todo mundo. A maioria das pessoas o olhará como quem pensa, 'Ah, tá, que legal, agora me passa o ketchup'. Alguns vão caçoar, sugerindo que seja lá qual for o seu Grande Sonho, é grande demais para você. E poucos vão dizer palavras de incentivo. Meu conselho é o seguinte: passe o ketchup. Ignore quem caçoa. E lembre-se daquelas palavras de incentivo, porque elas são as únicas que importam."

Tenha empatia. Reconheça que é assustador ver alguém com quem você se importa prestes a mudar de vez. É ainda pior ver a pessoa que você ama ir aonde você mesmo sempre teve medo de ir. É compreensível que as outras pessoas queiram que você esteja seguro, mas isso não quer dizer que você deveria deixá-las impedir a sua busca pelo seu sonho. Você pode amar sua família. Você pode confiar em seus amigos. Você pode ouvir o incentivo deles. Você pode ouvir as preocupações deles. Mas, no final, você deve decidir o que funciona para você. A sua vida *não* é uma democracia.

Por fim, cada um dos Três Grandes tem tudo a ver com os seus valores. Você encontrará cada um deles em algum momento no seu caminho. Na minha carreira, testemunhei as diversas formas com que as pessoas usam o dinheiro ou o poder para fazer valer a sua vontade sobre os outros. Recebi a garantia da liberdade criativa ilimitada — até mesmo em contratos — e tive esse controle tirado de mim. Fui mandado para o olho da rua quando julgaram minhas ideias difíceis, esquisitas ou caras demais. Decepcionei minha família que passou a achar que eu estava perdido. Continuei firme e abri mão de muito dinheiro para proteger a minha integridade. Também cedi quando precisei colocar pão na mesa. Isso não para nunca. Tudo o que você pode fazer é ter os seus valores claros na sua mente ao longo do tempo.

Embora você acabe tomando algumas decisões ruins ao longo do caminho, ou mesmo perca algumas batalhas que realmente machucam, é preciso ganhar a guerra. Mas lembre-se que "ganhar" significa apenas ver um lado positivo com o passar do tempo. Conhece-te a ti mesmo e tudo ficará bem.

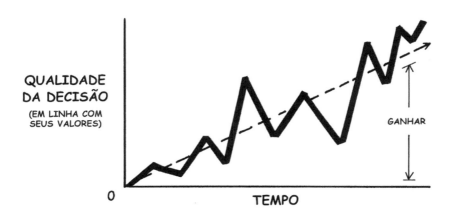

Seja o herói da sua própria vida

Para iniciar a jornada do herói, disse Joseph Campbell, temos que seguir a nossa felicidade. Quando damos atenção a esse chamado interno e damos o primeiro passo em uma nova direção, estamos no nosso caminho. Mas para se tornar um herói é preciso atravessar uma fronteira mística no início. Na maioria dos mitos e contos, essa fronteira é protegida por um guardião feroz.

Para a maioria de nós, o guardião da primeira fronteira não é uma esfinge mortal, e sim qualquer coisa que o estiver impedindo de iniciar o *seu* caminho: seu medo, seu trabalho atual, suas prioridades ou mesmo as pessoas que mais o amam.

Segundo Campbell, o guardião da fronteira não é necessariamente o inimigo do herói. Aliás, muitas vezes ele pode se tornar um aliado. Mas, no início, ele testará a sua determinação. Se você for capaz de passar pelo medo e continuar o processo de crescimento e transformação, poderá olhar e perceber que o antes temido guardião da fronteira acabou se tornando um ajudante de confiança ao seu lado.

Seja o herói da sua vida. Siga o seu próprio caminho. Quando surgirem obstáculos, passe por cima, por baixo ou pelo lado deles. Quando se perder do caminho, ouça o chamado. O seu coração servirá de guia para sempre.

3

Destaque-se

As coisas que o fizeram ser esquisito quando criança o fazem ser grandioso hoje.

— JAMES VICTORE

E se você deixasse a sua imaginação tomar as rédeas da sua vida de uma vez — e concebesse a vida com a qual sempre sonhou? E depois a multiplicasse por dois?

É claro que há uma linha entre imaginação e fantasia. O problema é que nenhum de nós é muito bom em desenhar essa linha. Dispensamos e negamos as nossas mais loucas aspirações para evitar até mesmo a possibilidade de fracasso e rejeição. Ao fazer isso, acabamos com toda a paixão e vitalidade que podemos ter trazido ao jogo. Seja nosso sonho grande ou pequeno, encontraremos nossa parte justa de fracassos na vida. Então, explique uma coisa, onde está a glória em não conseguir algo que nunca quisemos de verdade? Se vamos receber uma dose de fracasso ao longo do caminho, não deveríamos estar provando um pouco dele antes de irmos atrás do que realmente queremos da vida?

Neste capítulo, que é dedicado a conceber uma vida mais criativa para si mesmo, é hora de encarar a realidade — e então adaptá-la à sua vontade. O que é verdadeiramente possível para você? Seja qual for a sua resposta, seja qual for o sucesso, a conquista ou a realização que imaginou estar ao seu alcance, vamos fazer uma pausa para reconhecer que você pode estar pensando pequeno demais. *Todos nós acabamos fazendo isso em princípio*. Pequeno é confortável e familiar. Faz nos sentirmos seguros, mesmo que não seja nada disso.

Para subir, você precisa se destacar e ter orgulho disso. Não estou falando de fazer uma cena para ser notado. Estou falando sobre ser verdadeira e completamente autêntico consigo mesmo. Quando você coloca o seu eu genuíno para trazer relevância ao que faz e como faz, não tem como evitar se destacar de todos os outros. Existe apenas uma pessoa como você — *você* é o maior valor com que pode contribuir.

Destacar-se dessa forma pode fazer você se sentir estimulado — ou exposto e vulnerável. Depende da sua mentalidade. Este capítulo trata de como adotar uma mentalidade criativa. Quanto mais confortável você ficar em ser completamente autêntico, mais se diferenciará de todos à sua volta.

Não é engraçado como tentamos nos rebelar para nos destacarmos? Uma geração se rebela usando jaquetas de couro e andando de moto, enquanto outra passa a usar tie-dye e sandálias rasteiras para fugir da conformidade. Depois disso, ficamos sabendo que há uma multidão de gente usando sandália rasteira e em todos os shows a que vamos há um mar de camisetas psicodélicas. O ciclo não acaba nunca. A rebelião é sempre uma reação. Isso significa que é apenas mais uma forma de controle: você é controlado pela situação contra a qual está se rebelando. Não é uma escolha, mas sim uma armadilha.

Em vez de se rebelar, ou se conformar, simplesmente escolha. *Escolha a si mesmo.*

Mas não se engane. Ser você mesmo é difícil. Não importa até que ponto você pode chegar como criador, sempre será um desafio continuar sendo autêntico. É necessário coragem e confiança sem fim para se tornar vulnerável e ficar naquela zona de desconforto em frente a ambos, sucesso e fracasso. Você tem que aprender a ficar bem quando tiver que se arriscar quantas vezes for preciso.

Por outro lado, destacar-se é a coisa mais fácil do mundo. Você nunca precisa fingir ou fazer nada que não faria. Não há nenhuma estratégia sofisticada. Você só precisa fazer da sua forma e se acostumar com isso. É assustador, sem sombra de dúvida, mas não é complicado.

Sobre o medo, o negócio é o seguinte: quando permitimos que as pessoas vejam como somos esquisitos e diferentes — e, para ser claro, todos somos esquisitos e diferentes — estamos correndo um risco. E se não gostarem do que estão vendo? Em contrapartida, parece seguro esconder tudo isso. A verdade é que se esconder para se encaixar é o maior perigo de todos. Estamos adentrando uma nova era em que o pensamento criativo será a habilidade mais importante e valiosa que qualquer um possa ter. Mas não dá para usá-lo misturado na multidão.

Isso não quer dizer que não podemos reduzir os riscos envolvidos em sermos nós mesmos e nos destacarmos. Existe uma arte para ser um artista sem se tornar tão vulnerável a ponto de entrar em colapso logo no primeiro pequeno acidente.

Vamos entender como gerenciar o risco, mas primeiro precisamos recorrer ao nosso eu autêntico — não importa a que profundidade esteja enterrado.

Siga o medo

O pensamento criativo pode ser complexo. É necessário energia — seu cérebro de um quilo e meio queima 20% de todas as calorias do seu corpo — e as novas ideias que geramos são perturbadoras para as pessoas à nossa volta. A maioria delas está apenas tentando fazer com que "as coisas sejam feitas". É por isso que a Era Industrial não dava tempo para o povo desenvolver o pensamento criativo — isso teria diminuído a eficiência das fábricas.

Todas as escolas são escolas preparatórias de alguma forma, porque nos preparam para as carreiras da Era Industrial. Seus professores e pais tinham boas intenções, mas nosso sistema educacional foi projetado usando a fábrica do século XX como modelo, tendo em mente a eficiência e não a criatividade ou a diversidade de pensamento. Terem dito para nos sentarmos, levantarmos a mão e usarmos lápis número dois repetidamente causou um efeito em nós. Desde antigamente, passamos sete horas por dia, 180 dias por ano, em uma sala de aula. E quem fez faculdade ficou com a cabeça inclinada olhando para a carteira por bem mais de 15 mil horas. Se leva dez mil horas para alcançar o domínio de um assunto, qual é a habilidade que dominamos durante todo esse tempo? A de não perturbar e fazer o que for necessário para garantir a nota. Depois de todo esse treinamento, é necessário muito esforço para chegar ao outro lado com nossa vitalidade, astúcia e originalidade intactas. O restante de nós precisará ir fundo. Temos que reaprender a acessar a nossa criatividade desenfreada adentrando a parte mais primária de nós mesmos que nos trouxe alegria antes de a sociedade pasteurizá-la.

Para encontrar essa vitalidade enterrada, apenas siga o seu medo. Pergunte-se: O que me torna esquisito? Quais são as coisas sobre mim que menos gostaria de compartilhar? Quais são as partes de mim que considero feias, repugnantes, assustadoras ou inaceitáveis? Pode ser que você não goste de sua irmã que sempre recebeu a atenção de seus pais, por mais que ela tenha sempre sido legal com você. Pode ser que você não tenha certeza se ainda ama seu cônjuge. Talvez, mesmo com toda o seu discurso de que a beleza vem de dentro, você gostaria de ser dez anos mais novo e de fazer cirurgia plástica. Seja o que for, revele-o. Adentre essas áreas dolorosas, pois é aí que a mágica está esperando, as partes autênticas e vulneráveis que alimentam seu trabalho mais criativo.

Vamos tomar Steven Spielberg como exemplo. Ele sempre foi um gênio criativo. Transformou o cinema com grandes sucessos de bilheteria como *Tubarão, E.T.* e *Parque dos Dinossauros*. Mas foi só após lidar com suas próprias dificuldades relacionadas à cultura, identidade e religião que conseguiu fazer *A Lista de Schindler*, a obra de arte que o elevou e fez ganhar seu primeiro Oscar de Melhor Diretor.

Está vendo? Não se trata de habilidades. Spielberg era um diretor maravilhoso antes de *A Lista de Schindler*, e continua sendo apesar de ter feito *Indiana Jones e o Reino da Caveira de Cristal*. É isso que é revelar seu eu autêntico. Até mesmo em um filme sobre alienígenas, dinossauros ou arqueólogos fanfarrões, tudo o que o público quer receber de nós é a verdade. Quanto mais fundo você for, mais perto ele chegará.

James Joyce disse uma vez: "No particular está contido o universal." A sua história é única, esquisita, *particular*. Quando compartilhamos nossa verdade com os outros, eles se conectam a uma verdade universal dentro do particular. É exatamente por isso que eles se identificam conosco.

Ajuste a sua mira

Quanto mais limitar seu foco criativo, mais rápido aprenderá e mais eficaz seu trabalho se tornará. Pense em seus artistas e empreendedores favoritos. Eles podem fazer muitas coisas diferentes agora que têm a liberdade de fazê-lo, mas como se destacaram no início — por meio de uma abordagem focada ou dispersa?

Ajuste a sua mira. Se alguém oferecer dinheiro a você para aprender algo novo, aceite, mas não coloque uma série de fotos de cachorrinhos no seu site se não quiser ser fotógrafo de caninos. Se quiser, adicione *somente* essas fotos. William Wegman construiu toda uma carreira fotografando apenas uma raça.

Não dá para fazer o impossível. Não importa qual seja o seu chamado criativo, só vale a pena abrir o leque quando estamos explorando. Pode ser que você seja ótimo em uma coisa, mais ou menos em três coisas e ruim em cinco. Quatro fotos boas ganham de três fotos ótimas, três fotos medíocres de uma foto péssima. Para quem está de fora, o que é negativo se sobrepõe ao que é positivo. Concentre-se no melhor.

Assim que estava seguindo meu caminho e descobri meu nicho criativo, minha fotografia — e minha vida — passou a ter foco. A diferença foi drástica. De repente, parei de vagar por aí e comecei a correr como um atleta de alto rendimento. Larguei o doutorado e passei de poucos clientes locais para muito trabalho com as maiores marcas de esporte do mundo. Antes que percebesse, estava tirando fotografias importantes de celebridades e atletas renomados nos lugares mais remotos de uma beleza de cair o queixo. Foi o foco que tornou isso possível.

Não estou dizendo que você já deve saber onde esse foco está. Mas vai descobrir enquanto fizer seu trabalho. Portanto, assim que a sua intuição disser que você está indo na direção certa, tenha foco *impiedosamente*.

Chacoalhão

Apesar de toda a minha experiência e treinamento extensivo com lugares remotos e avalanches, eu sentia um frio na barriga. Fazia dias que uma tempestade atingia o Alasca; a neve era medida em pés, e não em centímetros. O tempo deu uma brecha e aproveitamos. Será que essas condições climáticas continuariam assim?

Com o dono de uma das melhores operadoras de heli-esqui como nosso guia e um grupo com os melhores esquiadores do mundo, estávamos nos preparando para tirar algumas fotos épicas. As imagens que criássemos naquele dia seriam usadas em anúncios da Nike, em capas de revistas e em panfletos editoriais para as maiores revistas de esportes radicais.

Assim que começamos, meu nervosismo sumiu. As condições eram perfeitas. Os atletas desciam as montanhas íngremes e intocadas. Saltavam de penhascos, cornijas e espinhaços cobertos de neve com toda sua graça e energia. As imagens fluíam tão facilmente quanto a neve em nossos esquis.

Nunca vou me esquecer de um pico em particular. O helicóptero encostou no topo de uma montanha que parecia uma faca afiada, e o guia saltou e nivelou uma pequena área para que eu e os outros três atletas pudéssemos ficar. Assim que o piloto se distanciou... clap... clap... clap... fomos deixados no topo do pico nevado em silêncio com 600 metros verticais de neve fresca abaixo de nós.

Com os protocolos de precaução de avalanches completos e com uma rota combinada para descer, a primeira atleta se jogou em um dos lados da montanha. O obturador da minha câmera disparava enquanto ela fazia uma curva, e outra e finalmente uma terceira antes de eu a perder de vista atrás de um espinhaço nevado, descendo rumo ao vale. Mudei de posição já que outro atleta fazia fila para descer, e o outro em seguida.

Quando ficamos somente eu e o guia no alto, enviamos uma mensagem de rádio para os outros avisando que eu iria para outra posição para ficar em uma "zona segura" adjacente à principal linha de esqui para capturar algumas imagens do nosso guia, considerado uma lenda. Com meus equipamentos de fotografia guardados em segurança, desci a montanha íngreme rumo a um novo local. Uma curva, depois outra.

E foi aí que aconteceu. A avalanche.

Ouvi um barulho alto e profundo do qual nunca me esquecerei. Por um momento, o tempo parou, mesmo que eu estivesse esquiando em um ritmo muito rápido. Em seguida, estava eu no que os sobreviventes de avalanches chamam de sala branca, dada a cor da neve. Mas não é branca para a vítima, é um preto absoluto já que você é puxado para baixo da superfície. Caindo violentamente, sem conseguir enxergar, levado para longe com milhões de toneladas de neve e blocos de gelo do tamanho de um Fusca — primeiro devagar, depois trinta, cinquenta, setenta quilômetros por hora.

As filmagens de uma avalanche as fazem parecer enganosamente lentas, como se fosse uma gentil maré branca vindo de cima. Nada disso. Quando você está no meio de uma avalanche, tudo é destruído em um instante. Você pode ter todo tipo de treinamento e tomar todos os cuidados possíveis, ainda assim ficará extraordinariamente vulnerável ao poder de uma avalanche.

Minha cabeça não parava de pensar enquanto meu corpo capotava. Lembrei-me então do tamanho do pico, a profundidade das fraturas, toda aquela neve que tinha caído nos dias anteriores, aquele barulho da avalanche que não me sai da cabeça; todo aquele lado da montanha deve ter sido devorado. Quase que imediatamente, percebi que poderia morrer. Se eu quisesse driblar a morte, teria menos de cinco segundos para agir.

E, nem sei como, consegui.

Através de um mix de técnicas de esqui, protocolos de sobrevivência a avalanches, sorte e uma adrenalina maluca que trouxe uma força sobre-humana que ainda tenho dificuldade de explicar, escapei intacto.

Felizmente, nenhuma outra pessoa foi pega pela avalanche, e meus ferimentos foram mínimos. O que a avalanche destruiu sim, naquele dia, foi a minha complacência. É muito comum um novo chamado aparecer durante um momento de reviravolta da vida. Em um mundo ideal, isso nos faz refletir e saímos das confortáveis rotinas antigas depois de ir a um retiro de meditação ou a uma viagem solo com um caderno em branco e uma boa xícara de café para reavaliar nossas prioridades e definir um novo desafio. Mas se não escolhemos isso no percurso normal dos acontecimentos, podemos acabar sendo puxados montanha abaixo, tentando evitar a morte por pouco. Isso pode funcionar também.

Naquela noite, fiquei acordado pensando por horas. Somente cinco anos antes, eu nem era fotógrafo. Agora parecia como se minha carreira estivesse no auge, mas no momento em que quase tudo isso foi tirado de mim acabei me sentindo pequeno e egocêntrico. Por mais bem-sucedida que minha vida parecesse para os outros, vivendo o *meu* sonho, sabia que podia criar ordens de magnitude de mais impacto se estivesse disposto a correr riscos reais mais uma vez. Aprendi meu ofício, superei meus dez anos de treinamento, e construí uma ótima carreira como fotógrafo, mas ainda estava na defensiva porque não estava ouvindo o que o chamado queria dizer. Tinha me tornado complacente.

Claro, estava disposto a arriscar a minha vida — isso é fato, quando me vi em uma montanha carregada de neve no Alasca. Mas chegar tão perto da morte em busca de uma foto extraordinária me forçou a reconhecer que eu queria muito mais do que sucesso em fotografia comercial. Queria criar um impacto extraordinário. O próximo passo no meu caminho seria abraçar meu eu único, curioso e aventureiro com toda a minha imperfeição e trabalhar para ajudar os outros a alcançarem seus maiores sonhos.

Todo período de crescimento criativo em minha vida antes disso coincidiu com um risco: abandonar a segurança da faculdade de medicina, levar as câmeras de meu avô para a Europa, mudar para Steamboat Springs para tentar entrar na fotografia de esportes radicais. No momento em que vivenciei o sucesso, no entanto, comecei a me afastar do risco. Antes, a única coisa em jogo tinha sido uma vida que não queria. Agora eu tinha coisas a perder: segurança, uma carreira, uma comunidade. Se eu quisesse me destacar, teria que estar disposto a dobrar a aposta de tudo o que havia ganhado e mais.

Desenvolver-me como criador significava aceitar a possibilidade de fazer algo que as pessoas não gostavam ou dizer o que elas não queriam ouvir. Seria muito mais fácil ficar quieto, deixar meus clientes felizes e continuar recebendo meu dinheiro até que fosse velho demais para conseguir segurar uma câmera — ou até que minha sorte virasse, como quase aconteceu naquela manhã.

Deitado na cama naquela noite, ainda sentindo aquele frio absurdo que passei, percebi que a ideia de correr riscos criativos genuínos em minha carreira parecia muito mais assustador *antes* de ter enfrentado aquele enorme paredão de neve.

A sua vida possui dois grandes arcos. O primeiro é o da aquisição: adquirir conhecimento sobre si mesmo e sobre o mundo, tentando entender como atender suas próprias necessidades. O que vou fazer para sobreviver? Vou me casar? Comprar uma casa? Ter filhos? O segundo é o da contribuição. Você começa a pensar como ajudar os outros e deixar uma marca duradoura no mundo. Recebemos, depois damos.

A avalanche despertou em mim uma importante transição. Expandiu meu círculo de consciência, passei de somente atender minhas próprias necessidades a estender minha contribuição ao mundo. Comecei a pensar em formas de passar o dom que recebi, o dom da expressão criativa. Como eu poderia inspirar e empoderar os outros a irem em busca de suas próprias aspirações criativas?

Aquela mudança tectônica em meus pensamentos acabou me levando a escrever meu blog, compartilhar meus vídeos online por trás das câmeras, criar uma comunidade internacional de criadores, desenvolver o aplicativo Best Camera e, por fim, construir a CreativeLive. Tudo teve início naquela montanha do Alasca.

À medida que seguimos com nossa vida, fica fácil ver como os maiores acontecimentos — o nascimento dos filhos, uma doença, o desemprego ou a morte ser vista de perto — prendem a nossa atenção e nos forçam a fazer um balanço da vida. Mas, na realidade, o chamado que devemos atender — o chacoalhão — sempre esteve à nossa disposição, basta estarmos dispostos a ouvi-lo com mais atenção.

As regras foram feitas para serem quebradas

A escola nos ensina que a vida é um jogo para ganhar de nossos colegas. Somos classificados em uma escala uniforme independentemente de nosso histórico, nossos pontos fortes e fracos, ou nossas metas futuras. Às vezes, somos até classificados ao sermos comparados a nossos colegas. Esse sistema de competição vazio e sem sentido foi produzido com base no modelo educacional do século XX. Fomos ensinados que a vida é como a brincadeira da dança das cadeiras e, se não empurrarmos uns aos outros, seremos deixados de fora sem ter onde sentar.

Essa mentalidade "vim para vencer" se opõe totalmente à mentalidade da criatividade, que é abundante, resiliente e cheia de potencial. O objetivo de ser "melhor" é um beco sem saída, porque significa que você está vivendo a vida de outra pessoa e tentando não ficar para trás.

A vida fica muito mais fácil se você decidir jogar seu próprio jogo. Não fique tentando ser melhor. Seja diferente.

Aprendi a dar mais de mim mesmo no trabalho quando faço experimentos com vídeos. Para um observador, pode parecer uma distração do meu trabalho "real" com fotografia, mas na verdade é um catalisador para minha carreira. Meus primeiros vídeos foram curtas sobre a exploração pessoal da minha fotografia, sobre como era ser um emergente tentando encontrar meu estilo pessoal enquanto viajava pelo mundo. Ao produzir e compartilhar esses vídeos, aconteceram muitas coisas diferentes. Primeiro, acabei ficando bom em contar histórias. Há uma sinergia entre fotos em movimento e estáticas; trabalhar com uma beneficia a outra. Minha curva de aprendizado subiu. Segundo, ao me abrir sobre minha jornada criativa pessoal, ajudei os outros ao compartilhar técnicas do processo que eram difíceis de aprender com os livros: minhas dicas de iluminação, estratégias de negócios e os métodos que usava para tirar as melhores fotos. Terceiro, visto que todos esses vídeos por trás das câmeras fugiam tão radicalmente da regra, tomei consciência do meu trabalho no mercado de imediato.

Nenhum dos fotógrafos experientes fazia isso. Aliás, achavam um sacrilégio toda essa ideia de compartilhar métodos. Era "contra as regras". Afinal, se você mostrar para as pessoas como tirar fotos profissionais, terá mais fotógrafos profissionais concorrendo com você no mundo, mas isso nunca me preocupou. A habilidade é somente uma forma de se destacar no meio da multidão. Ao ir em busca de minha curiosidade genuína e autêntica sobre vídeos, narração de histórias e transparência, encontrei uma outra forma de me diferenciar de meus colegas, o que abriu meus olhos na época, e faz muito sentido para mim hoje em dia. Seguir o seu chamado e ir em busca de seu próprio caminho? Isso só depende de você. Comecei a entrar em meu próprio jogo naquela época, e isso fez toda a diferença.

"Pense diferente" não é apenas um slogan. É um credo, que fez da Apple a empresa mais lucrativa da história da humanidade. As pessoas acusaram Steve Jobs de criar uma "área que distorce a realidade", mas ele entendia que *a realidade já é distorcida*. A Apple nunca se daria bem tentando criar um mainframe melhor. Isso seria entrar no jogo da IBM. Em vez disso, a Apple criou computadores *pessoais*, pensando no que queria para o futuro. Os executivos da IBM riram porque aquelas caixinhas fofas seriam incapazes de derrotar seus monstros corporativos do tamanho de uma sala, mas Jobs estava jogando de modo *diferente* — do seu modo. E, hoje, em grande parte por ter entrado em seu próprio jogo desde o início, sua empresa vende milhões de smartphones muito mais poderosos do que qualquer um daqueles antigos gigantes da IBM.

O negócio é que as supostas regras, por exemplo, "trabalhe para subir a escada corporativa", foram criadas por alguém com propósito de nos manter distraídos de seguir nosso próprio caminho e manter o foco seguindo o de outra pessoa. Siga essas regras por sua conta e risco.

Quando contamos a nossos pais ou colegas sobre uma aspiração criativa, é muito comum virem nos dizer para acordar para vida. "Você não pode ser X, Y ou Z. Isso é sonhar acordado". Ouça bem: não existe uma realidade "verdadeira" para você aceitar. Quando as pessoas dizem "é assim que são as coisas", estão revelando uma enorme crença limitante que está bem ali, na frente de tudo o que já quiseram na vida. Pense como Steve Jobs. Crie sua própria realidade. Se os outros podem fazer suas próprias coisas, por que você não poderia?

Sempre que se pegar na armadilha do "eu não", a sensação de que você nunca "chegará lá", seja o que "lá" for, você estará correndo atrás do rastro de alguém, talvez sem nem mesmo perceber. Pergunte-se quando estiver trabalhando em um projeto que acende a sua chama ou criando algo que acha que as outras pessoas gostarão. Você ouviria este álbum? Você usaria este site? Você ficaria até o final desta palestra?

Ganhe sentido e não dinheiro. Busque seus valores. Tire alguma coisa de bom diretamente daquela sua esquisitice autêntica e a compartilhe com o mundo. Esqueça o que esses blogueiros têm a dizer, por exemplo, sobre os três critérios da vida para alcançar a viabilidade comercial. O espírito da nossa época não é perseguir alguma coisa, mas sim criar.

É verdade que os filmes de lobisomens com fortes protagonistas do sexo feminino podem estar em alta agora, mas os filmes levam anos para ficarem prontos desde suas ideias iniciais até estourarem nas bilheterias. Quando chega a hora em que você decide pegar essa onda, um roteiro de zumbis escrito com o amor genuíno do morto-vivo entrará em produção, mandando o espírito da época a uma nova direção.

Chega de pegar a onda dos outros. Quando se cria o próprio caminho, e se deixa as próprias marcas, é muito mais provável fazer algo melhor — sem esforço, através da alegria por trás da exploração e da descoberta. Quando amamos o que estamos fazendo, entramos de cabeça. Progredimos muito mais rápido. E as pessoas vão amar porque não é mais do mesmo, executado perfeitamente, e sim porque, mesmo que seja simples, é como respirar o ar puro. Mesmo se sua expressão genuína não nadar contra a corrente ou se sua visão não alcançar um sucesso comercial — se era isso o que buscava —, seria possível ter feito alguma coisa que valesse a pena se não tivesse vindo do seu coração? A resposta mais provável é não. O caminho para o reconhecimento está alinhado com a alma dos que buscam o reconhecimento sozinhos. Ironicamente, as pessoas que consideramos heróis culturais são aquelas que criam seus próprios caminhos esquisitos e sinuosos.

Os rótulos ficam

O lendário tratado de Sun Tzu, *A Arte da Guerra*, oferece uma estratégia para derrotar o inimigo, seja outro general no campo de batalha ou uma startup rival crescendo com o seu modelo de negócios. A estratégia que ofereço a você neste livro foi projetada para ajudar a vencer a batalha em sua mente. Quando o assunto é criatividade, você é o seu pior inimigo.

Uma das formas mais simples e eficazes de sair da estagnação e começar a criar o melhor trabalho da vida é se livrar de todos os rótulos negativos que acumulou ao longo dos anos. "Não sou artista, sou cirurgião, mãe, pessoa prática...". Nosso cérebro é incrivelmente sintonizado com rótulos. Se você pensa em si mesmo de certa forma, sua mente fará o máximo para garantir que você se torne aquilo, de corpo e alma.

Pegue a palavra "esquisito", que frequentemente é afixada às pessoas abertamente criativas. Em nossa sociedade, a palavra "esquisito" tem conotações negativas, mas qual seria seu antônimo? Normal? Tem coisa mais entediante do que isso? Quem é que quer ser figurante no filme de outra pessoa?

E mesmo assim eu caí nessa arapuca. Eu era uma criança esquisita. Gostava de fazer truques de mágica, dançar passinhos e apresentar *stand-up comedy* para a sala. Essas coisas não eram "normais" para a cidadezinha em que cresci. Assim que fiquei velho o bastante para entender que meus interesses eram esquisitos, corri o mais longe que pude para a outra direção. Olhando para trás, esse é um dos meus maiores arrependimentos da vida.

Os rótulos surgem do nada, muitas vezes vindos de direções completamente inesperadas. Por isso, é tão difícil nos defendermos deles.

Um dia, acordei cedo para correr. A dois passos da cama, caí no chão, sem conseguir enxergar direito ou me mexer sem vomitar. Uma labirintite viral atacou meu ouvido interno. Essa doença é comum, mas meu caso era tão grave que meu médico disse que talvez minha tontura nunca passasse, que eu poderia permanecer doente para o resto da vida. Uau. Falando em rótulos... Doente para o resto da vida? Isso realmente entrou na minha cabeça. Embora eu tivesse me recuperado ao longo de vários meses, fiquei com medo por anos. Bastante tempo depois de o vírus sair do meu corpo, tive os sintomas de TEPT, transtorno de estresse pós-traumático. Toda vez que mexia a cabeça rapidamente ou perdia o equilíbrio por um momento, tinha um ataque de pânico, achando que o vírus tinha voltado.

Com muita terapia, pude entender que quem tinha causado o verdadeiro dano não era a infecção e sim *eu mesmo por ter aceitado o rótulo dado pelo médico*. Tive que me esforçar demais para superar o rótulo de "doente" e voltar a ser eu mesmo. Esse é o poder que os rótulos exercem sobre nós para nos tirar do caminho. Pense em alguns de seus próprios rótulos, as ideias que tem sobre si mesmo ou que os outros têm sobre você. Algumas palavras não analisadas podem ser uma pedra no seu caminho para se tornar a pessoa que quer ser. É você quem diz a si mesmo se é criativo ou não, e essa passará a ser a sua realidade. É você quem escolhe aceitar o rótulo errado. Você tem que ter a coragem para se desfazer desses rótulos negativos e crenças limitantes.

Você é criativo. Diga em voz alta. Escreva cem vezes. Seja o que for para forçar o seu cérebro a aceitar sua nova programação. O rótulo importa.

Tentar fazer com que gostem de você faz com que gostem menos de você

À medida que crescemos, construímos camada após camada de proteção para nos mantermos seguros. Toda vez que dizemos algo estranho na sala de aula e os colegas tiram sarro de nós, ou quando somos o último a ser escolhido para uma partida. Toda vez que damos a cara a tapa e damos de cara com a parede, outra camada cicatrizada é adicionada. Nosso eu verdadeiro, e tudo mais que nos torna dignos de sermos conhecidos, acaba sendo enterrado.

O *paradoxo central relacional*, conceito desenvolvido por uma notável psiquiatra, Jean Baker Miller, é simples, mas profundo: todos nós queremos relacionamentos próximos e íntimos. Isso significa que precisamos que as pessoas gostem de nós. O problema é que ficamos preocupados se elas não gostarem de *tudo* o que somos, então escondemos as partes que consideramos ruins ou apenas diferentes. Quando nosso eu verdadeiro está escondido, as outras pessoas acham muito difícil criar uma conexão conosco. Podem dizer que somos fechados e que não se sentem seguras em se abrir conosco, portanto, conforme o paradoxo, acabamos sem nenhum relacionamento próximo e íntimo. Viu o problema?

Não há nenhum outro lugar em que esse paradoxo seja mais visível do que na arte. Fica óbvio quando os artistas criam arte para agradar os outros. Dá para dizer que estão projetando uma certa imagem de si mesmos — descolados, modernos, divertidos, o que for — em vez de revelar o que os torna "ruins ou apenas diferentes". Quando um artista está disposto a mostrar a sua verdade, a ser vulnerável, isso é tão real e autêntico que parece que o conhecemos a vida inteira, mesmo se tivesse nascido quinhentos anos atrás do outro lado do planeta. Quando escondemos o que nos torna únicos para que as pessoas gostem do nosso trabalho, ele cai na neutralidade.

O desejo autodestruidor de que gostem de nós vai além de apenas frear a nossa criatividade. Nós nos escondemos de várias outras maneiras; preferimos ser invisíveis a nossos amigos do que negativamente visíveis a um estranho. Acabamos nos tornando alérgicos à própria ideia da rejeição. Quando um amigo diz que desistiu de publicar seu romance — aquele mesmo romance que ele passou anos escrevendo — por causa de algumas cartas de rejeição das editoras, é como se você assistisse a essa alergia em ação. Se você passou anos, meses ou mesmo alguns dias criando alguma coisa, por que não investiria um tempo equivalente para encontrar um público? Mais uma vez, é o nosso desejo desesperado de que gostem de nós a todo custo que nos impede de nos conectarmos com as pessoas que amariam o nosso trabalho.

É tudo uma questão de ego. É por isso que devemos chamar de "*o trabalho*". Esse simples artigo "o" ajuda a separar o que é o nosso trabalho e o que *nós somos*. O fato de eu tirar uma foto ruim não quer dizer que virei um fotógrafo ruim ou, pior, uma pessoa ruim (por mais ilógico que pareça, às vezes, essa é a sensação). Alguns trabalhos são melhores que outros, e consigo ver a diferença — e melhorar — porque não é uma foto que me representa, eu, Chase. Eu mereço amor incondicional. O que não é bem o caso de algumas das minhas fotos.

Esse esconderijo autoprotetor assume muitas formas diferentes e, às vezes, tentamos nos esconder fazendo muitas coisas diferentes ao mesmo tempo. Se dispersamos toda a nossa energia e nunca terminarmos nada, nunca teremos que compartilhar nossas criações e correr o risco da rejeição. Vamos dizer que conseguimos terminar as coisas, mas ter muitos projetos diferentes em andamento pode ser mais uma tentativa de evitar a rejeição. Se você enviar dez fotos para dez competições diferentes, e apenas uma for rejeitada, não vai doer tanto. Sou a favor de produzir muito trabalho e sair por aí dando a cara a tapa, mas não deixe o medo o transformar em um diletante. Esteja disposto a focar uma coisa que deseja fazer. Concentre-se, melhore e tire seu ego disso. Pare de se esconder.

Arrisque-se para continuar crescendo

Simples assim: você não vai se destacar e se encaixar ao mesmo tempo. Se você nunca cria nada, se cria apenas o que o faz se sentir confortável, ou se cria, mas nunca compartilha, é o mesmo que estar se *escondendo*. Quando começa a se esconder, você para de crescer. Uma parte sua adormece. Mesmo tendo chegado ao que pensava ser meu zênite criativo, precisei passar por uma avalanche para revelar um nível ainda mais profundo de autenticidade. Conheci muitas pessoas que ficaram presas nesse estágio sem nem mesmo perceber.

Para corrermos riscos criativos não só uma vez, mas repetidamente, precisamos deixar o lado racional e adentrar o lado emocional, coração e intuição. Nossos instintos de sobrevivência evoluíram para nos manter a salvo de tigres-de-dentes-de-sabre. Notícia quente: eles foram extintos. Não enfrentamos mais perigos mortais no nosso dia a dia. Em vez disso, nosso cérebro dá atenção para as coisas que *parecem* uma ameaça à vida: falar em público, por exemplo, ou convidar alguém para sair. Em uma equivocada tentativa de nos proteger, nosso cérebro pede para nos encaixarmos, fazermos amigos, ganharmos "curtidas". Ser artista significa destacar-se, revelar-se, tornar-se vulnerável aos outros. Arte é a verdade, e a verdade pode ser boa ou ruim.

Se você leu até aqui, já deve concordar com a ideia de que a criatividade é uma função humana essencial que desempenha um papel fundamental em nossa saúde e nosso bem-estar. Se não usarmos nosso mecanismo criativo com regularidade, algo dentro de nós morrerá. Isso é verdade tanto metafórica quanto praticamente. A expressão "é usar ou largar" é verdadeira tanto para Musas quanto para neurônios.

A criatividade demanda riscos, riscos reais — alguma coisa tem que estar em jogo *para você*. O que você está fazendo tem que ter importância. Os erros devem doer. Todos os roxos no quadril e arranhões nos joelhos me ensinaram a andar de skate. Se você sabe qual será o resultado antes de começar a trabalhar, ou se não se importar com o que acontecer, qual seria a lição? Onde está o crescimento? Melhoramos como artistas quando nos arriscamos. Se você nunca conseguir cumprir o que se propôs a fazer, não estará aprendendo, muito menos crescendo. Os erros são um sinal de que você está se esforçando ao máximo enfrentando maiores desafios.

Tanto em casa como na escola, aprendemos que errar é "ruim" e que as pessoas "boas" em algo não cometem erros. A verdade é que as pessoas que melhor desempenham qualquer atividade são aquelas que estão correndo riscos o tempo todo, aquelas que estão dispostas a enfrentar a rejeição e apostar todo o seu dinheiro e reconhecimento para continuar crescendo e se destacando.

Mesmo se aceitarmos a ideia de que uma vida segura é uma vida pequena, muitos de nós vamos acabar deixando para correr riscos reais mais tarde, quem sabe um dia, quando formos ricos o suficiente, bem-sucedidos o suficiente, famosos o suficiente. Em outras palavras, vamos correr riscos somente quando for seguro. Com base na minha experiência pessoal, posso dizer que esse dia mágico nunca chegará. Você só começará a correr riscos quando perceber que mais perigoso ainda é não correr risco nenhum. O sucesso apenas aumenta os riscos, tornando-os mais difíceis de tolerar. Depois de ter fama e dinheiro, os riscos criativos necessários se tornam ainda mais assustadores. E pior de tudo, essa armadilha é uma gaiola de ouro. Para quem está de fora, e até mesmo para você, pode parecer que você tem tudo o que sempre quis.

Sou muito grato por aquela avalanche. Olhando para trás, vejo que, se eu continuasse no meu caminho, fazendo uma escolha segura após a outra, na esperança de preservar meu mais recente sucesso, minha criatividade poderia ter diminuído até sumir à medida que eu perdia contato com o que me motivava a trabalhar como no início. Você precisa estar disposto a arriscar o que tem ou correrá o risco de perdê-lo.

Agora é a hora da decisão: que preço você está disposto a pagar para ter a melhor vida?

Gerencie os riscos como empreendedor

Tive a oportunidade de conhecer e trabalhar com vários dos maiores investidores de risco do mundo. Bons investidores de risco compreendem o risco. A maioria das startups não dará certo, mas as que derem certo podem compensar todo o resto. É assim que o jogo funciona. Qualquer pessoa com dinheiro pode ser um investidor de risco. Continuar como investidor de risco? Isso significa avaliar adequadamente os riscos, para se manter no jogo. É como Vegas: se seu dinheiro acabar, é hora de ir para casa.

Os criadores podem aprender muito com os investidores de risco. Somos o investimento *e* o risco. Repetidamente, colocamos nossas fichas — tempo, atenção e reputação — no centro da mesa para fazer nossas apostas. Para permanecer no jogo como criadores, queremos fazer muitas apostas quando os riscos forem baixos. Mas muitas vezes medimos os riscos de forma errada, valorizando demais a nossa dignidade e de menos a nossa integridade. Um fracasso criativo não custa muito mais do que passar um pouco de vergonha, agora se vender por pouco pode custar uma carreira.

Eu e Seth Godin conversamos no CreativeLive sobre a experiência que ele teve na infância jogando boliche com os amigos. Sua mãe havia dado a ele dinheiro suficiente para jogar um pouco. Cada rodada oferecia um certo número de jogadas, e isso significava que cada uma delas era de extrema importância, não era para ser desperdiçada. Era só se ater ao simples e jogar a bola o mais reto possível. Nada de truques, brincadeiras, tentativas novas ou gracinhas. Ele comparou essa situação com o "boliche ilimitado" que é oferecido hoje em dia. Na internet, por exemplo, você está em uma arena onde pode experimentar, criar e compartilhar quantas vezes quiser e correr riscos criativos sem fim, sem nenhum remorso. Adoro esse conceito, aliás, ele me lembra a liberdade oferecida pelas câmeras digitais em relação às câmeras de filme. Posso correr quantos riscos quiser com minha câmera. Exposições ilimitadas.

Não há razão para se esconder. Seja ousado. Assuma riscos inteligentes. Aceite o fracasso como se fosse um velho amigo. As pessoas respeitam uma jogada errada se feita com confiança muito mais do que uma correta se feita sem nenhuma convicção. Se você estiver escrevendo em um blog, improvisando uma cena ou criando uma oferta de serviço nova e diferente para a sua empresa, os riscos podem parecer altos, mas não são. Jogue-se. Se não der certo, aprenda com seus erros e siga em frente.

Mas e quando as apostas *são* altas? Isso significa que você não deve tentar? As pessoas ficam presas e divididas nesse pensamento. É tudo ou nada. As pessoas bem-sucedidas chegaram onde estão correndo riscos enormes, certo? Portanto, se você não estiver disposto a refinanciar a sua casa para investir na sua startup, é melhor desistir. Essa é uma dicotomia falsa! Os artistas mais bem-sucedidos avaliam os méritos de cada risco antes de assumi-lo e *protegem seus aspectos negativos*, geralmente de maneira invisível.

Se você estiver jogando roleta em Las Vegas, seu objetivo, se for inteligente, será se divertir o máximo que puder. Todo mundo sabe que a casa sempre vence. Assim que decidir quanto está disposto a apostar, o truque é aproveitar ao máximo o seu tempo ali na mesa. Você pode se sentir o cara apostando tudo no vermelho, mas, se fizer isso, terá 50% de chances de voltar para o quarto e ficar assistindo TV a noite toda. Diversifique suas apostas e poderá jogar por mais tempo. Os empreendedores em série têm a mesma mentalidade. As pessoas que estampam capas de revistas são quase sempre mais conscientes e avessos a correr riscos do que você imagina. Pode ser que você tenha sorte uma ou duas vezes com uma grande aposta, mas a sua sorte sempre acabará. Se quiser ficar no jogo, precisará aprender a avaliar os riscos e prever os problemas.

Para fazer a Virgin Airlines decolar, Sir Richard Branson fez um acordo de comprar um 747 usado da Boeing. Quando o assunto é fazer uma jogada arriscada, abrir uma companhia aérea fica no topo. O mesmo vale para investir uns 100 milhões de dólares em qualquer novo empreendimento. Mas Branson tem se mantido bem-sucedido ao longo do tempo, porque sabe como cobrir suas apostas. Quando comprou o primeiro avião, ele pré-negociou um acordo para revendê-lo ao fabricante e recuperar a maior parte do dinheiro caso a companhia aérea não desse certo. Essa parte da história é apenas citada superficialmente pelas revistas. Pense grande e esteja preparado para amenizar quaisquer prejuízos. Lembre-se: se apostar tudo no vermelho e perder, voltará para o quarto.

Seja honesto e claro sobre os riscos que decidir correr. Descubra o valor das coisas e quanto tempo levará para darem certo *antes* de você avançar ou desistir. Quando estiver pensando em um novo projeto, pegue seu caderno e responda às seguintes perguntas:

> *Qual é o objetivo deste projeto?*
> *Por que estou fazendo isso? O que espero ganhar com isso?*
> *Qual é a pior coisa que pode acontecer se não der certo?*
> *O que posso fazer para reduzir os riscos e amenizar as falhas?*
> *Vale a pena?*

Todo grande projeto criativo exige uma avaliação de risco, porque a maioria de nós arrisca muito pouco para realmente se destacar. Você só perceberá que aqueles medos sombrios passando em sua cabeça não são tão verdadeiros ou desanimadores assim quando se sentar e escrever todos os piores cenários. Eles são apenas obstáculos possíveis de gerenciar.

Tem razão. Se você gastar parte de suas economias para comprar equipamentos para o seu canal de vídeo online, poderá ter problemas financeiros no futuro se, por exemplo, você e seu cônjuge perderem o emprego ao mesmo tempo. Por outro lado, o canal é um objetivo importante para você, e está alinhado com seus interesses e aspirações criativas. O que você pode fazer para cortar custos? Considere fazer uma troca, compartilhar equipamentos com outro cinegrafista, alugar os equipamentos mais caros em vez de comprá-los e assim por diante. O que você pode fazer para reduzir riscos? Se o canal não decolar, você sempre poderá tentar um conceito de canal diferente. Você pode oferecer suas habilidades e seus equipamentos de vídeo para empresas locais como uma atividade alternativa. Você pode vender o equipamento no eBay para recuperar parte do investimento. E assim por diante. Assim que listar seus riscos e planos para lidar com eles, suas perspectivas mudarão. O que parecia impossível parecerá factível, animador e promissor.

Hoje, o tempo é um limitador mais comum para nossas ideias criativas do que o dinheiro. Graças à tecnologia, temos uma câmera cinematográfica no bolso e um estúdio de gravação no laptop. Podemos publicar livros com o clique de um botão e abrir grandes e lucrativos negócios online com ferramentas digitais surpreendentemente baratas. O melhor de tudo é que podemos aprender como fazer tudo isso sem gastar nenhum tostão. Só precisamos de tempo, aliás bastante tempo. Quanto tempo pode investir para criar algo que seja importante para você?

O tempo é precioso. Nunca arrisque de olhos fechados. Faça uma avaliação de risco para o tempo também. Digamos que você queira escrever um livro, mas entre as obrigações profissionais e familiares, nunca sobra tempo para escrever durante o dia. Uma opção arriscada seria escrever no escritório e fingir que está trabalhando, na expectativa de não ser pego. O risco ali é o seu ganha pão — é substancial.

Como alternativa, por que não acordar às quatro da manhã? Não será para sempre, é um horário penoso, mas somente até você alcançar a sua meta criativa. Se você acordar cedo para escrever todas as manhãs por dois anos e publicar um livro best-seller, terá uma vitória clara. É nesse momento que você pode largar o seu emprego oficial e passar a escrever em tempo integral. Se o seu livro bombar, o que terá de negativo nisso? Você terá deixado de dormir um pouco mais e de passar um tempo no sofá à noite, mas sem sacrificar um tempo importante com a família ou mesmo o seu próprio trabalho do dia a dia. Dessa forma, você consegue provar a si mesmo que é capaz de estabelecer uma meta criativa e alcançá-la, um valor absolutamente inestimável. Você melhorará como escritor. A criatividade é o uso das repetições, é a formação de seu preparo criativo. É você trabalhando o seu condicionamento para atingir os níveis máximos. Depois disso você pode continuar acordando cedo caso tenha gostado ou tentar outra coisa para a sua próxima aposta.

Riscos menores = Maior possibilidade criativa

Quando você cobre suas apostas, está livre de novo para jogar. Por exemplo, vou a cada sessão de fotos comercial com uma equipe de profissionais para me ajudar e com centenas de milhares de dólares em equipamentos fotográficos. Essas são grandes apostas para todos os envolvidos, por isso é muito difícil assumir riscos criativos reais enquanto estamos no set. Ao contrário do que você imagina, essas grandes sessões de fotos são, em geral, nada mais do que a execução de uma ideia previamente concebida. Há muito pouca criatividade envolvida. Você tem que reproduzir uma coisa que pareça o planejado. Não há muita empolgação em ver se surge algo novo, e sim seguir tudo de acordo com o plano.

Em 2007, essa rigidez do processo começou a me incomodar. Adorava meu trabalho, mas também precisava da criatividade simples, aberta e livre em minha vida, sem limitações formais. Foi nessa época que comprei o novo iPhone. A câmera dele nem se comparava à que usava no trabalho, mas, espere um pouco, ficava logo ali no meu bolso. Aquele telefone se tornou uma incrível fuga criativa durante minhas sessões de trabalho. Eu perambulava durante os intervalos e tirava fotos que me interessavam: uma tampa de bueiro com um desenho estranho, a pegada de uma bota na neve. Dessa forma, a fotografia passou a ser uma atividade de lazer para mim novamente. Entre na brincadeira. Você pode imaginar: eu, lá, arrastando minha equipe e US$100 mil em equipamentos de fotografia para tirar uma foto de uma pegada na neve? O iPhone me permitiu curtir o momento por alguns minutos com um capricho meu. E nenhuma das fotos *tinha que ser* do jeito combinado.

Ironicamente, esse meu novo hobby levou a um dos meus maiores sucessos profissionais. Vivendo a vida com uma câmera no bolso, vi que o mundo estava prestes a mudar. Todo mundo passaria a ter essas câmeras no bolso o tempo todo. Nunca mais perderíamos a foto do primeiro gol do nosso filho ou sua primeira apresentação na escola. Assim que todos tivessem smartphones com câmeras decentes, poderíamos fotografar e compartilhar tudo o que quiséssemos. Essa percepção me levou a criar o aplicativo Best Camera, que deu início a essa febre da fotografia móvel. Mantendo tudo de maneira breve e simples, fui levado a um marco gigantesco de minha carreira.

Aconteceu algo semelhante quando descobri um serviço chamado Ustream. O empresário Brad Hunstable e sua talentosa equipe criaram um aplicativo para transmissão de vídeo ao vivo na web, a fim de ajudar os militares no exterior a manter contato visual virtual com suas famílias em casa. Que bacana, pensei. Que tal usá-lo para dar aos fotógrafos aspirantes uma visão interna de uma sessão de fotos profissional? Com pouco de esforço e praticamente nenhum risco, pude mostrar para 25 mil pessoas exatamente o que fiz para fotografar uma banda punk para a capa do álbum em tempo real. O sucesso desse experimento sem nenhum risco me levou ao meu podcast, *Chase Jarvis LIVE* e, finalmente, à CreativeLive. Eu não fiquei mexendo no Ustream para lançar uma super inovação como

The Next Big Thing ou aumentar o capital de risco. Eu só mexi nele porque a tecnologia estava logo ali e parecia ser interessante. Droga. Quem poderia imaginar? Um capricho e um experimento desencadearam dois dos meus maiores sucessos profissionais.

Na minha experiência, é um pequeno risco que corremos para satisfazer um capricho criativo que terá mais chances de alcançar o sucesso no mundo real do que fazendo um investimento gigantesco, que nos deixa com as maiores expectativas sobre o futuro. Se você estiver batalhando para tirar um grande projeto do papel, pode ser que precise descontrair um pouco e experimentar algo menor.

Sua marca registrada

Você nunca alcançará o próximo nível como criador se não desenvolver um estilo pessoal. Desenterrar a autenticidade e expressá-la da forma mais fiel possível é a coisa mais valiosa, a aspiração criativa mais importante que você pode ter. Você pode aprender a fazer as coisas muito, mas muito bem, mas isso não quer dizer que saberá quem você é como criador. Como músico, você pode criar batidas, compor músicas e se apresentar ao vivo, mas até encontrar uma maneira de *diferenciar* seu trabalho, nunca terá um sucesso duradouro. Como roteirista, você poderá criar uma estrutura perfeita com três atos, com um protagonista claro e um antagonista claro, mas até que saiba quem você é como profissional, qualquer filme que fizer será daqueles de dar sono no cinema.

É como uma impressão digital. Dois ou três trechos musicais de uma das músicas de Adele e você já sabe exatamente quem você está ouvindo, mesmo se a música for nova para você. Vai além da marca, até o DNA do seu trabalho e do seu processo.

Então, qual é o seu toque especial, o talento que só você pode trazer para uma criação?

"Espera aí", você está pensando, "e a variedade? Fico entediado muito fácil. Quero poder variar entre diferentes tipos de coisas e estilos". Se for gastar seu precioso tempo perseguindo o estilo de outras pessoas, ficará infeliz e exausto rapidamente. O mundo não precisa de outra Adele. É claro que não tem como evitar imitar no princípio, é assim que aprendemos, mas o que você *deve* fazer quando for imitar outros artistas é testar, experimentar e gradualmente criar seu próprio kit de ferramentas. Deixe seu estilo se tornar cada vez mais autêntico para você e não o que você acha que deveria ser. A fluência como artista se resume a desenvolver um conjunto de habilidades para fazer as coisas parecerem da maneira que somente você pode fazer.

Se você continuar criando bastante, desenvolverá seu estilo. Ele sempre volta ao seu eu autêntico, aquilo que o torna esquisito. Esqueça da palavra melhor ou diferente. Pense na palavra *apenas*. Existe apenas uma pessoa como você. Apenas você viveu a sua vida. Apenas você tem o *seu* ponto de vista. Descubra como compartilhar tudo isso com as outras pessoas. Seu ponto de vista é o maior valor que pode trazer. Assim que passar a criar seu trabalho repetidamente com um estilo pessoal diferenciado e reconhecível, o mundo se abrirá para você. Mesmo que seu trabalho não seja reconhecido, você terá aberto as portas de algo precioso dentro de si mesmo.

É muito valioso ir melhorando ao longo do tempo, mas a única forma de se destacar é apostar *em si mesmo*. Busque sempre novas maneiras de trazer a sua essência ao seu trabalho. Infelizmente, não há atalhos para isso. Leva tempo. A melhor forma de descobrir e cultivar sua marca registrada é criando muitas e muitas coisas da mesma categoria. Não dá para forçar tampouco ficar pulando de galho em galho em busca de seu estilo em fontes externas. Se você tentar *incutir* um estilo em seu trabalho, parecerá falso. Será apenas a sua ideia de qual *deveria* ser o seu estilo. O estilo tem que vir de dentro, do seu trabalho, da maneira como você aborda o processo. Não fique sentado pensando nisso. Trabalhe, trabalhe e trabalhe mais um pouco, e o seu estilo surgirá naturalmente, organicamente. Crie até dar certo.

Desvencilhe-se dessa voz dizendo que você precisa tentar de tudo. Foco. Não dá para ser tudo para todos. Se você tentar dez estilos diferentes de uma vez, nunca se distinguirá em nenhum deles a ponto de ser reconhecido. Crie dez coisas do mesmo gênero. Depois de criar dez, crie 100. Depois de 100, olhe para trás. Eis que então, você terá noção do verdadeiro diferencial em seu trabalho. Continue assim, e as pessoas começarão a reconhecer o seu trabalho em qualquer situação.

Algumas pessoas encontram suas verdades únicas após sofrer algum trauma. Se esse não for o seu caso, não fique tentando descobrir onde elas estariam. Encontre o universal no particular. Seu talento único pode estar na maneira como você vê os aborrecimentos cotidianos da vida no escritório ou em outra coisa que parece banal superficialmente, mas está repleta de riqueza e detalhes. É por isso que a repetição é sua amiga. Em vez de tentar um determinado estilo, apenas crie seu trabalho e deixe seu estilo surgir com as coisas que o movem, inspiram e energizam. O que desperta a sua curiosidade? Por que era considerado esquisito quando criança?

Encontre-se. O cultivo deliberado da sua marca registrada deve ser uma prioridade fundamental em sua jornada. Concentre-se até desenvolvê-la e, durante o processo, você alcançará o domínio necessário. O ato de dominar uma coisa permitirá que você domine muitas outras.

Enfrente as batalhas mais árduas

No final das contas, você é tudo o que tem. Se não for você, quem será? Se não for agora, quando será?

Não é fácil se destacar. Há uma razão pela qual as pessoas evitam o novo e o diferente. O novo é difícil, arriscado, incerto. Mas não se engane: Steve Jobs era uma pessoa muito difícil de se conviver no trabalho. Apenas fazer melhor do que antes nunca seria bom o bastante para ele. Tinha que ser diferente.

Não estou dizendo que você deve ser um idiota insensível para alcançar sua visão criativa, mas precisa, sim, desenvolver nervos de aço. Seja autoafirmativo. Se você não defender suas ideias, quem as defenderá?

Cerca de uma década atrás, Jeff Bezos declarou que a Amazon estava "disposta a ser mal-interpretada por um bom tempo". Ela estava em processo de expansão de vender produtos do dia a dia, como livros e pincéis, a vender "serviços na nuvem". Eles estão sonhando com o impossível? Desde quando a Amazon sabe alguma coisa sobre "Big Data"? A reação coletiva foi: "Fique na sua, Bezos. Deixe a inteligência digital para empresas como Google e Microsoft e volte a vender cortadores de grama."

Da mesma forma, Sara Blakely escutou tantas vezes que sua ideia para a Spanx, loja de roupas íntimas modeladoras, não seria um bom investimento, e, mesmo assim, ela levou a empresa meticulosamente em direção à sua visão, independentemente do que todos de fora diziam. Quando as fábricas se recusaram a trabalhar com ela na produção de roupas íntimas sem costura, ela acabou refinando os protótipos por conta própria. Hoje, bilhões de dólares depois, podemos entender claramente a Spanx e a Amazon, graças às visões obstinadas desses fundadores.

Em resumo, qualquer coisa que se oponha ao *status quo* — seja na sua equipe dentro de uma grande empresa, em uma startup ou em um projeto de arte pessoal — será uma batalha muito árdua. *São essas as batalhas que valem a pena travar.* Se você colocar algo lá fora e não encontrar resistência, é provável que não seja tão vital e valioso quanto você pensa. Quando gera uma reação, você sabe que acertou alguma coisa. Então, o trabalho começa a alimentar essa pequena faísca, *especialmente* quando algumas pessoas ao seu redor estiverem tentando apagá-la. Os invejosos serão a sua bússola.

Meu amigo Alex Calderwood criou a rede Ace Hotel, redefinindo o que poderia ser um hotel e deixando uma marca indelével no setor de hospitalidade. Um dia, fomos tomar um café em Londres e começamos a conversar sobre branding, que ele domina. Expliquei que minha filosofia era sempre trabalhar com coisas profundamente pessoais para mim e para os dois lados do espectro: destemido, barato e bruto ou polido e preciso. Para mim, tudo que está no meio — "melhores práticas" e "padrões da indústria" e "qualquer coisa que a concorrência esteja fazendo" — cria resultados fáceis de esquecer.

Estava me achando todo perspicaz até Alex revelar que o nome de seu hotel, the Ace [Ás em português], foi escolhido assim porque essa carta do baralho é simultaneamente a menor e a maior. Que gênio!

Quem quer ser mais um nove de copas ou um seis de paus? Você é um Ás. Jogue conforme a sua carta.

PASSO II

DESENVOLVA

Desenvolva uma estratégia para tornar o seu sonho uma nova realidade.

4

Desenvolva seus Sistemas

Nossos objetivos só poderão ser alcançados por meio de um plano, no qual devemos acreditar fervorosamente e sobre o qual devemos agir vigorosamente. Não há outro caminho para o sucesso.

— PABLO PICASSO

Se a definição de criatividade é conectar ideias improváveis de maneiras novas, quando seguimos uma abordagem estruturada até ela, pode parecer contraditório ou até mesmo contraprodutivo. Não se pode colocar barreiras ao redor da espontaneidade! Criar um plano concreto de como ser criativo já dá a sensação de que vai dar *errado*. Mas, ao desenvolver estratégias, sistemas e estruturas básicas para dar suporte à sua produção, você se livrará do fardo de ter que ficar esperando para que uma ideia finalmente surja na sua cabeça. Durante o processo, você se tornará muito mais eficaz. Confie em mim, quem dera eu soubesse disso antes.

Durante toda a minha infância, tive mais orientações do que poderia digerir sobre o que e como fazer as coisas. Nada de irracional, mas sempre tive horário para voltar para casa, uma lista de tarefas diárias e centenas de regras domésticas a seguir: manter o climatizador a 16 graus, mesmo no auge do inverno, colocar louça suja na lava-louças de um jeito específico, colocar a mesa todo dia — já deu para entender, não é mesmo? Meus pais são um amor, mas também são sistemáticos.

Acontecia a mesma coisa com os esportes em equipe que praticava. Jogar futebol americano e futebol significava seguir muitas regras. E é claro que no mundo acadêmico não foi diferente, do início até o doutorado. Embora eu apreciasse a consistência que esses limites proporcionam, muitas das regras me pareciam arbitrárias, desnecessárias ou projetadas apenas com base no interesse da conveniência de alguém. Raramente percebia algum valor sendo proporcionado para *mim*. Por fim, passei a ver todas as regras, rituais e sistemas como apenas um pouco mais do que mecanismos disfarçados de controle e opressão.

Vamos avançar alguns anos, e — naturalmente — todo esse desdém por estruturas e sistemas atrapalhou o início de minha carreira criativa. Não se pode programar a criatividade, eu pensava. Ela deve ser espontânea; somente trabalharia quando estivesse inspirado por forças mágicas vindas do céu e assim faria o que quisesse com o resto do tempo. A criatividade não significava ter disciplina, mas sim ter liberdade, certo?

Olhando novamente para essa visão rudimentar da criatividade, fica óbvio para mim que minhas crenças eram baseadas na narrativa cultural dominante que dizia que os artistas eram místicos por natureza, pessoas que vão passar um tempo no meio de uma floresta ou em uma galeria no Soho, em Nova York, ou algum outro lugar sagrado e, de alguma forma, voltam com uma obra-prima finalizada. Na realidade, esse mito romântico não tem quase nada a ver com os verdadeiros métodos de trabalho de profissionais de qualquer área, *especialmente* nas áreas que envolvem a criatividade.

Hoje eu sei o que gera resultado: estabelecer uma prática criativa consistente e aderir a ela. Construir uma estrutura para o trabalho criativo, mesmo que seja básica, evitará muita decepção e colocará você no caminho mais rápido para o sucesso buscado.

O poder da ação consistente

Depois de bombar na faculdade na Geórgia, Brandon Stanton se mudou para Chicago, onde um amigo da área de finanças o ajudou a conseguir um emprego como operador de títulos. A área de finanças não era uma paixão para Stanton, mas ele ficou empolgado em ganhar dinheiro de verdade trabalhando em um cargo respeitável — ele se sentia bem em poder mostrar aos amigos e à família que estava encaminhado. Aliás, tão bem, que ficou obcecado com o trabalho e passou a ser emocionalmente dependente da identidade e do estilo de vida proporcionados por ele. Começou a trabalhar sem parar, passando cada minuto acordado apenas pensando no mercado.

Por mais que o seu trabalho diário ocupasse a maior parte de seu tempo e toda a sua atenção, de vez em quando Stanton passava alguns minutos fotografando paisagens urbanas ou capturando retratos de estranhos no transporte público de Chicago que sempre usava. Era uma forma de aliviar a pressão, uma oportunidade de passar um momento do dia sem pensar em dinheiro. Mas ele dizia a si mesmo para não se distrair com as belas fotos. A fotografia poderia ser mais interessante para ele do que títulos de renda fixa, mas o seu próprio título vinha em primeiro lugar. Se tudo corresse conforme o planejado, ele ganharia uma fortuna operando títulos. Assim que mostrasse seu sucesso ao mundo — e estivesse protegido do perigo financeiro — estaria livre para ir em busca de sua verdadeira paixão.

Essa crença o manteve nesse caminho por dois anos. Até que ele foi demitido. Ao sair do prédio naquele dia e chegar às ruas de Chicago, ele teve uma epifania. Depois de dois anos vivendo obcecado por dinheiro, que não era o seu interesse pessoal, viu sua mente repentinamente *vazia*. Ele poderia preenchê-la com o que quisesse, e o mesmo se aplicava a seu tempo — ele poderia ir a qualquer lugar e fazer o que quisesse. A sensação de liberdade despertada dentro dele era inebriante, e ele não queria que ela acabasse nunca.

Foi então que Stanton tomou uma decisão ousada, mas que acabaria criando valor a milhões de pessoas em todo o mundo. Daquele momento em diante, ele havia definido sua meta: passar seu tempo fazendo o que lhe havia trazido alegria. Já estava cansado de prometer a si mesmo que "um dia" seria criativo e teria a vida que sempre quis assim que juntasse bastante dinheiro. Muito pelo contrário, naquele momento, ele estava vivendo a vida que sempre quis, recém-saído de um emprego e sem nenhuma reserva.

Ele se pegou pensando na ideia de um projeto fotográfico: fazer retratos de rua de dez mil nova-iorquinos. Para financiar a viagem, vendeu fotos de paisagens para seus amigos. Ao chegar à cidade de Nova York, dormiu em um colchão no chão de um apartamento sublocado em Bedford-Stuyvesant, no bairro do Brooklyn. O conforto e a segurança ficaram em segundo plano. Ele tinha trabalho a fazer.

Se já ouviu falar do blog de fotos Humans of New York, mal se pode reconhecer as primeiras imagens do site. Não tinham nenhuma curtida e nenhum comentário, e nem sequer tinham legendas. Depois de passar alguns meses postando retratos todos os dias, um total abaixo de mil, algo muito importante aconteceu. Frustrado por ter apenas um retrato sem graça esperando para ser publicado naquele dia, Stanton se lembrou de uma coisa que a modelo, uma mulher vestindo roupa verde, havia lhe dito: "Costumava passar por diferentes fases. Foi então que percebi que ficava mais feliz quando usava verde, desde então uso verde há 15 anos". Ele decidiu colocar essa legenda na foto. E essa foto se tornou a de maior engajamento com o público que ele já publicou. Seguindo sua intuição dessa maneira, Stanton tinha tropeçado na peça que faltava para o quebra-cabeça: a história. Ele já não tinha mais medo de abordar estranhos após tantos dias e meses seguidos, então simplesmente passou a conversar com os sujeitos das fotos sobre suas vidas e resumir o que tinha ouvido em uma legenda para cada imagem.

A tração inicial das redes sociais despertou o interesse de um agente literário e um contrato para escrever um livro. Hoje, Stanton tem mais de 20 milhões de seguidores, vários best-sellers e uma série de vídeos no Facebook Watch. Além de ganhar mais dinheiro do que jamais esperara como operador de títulos, Stanton também angariou milhões de dólares para instituições beneficentes em todo o mundo. Por meio da estrutura de uma prática diária, vontade de passar a trabalhar muito e se arriscar, e disposição para seguir sua intuição, ele se tornou um dos fotógrafos vivos mais conhecidos e prolíficos.

Como ele começou? Primeiro, decidiu acreditar que poderia mudar sua própria situação por meio da criatividade. Em seguida, ele se identificou como fotógrafo e criador. Finalmente, passou a agir com regularidade e consistência rumo à sua meta. O simples, mas intencional, ato de sair de manhã com sua câmera gerou todo esse impulso inacreditável. Pequenas ações diárias, enormes resultados.

Aceite estas verdades

Este capítulo inicia a seção Desenvolva do livro. Estes três capítulos o ajudarão a desenvolver uma mentalidade criativa e estabelecer um conjunto de hábitos para moldar seu trabalho e sua vida. Porém, antes de entrarmos nas táticas específicas, considere os seguintes princípios.

A sua mentalidade é o que mais importa

Como o filósofo e imperador romano Marco Aurélio disse: "A felicidade de sua vida depende da qualidade de seus pensamentos". Tão verdadeiro hoje quanto nos tempos romanos. O estado de sua mente, corpo e espírito é o resultado direto de todas as decisões que você tomou na vida até agora. Saúde física, desempenho cognitivo, felicidade e bem-estar — todos eles são impulsionados quase inteiramente por nossas crenças e comportamentos. Dia após dia, escolher se exercitar *ou* assistir à Netflix, passar a noite acordado *ou* dormir um pouco, comer bem *ou* se entupir de sorvete de menta com gotas de chocolate — todas essas decisões criam os nossos dias e os nossos dias criam a nossa vida como um todo. Cada um de nós enfrenta desafios físicos e mentais únicos, mas, independentemente de como você lida com cada coisa, a sua mentalidade faz uma enorme diferença.

Para alcançar uma nova mentalidade e transformar a sua vida, é necessário acreditar em duas coisas: a sua situação — seja ela qual for — pode mudar para melhor; e você é capaz de fazer essa mudança acontecer.

O que precisa mudar? Como desenvolver a melhor vida para você? Para ajudá-lo a descobrir tudo isso, compartilharei algumas ideias-chave e algumas práticas comprovadas. Pode testar cada uma delas para ver o que funciona melhor para você e depois criar uma abordagem de acordo com o *seu* modo ideal de ser e fazer.

Os benefícios de desistir

Se somos alimentados pelo júbilo e a alegria que sentimos quando fazemos o que amamos, em uma situação contrária, quando estamos desalinhados com a nossa autenticidade, a energia vital necessária para criar e compartilhar um trabalho criativo é sugada de nós.

Uma vez, eu estava tentando ser algo que não era e isso teve um grande efeito negativo na minha vida. Um professor do meu curso de doutorado em filosofia me chamou uma vez de "sociólogo de araque" — o tipo de insulto que você ouve apenas numa pós-graduação — só porque eu queria desenvolver ideias do mundo de hoje, e não apenas ficar analisando Aristóteles e Platão o dia inteiro.

Não fiquei chateado com isso. Ele só estava me dizendo o que eu já sabia lá no fundo: que eu estava na faculdade porque tinha medo de perseguir meus verdadeiros sonhos e que eu não me importava o bastante com o doutorado para fazer um trabalho que fosse além do superficial. Não demorou muito para eu largar a universidade. Mal sabia eu, na época, que estava desenvolvendo uma ferramenta rara, porém poderosa: abrir mão das coisas que não eram para mim. Essa é uma ferramenta que você deve dominar para criar a vida que sempre quis.

Embora fosse difícil tomar a decisão de desistir, o próprio fato de desistir fez com que eu me sentisse bem. Logo percebi que o doutorado havia me ensinado um conjunto de lições tão valioso quanto tudo o que aprendi na Europa. Passando apenas por algumas experiências-chave, eu tinha cursado uma aula magna em *O que Funciona para Chase*. Ficou muito mais fácil desenvolver minha vida desse momento em diante. Ao analisar minhas experiências malsucedidas para identificar o que estava me sugando e contendo, pude tomar decisões para me livrar dessas armadilhas no futuro.

A alegria é o caminho

Sei o que está pensando: "Ei, Chase. Obrigado pelas boas histórias, mas não tenho como deixar a faculdade ou me mudar para uma estação de esqui, imagina então ir para a Europa para aprender a fotografar sozinho."

Essa não é minha intenção. Não é necessário buscar a visão. O que você realmente deve fazer é ouvir a sua intuição e saber das consequências de *não* a seguir. Cada um tem um caminho diferente. O importante é descobrir o que funciona e o que não funciona para você e, em seguida, fazer mais do que é bom e menos do que não é. Que hedonista, você pode dizer. A minha resposta para isso é que, hoje em dia, muitas pessoas morrem arrependidas por não terem feito o que queriam com sua carreira, muito menos tido a vida de seus sonhos. Não deixe isso acontecer com você.

Fazer mais do que ama não significa ir às pressas para Paris. Você pode ter uma experiência adorável no museu local ou folheando um livro de arte da mesa de centro que comprou para que pudesse ter alguns momentos de inspiração tranquila de vez em quando. Se já se sentiu completamente empoderado na paz e no sossego de um retiro espiritual, procure integrar um pouco de solidão natural ao seu dia fazendo uma caminhada em um parque próximo a caminho do trabalho. A meta é cultivar atividades com as quais se identifica e que trazem alegria. Ao ter um esquema prático para as coisas que o acalentam — buscando os caminhos criativos que geraram alegria quando era criança ou escrevendo em um diário antes de as outras pessoas da sua casa acordarem, por exemplo — você terá a chance de ver a sua vida e suas atividades pessoais de maneiras novas e poderosas.

A sua tarefa é descobrir quais comportamentos alimentam a sua alma e quais a esgotam. Ao final deste capítulo, você terá um conjunto de hábitos e rotinas para alimentar a sua chama criativa e acelerar o seu progresso para se tornar o criador e a pessoa que deseja ser.

Como construir uma mentalidade criativa

No capítulo anterior, analisamos a criação de um relacionamento saudável com o risco, desenvolvendo a distinção entre risco *real* (perder a casa se largar o emprego sem ter um plano) contra risco *percebido* (compartilhar o seu trabalho no Instagram). Somente depois que aprender a superar os riscos irracionais — que não ameaçam nada além do seu ego — você alcançará o seu eu autêntico e começará a se destacar como criador.

Uma mentalidade criativa não se resume apenas ao gerenciamento de riscos negativos; é importante também usar a sua mente a fim de partir para o ataque. Como manter a mente aberta, feliz e positiva? Porque, vamos ser sinceros, a qualidade da sua vida é determinada por aquilo que você pensa e sente.

A ciência nos diz que os pensamentos positivos são mais saudáveis; eles nos fazem sentir melhor e têm uma forte correlação com os estados de fluxo e melhores desempenhos. Não devemos ignorar o papel que a mentalidade desempenha na criação de tudo o que queremos para nós mesmos, seja uma ilustração deslumbrante, uma sonata, um negócio próspero ou a vida com que sonhamos. Gosto de pensar na mentalidade como o piso térreo, o alicerce. A fundação errada se desfaz rapidamente quando carregada de desafios, e ficamos presos em meio aos escombros. A fundação certa aguenta até lançamento de foguetes. Os princípios essenciais de uma mentalidade criativa estável são:

Você é uma pessoa criativa;

O *mundo é abundante e cheio de possibilidades;*

A *sua situação sempre pode ser revertida;*

Você pode usar a sua criatividade para criar a mudança que busca;

A *criatividade é natural e saudável, mas requer prática;*

A *criatividade é o maior poder pessoal.*

Infelizmente, não se pode adotar uma mentalidade criativa apenas lendo este livro. É necessário *repetir as ações equivalentes* para desenvolvê-la. Mudar a sua mentalidade requer o esforço consistente de colocar todo esse conjunto de crenças em prática. Você se acha criativo? Ótimo, então prove criando algo: hoje, amanhã e depois de amanhã.

Você somente se livrará de suas ideias antigas com relação ao talento e ao destino quando se comprometer com um programa de desenvolvimento criativo. Cuidado: quanto mais fortes seus músculos criativos ficarem, mais profundo e rico será o seu trabalho e, como consequência, a sua vida. É um medicamento potente. A mentalidade criativa é o trampolim para um ciclo virtuoso.

Metas

As metas são os marcos do seu caminho. Portanto, é fundamental que elas estejam alinhadas ao que você realmente quer da vida. Nada de "deveria ser assim". As metas que possuem um *porquê* significativo trazem energia para nós. Seja seu objetivo criar um aplicativo, ser cirurgião, aprender a dançar ou ganhar dinheiro somente por meio de sua paixão como freelancer, é a criatividade que colocará a mão na massa. Durante as pequenas atividades do dia a dia, estará criando resultados para si mesmo e, por consequência, criando a sua *vida*. Por isso, deve estar claro o que você espera desses resultados.

Já foram escritos livros inteiros sobre estabelecer metas, mas, para começar, aqui estão alguns princípios fundamentais.

1. Anote suas metas e consulte-as com regularidade. Todos os dias;

2. Mantenha um número reduzido de metas — três ou quatro no máximo — para poder se concentrar nelas;

3. Atribua a cada meta uma janela de tempo adequada. Quanto mais clara a meta, maior a probabilidade de alcançá-la.

Assim, em vez de "Aprender a dançar", escolha "Dançar Macarena no meu casamento". Ou, se quiser aumentar as apostas, prefira "Conseguir uma vaga em um programa de dança ano que vem". Citando a mensagem de dentro de um biscoito da sorte chinês que comi uma vez: "Se não sabe aonde quer ir, como será possível chegar lá?"

Hábitos

O hábito nada mais é do que um comportamento que se tornou automático através da repetição e da recompensa. A força de um hábito não tem nada a ver com o seu valor inerente como ser humano ou qualquer tipo de talento natural. O hábito fica mais forte quando é reforçado — simples assim. O importante a se lembrar é que você deve abordar todos os hábitos de maneira saudável, com autocuidado e amor e não com autonegação ou masoquismo. Qualquer hábito pode se tornar prejudicial quando o esforço vier de um "eu tenho que" ou "eu deveria". Com um esforço pequeno, mas consistente, qualquer um pode criar um novo hábito. E, então, o comportamento simplesmente acontece quando tiver que acontecer, sem que se tenha muita consciência disso. Você se pega escrevendo em seu diário automaticamente todos os dias logo de manhã, pegando um copo de água em vez de refrigerante, e assim por diante.

A criatividade em si é um hábito. É um comportamento como qualquer outro, e pode ser fortalecida, até mesmo ficar automática. Se seu trabalho criativo fosse uma experiência cheia de alegria e sem nenhum esforço, um fluxo perfeito todos os dias, acredito que não estaria lendo esse livro agora. Estaria, sim, criando algo mágico ou passaria o resto da vida irradiando aquele brilho especial da realização criativa. Mas não é o que você está fazendo. E não tem problema. Estamos juntos.

Imagine que um amigo vem pedir conselhos a você. Ele diz que está tendo problemas para dobrar canos ao meio e levantar pedras enormes (não precisa entender o motivo). A sua primeira pergunta seria: você é forte o suficiente para levantar uma pedra? Seu amigo pode ser uma pessoa muito bacana, mas nunca pôs os pés em uma academia e come Sucrilhos no café da manhã, almoço e jantar. Seus braços parecem duas salsichas, e você já o viu desmaiar depois de abrir a tampa emperrada de um pote. As pedras terão de esperar.

É claro que essa é uma imagem absurda, mas as pessoas são ainda mais ingênuas sobre o que é preciso para ser criativo. Lady Gaga tem músculos criativos superfortes por ter escrito e gravado tantos álbuns de platina. Ela se inventou e reinventou meia dúzia de vezes. Ela é a rainha da moda e da música. E, agora, é uma estrela de cinema também. Isso não é só talento. Seus músculos criativos têm músculos criativos graças a anos de esforço constante. Mesmo assim, inúmeros músicos aspirantes têm a expectativa de se sentar e escrever uma música no mesmo tempo, com a mesma prática e facilidade e com os mesmos resultados excelentes que ela consegue na primeira tentativa. Se não são capazes, logo pensam que isso é o reflexo de alguma falta de talento ou caráter inerente, e não da capacidade criativa que ainda não foi desenvolvida.

Como criar um hábito? Por meio de reforço consistente. Criar hábitos é o caminho rumo às suas metas — sejam elas quais forem.

A pirâmide criativa

Desenvolvi uma imagem simples para me ajudar a entender a relação entre mentalidade, hábitos e metas. Eu a chamo de Pirâmide Criativa.

Ter uma meta que não recebe o suporte da mentalidade certa ou dos hábitos necessários é apenas um sonho impossível — nunca acontecerá. Os egípcios sabiam que não podiam construir uma pirâmide sem uma base. Seja a sua meta publicar um romance best-seller, criar a próxima startup unicórnio ou simplesmente desenvolver um hábito criativo para enriquecer a sua vida, você precisará de uma meta clara, dos hábitos certos e de uma mentalidade criativa.

Estímulos e armadilhas da criatividade

Vamos esclarecer uma coisa: toda aquela conversa de "produtividade" que lemos nas redes sociais todo santo dia é, em grande parte, uma perda de tempo. A produtividade se tornou uma instituição de autoajuda que lida com os sintomas, em vez de lidar com as causas dos nossos problemas. Anda muito ocupado? Não é legal estar ocupado. Estar ocupado mostra uma falta de prioridade. Em vez de ficar encontrando maneiras de enfiar mais reuniões de cinco minutos no dia ou passar correndo por sua monótona caixa de entrada de e-mails, comece a pensar em como pode cultivar o estado de espírito e as ações que libertarão o seu poder criativo. A criatividade — o poder de manifestar suas ideias — *nunca* é uma perda de tempo. É a alavanca que mais importa.

Os Estímulos da Criatividade são hábitos que alimentam e acalentam a nossa capacidade criativa. As Armadilhas da Criatividade são hábitos que nos sugam e deixam nossos objetivos ainda mais distantes. Com hábitos, uma pequena mudança vai longe. Passar a adotar pelo menos alguns Estímulos e abrir mão de algumas Armadilhas pode ajudar a fazer você sair de onde está agora e chegar aonde quer estar. À medida que for alcançando sucesso com a mudança de um comportamento, você poderá voltar a esta lista e continuar a melhorar seu kit de ferramentas.

Essas listas de Estímulos e Armadilhas foram tiradas da minha própria experiência, bem como da de todos os criadores do mundo, autores best-seller e empresários que viram o jogo, convidados de meu podcast. Eles servirão de guia para inspirá-lo em sua própria jornada. Gostaria de começar discutindo as Armadilhas da Criatividade, para que você já consiga se livrar de alguma delas ao perceber sua existência e sair ganhando fácil.

Armadilhas da criatividade

Como já estive nas trincheiras, aprendi que o artista com uma vida dura é muitas vezes um mito. Algumas coisas contribuem para o seu trabalho e outras simplesmente não, por mais romantizadas que possam parecer. Logo que aprender o que ajuda e o que não ajuda, você verá que muito pouco é contraintuitivo. Abusar do seu físico, sair e beber demais, ignorar seu estado de espírito — nada disso o ajudará a ser melhor como matemático, encanador ou corretor de ações. Por que isso melhoraria suas habilidades de design gráfico ou sua capacidade de abrir um negócio? Qualquer aspecto positivo temporário na ideação de reduzir inibições geralmente é seguido por um aspecto negativo de baixa produção e má execução, ou seja, tudo aquilo que realmente importaria.

Testemunhamos vários grandes artistas desmoronando em nome da inspiração por sua arte, mas, se observarmos de perto, esses períodos de alcoolismo, abuso de drogas e outros comportamentos autodestrutivos estavam frequentemente ligados a traumas do passado e raramente ocorriam nos mesmos períodos produtivos que os tornaram bem-sucedidos para início de conversa. Vamos concordar que temos que deixar de lado os clichês cansativos usados no passado para justificar decisões ruins e comportamentos inúteis.

Não é necessário ser infeliz ou escolher entre êxtase e sofrimento para produzir um ótimo trabalho. O necessário é permanecer no jogo e *apenas continuar praticando.*

Por fim, a ciência comportamental afirma que é muito difícil abandonar hábitos que não sirvam para nós, e é muito mais fácil criar novos hábitos que acabarão afastando os anteriores. Lembre-se disso ao ler a lista a seguir de hábitos com potencial tóxico e, mais adiante nesse capítulo, a lista de estratégias de apoio.

Vícios

Dê uma olhada honesta, sem trapacear, nas coisas que ingere para "ajudá-lo a lidar com o dia a dia". Pergunte a si mesmo: elas ajudam mesmo? Pode ser qualquer coisa que você consuma para obter algum tipo de efeito, desde comida a mais, açúcar ou cafeína a drogas pesadas. Não estou dizendo para viver à base de couve e lentilha. E esta seção também não é para discutir se o seu uso de substâncias é "medicinal" ou uma fuga. Verdade seja dita, estou longe de ser um santo. Há razões biológicas para alterarmos a química do nosso corpo de tempos em tempos, e eu enlouqueceria sem ~~trair~~, quer dizer, *tratar* os dias em que como igual a um adolescente a cada duas semanas, ou me jogar na festa quando estiver divertido. Dito isso, sabemos quando estamos no nosso pico criativo, mostrando o melhor que podemos para nós mesmos e para quem está à nossa volta. É quando estamos cuidando do corpo e da mente. Seja honesto consigo mesmo sobre o que funciona e não funciona para você.

Redes sociais

Sim, as redes sociais desempenham um papel importante na forma com a qual nos conectamos com nossa comunidade e cultivamos um público para o nosso trabalho. Sabendo disso, todo mundo também sabe que as empresas por trás desses serviços usam a psicologia comportamental propositalmente para prender e direcionar nossa atenção para alcançar seus próprios objetivos. Como artistas, a nossa atenção é um recurso vital. Não podemos nos dar ao luxo de desperdiçar essa energia mental. O Facebook *nunca* ficará cansado de você — Mark Zuckerberg nunca dirá: "Você já visualizou atualizações o suficiente por hoje, Allison. É melhor voltar a escrever." Uma coisa é usar essas ferramentas para compartilhar seu trabalho (mais sobre isso no Passo IV); outra é ficar olhando se alguém novo curtiu a sua publicação cinquenta vezes por dia na esperança de uma rápida explosão de dopamina. Trate as redes sociais como comida sem qualidade e seja cuidadoso estabelecendo limites. Falaremos sobre como controlar o tempo de uso das redes sociais no capítulo 5. Por enquanto, procure estar ciente do quanto usa as redes, como se sente com elas e como elas afetam a sua produtividade criativa. É de surpreender.

Notícias

Recomendo que você fique longe das notícias o quanto puder [suspiro]. A realidade é que você receberá as notícias de que precisa. Vivemos em uma cultura em que as notícias são onipresentes. Portanto, faça essa experiência. Pare de buscar notícias, também conhecida como a lista do que deu errado hoje em algum lugar. Experimente por uma semana. Garanto que, ao final de sete dias, ainda estará sabendo de todas as principais notícias que leria online, mas sem a constante sensação de pavor e desespero que a leitura diária de notícias traz em nós. Esse lodo de negatividade sem fim tem um efeito perigoso em nossa criatividade e bem-estar geral. Se for se sentir melhor, faça algumas doações para ONGs que cuidam de assuntos com os quais você se preocupa. Deixe que essas instituições aproveitem a sua ajuda financeira lutando pela mudança climática ou reforma das prisões. Em época de eleição, leia com atenção sobre as questões e os candidatos e varie as fontes de notícias para obter uma perspectiva mais ampla. Fora isso, proteja a sua mente controlando o volume e a qualidade das notícias consumidas.

E-mail

Até os Ludistas que deixaram as redes sociais cheios de raiva estão presos ao e-mail. Mais uma vez, tudo o que você pode fazer é ser determinado sobre como usar essa ferramenta, para que ela não acabe com a sua energia. *Não* verifique seu e-mail no início do dia. Se conseguir. Esse é um dos maiores assassinos da energia e do impulso tão importantes pela manhã. O e-mail é uma solicitação do seu tempo e não algo que somos obrigados a responder imediatamente. Raramente trazem obrigações importantíssimas a serem tratadas entre seis e oito da manhã e, o mais importante, cabe a você educar as pessoas da sua vida para saberem quando estará disponível ou não para respondê-las. Minha rotina matinal é sagrada, não permito que seja perturbada por um e-mail. Aliás, mesmo depois de concluir minha rotina matinal, ainda evito verificar meu e-mail até concluir a coisa mais importante da minha lista daquele dia, a primeira peça do dominó que posso derrubar e que, se concluída, (a) me ajudará a considerar o dia um sucesso e (b) possivelmente, derrubar as outras peças do dominó.

Trabalho extra

Seja em seu emprego ou projeto criativo, é fácil acabar trabalhando demais e ficar esgotado. Chegar ao seu limite pode funcionar em algumas situações quando for absolutamente necessário, mas uma vida criativa é construída através da consistência, e não passando de uma explosão enorme de esforços para a próxima. É melhor aprender a descansar com mais frequência e continuar do que acabar desistindo completamente.

Muitos criadores lutam com o excesso e a ausência de trabalho. Isso vira um círculo vicioso: trabalhar em algo até ficar totalmente esgotado, depois evitá-lo enquanto tenta se recuperar. Quando estiver pronto para retornar ao projeto, já terá perdido o contato com a sua empolgação. Sempre caio na armadilha do excesso de trabalho quando não tomo cuidado. É bom "dar um gás", mas só de vez em quando, e é preciso dobrar o autocuidado para compensar.

Chega uma hora em que você não rende mais. Use esta seção do livro para se conscientizar disso. Quando estiver realmente acabado no dia, simplesmente pare. O descanso pode fazer maravilhas quando estamos estagnados.

O trabalho errado

Um elemento destrutivo comum na vida de qualquer pessoa criativa é fazer o trabalho errado — em outras palavras, gastar muito tempo com coisas que não importam ou que não vêm naturalmente. Prosperamos mais usando todas as nossas forças do que tentando "consertar" as nossas fraquezas. Delegue, terceirize ou evite as tarefas que envolvem suas áreas mais fracas. Não se ganha nada sendo tão teimoso achando que pode fazer tudo.

CHAMADO CRIATIVO

Todo cliente quer trabalhar com o melhor de X, Y *ou* Z, não com alguém que seja mediano nos três. Quando tentamos fazer coisas que não têm a ver com a nossa experiência e aptidão, tudo se torna mais desgastante. Pode ser que você ainda não esteja pronto para embarcar em uma carreira criativa em período integral, mas, se odeia seu emprego, como encontrará o entusiasmo necessário para o trabalho criativo? Procure algo mais adequado para pagar as contas. Quando estiver priorizando suas habilidades no trabalho, será muito mais provável ter condições para decidir-se à sua criatividade no resto do tempo. Quando fico preso a tarefas não criativas no trabalho, minha ansiedade aumenta, meu apetite diminui e durmo mal. Ficar sem comer e dormir me deixa cansado e ainda mais ansioso, criando um efeito de bola de neve. É um ciclo tóxico.

Estímulos da criatividade

Nesta fase da minha vida, é impossível ignorar o fato de que os dias bons — quando me sinto ótimo e faço meu melhor trabalho — têm elementos comuns. Por um lado, são intencionais. Nesses dias, estou no banco do motorista, com objetivos claros em mente e um plano para alcançá-los, mesmo que o objetivo seja apenas passar um tempo refletindo sobre um problema. Na última década, passei a reconhecer os comportamentos que funcionam para mim e incorporá-los à minha programação. Pode parecer que essas atividades gastem o tempo do "fazer", mas as atividades que expandem a sua capacidade criativa são multiplicadoras da força em todos os aspectos da sua vida.

Quer saber se, de vez em quando, pulo alguns desses hábitos da minha rotina diária? Claro que sim. Estou tão longe de ser perfeito com essas coisas que chega a ser divertido. Mas o fato é que me esforço bastante para me manter na linha e que quanto mais regulares essas atividades se tornaram para mim, mais capacidade criativa desenvolvi. Então, comece pequeno. Use esta lista como um bufê cheio de opções. Selecione e experimente algumas atividades.

Ofício

Ah, *jura*! Apesar do que disse acima, este hábito é inegociável. Seja você entusiasta ou profissional, é essencial aprender as habilidades técnicas do seu ofício. E, se desejar entrar em uma profissão criativa, o preço da entrada são as habilidades essenciais. É extremamente importante praticar essas habilidades depois de adquiri-las, e é inquestionável o quanto elas contribuirão para criar os resultados que busca. Seja tão bom nos elementos fundamentais do seu ofício a ponto de se tornarem automáticos e não precisarem de esforço, como respirar, caminhar ou mastigar. É aí que você vai saber o que é a verdadeira diversão e colher os frutos de um chamado criativo. Por exemplo, aprender uma língua estrangeira. Primeiro, você precisa de um entendimento básico de vocabulário, conjugação de verbos, sintaxe e gramática. Somente depois disso poderá deixar de pensar em qual palavra vem a seguir na frase para se expressar de maneira dinâmica e poderosa. Agora pode ter uma conversa de verdade. O mesmo vale para qualquer ofício criativo. A meta é alcançar a fluência para poder finalmente compartilhar o que pensa.

Treinamento multidisciplinar criativo

Praticar regularmente seu ofício criativo em um hobby ou na carreira é apenas um trecho da história. Para todos os aspectos do foco disciplinado em sua busca principal — dominar seu conhecimento da luz para fotografia, técnica do martelo para ferraria ou teoria das cores para pintura — há também a necessidade e o benefício de permanecer criativamente ágil em um sentido amplo.

Por exemplo, embora a fotografia seja minha principal área de domínio, pratico o hábito diário de criar *algo além da fotografia* todos os dias, seja escrevendo três versos de poesia, esboçando três parágrafos para publicar no blog ou tocando três acordes que conheço no violão repetidamente por alguns minutos. Com a prática de uma série de ofícios criativos além do seu foco escolhido, você não apenas se manterá em forma criativamente, como também se lembrará de maneira consistente e subconsciente de que pode assumir um papel ativo para moldar o arco da sua vida.

Quando passar a criar ativamente uma série de pequenos atos criativos todos os dias, desenvolverá um senso mais forte de sua própria atividade, capacidade criativa e autodeterminação. Se sabe tirar uma foto, escrever um parágrafo, ou esboçar uma natureza morta, com certeza poderá forjar seu próprio destino. Pense em multidisciplinas: se for um jogador de basquete que, no treino, só arremessa com saltos, terá dificuldades durante o jogo porque sua capacidade cardiovascular, requisito básico, não suportará o esforço.

Meditação

Médicos, cientistas, gurus e especialistas em desempenho vêm defendendo a prática de *mindfulness* [atenção plena] há anos. Eu também já demonstrei publicamente meu apreço pela meditação e o valor que ela oferece. De fato, ela teve o efeito mais positivo de qualquer "habilidade principal" que pratiquei na última década. À medida que os pesquisadores continuam realizando estudos de alta qualidade sobre a meditação, os defensores estão apenas chamando mais a atenção para seus benefícios à saúde e ao bem-estar.

Se ainda está em dúvida sobre passar dez ou vinte minutos sentado sem se mexer enquanto tem Mil Coisas Importantes a Fazer, pergunte-se quais são suas verdadeiras objeções. No começo, reclamei do compromisso de tempo também, mas no fundo eu estava mais preocupado que a meditação pudesse atenuar minha vantagem competitiva. Os iogues sempre pareceram muito descontraídos para mim. Quando comecei a meditar, percebi que não "perdi" nada; muito pelo contrário, ganhei clareza e consciência em menos de uma semana e ainda não encontrei uma única desvantagem nessa prática.

Gratidão e visualização

A gratidão e a visualização são bem pesquisadas e têm benefícios cientificamente comprovados. Uma atitude de gratidão nos ajuda a manter contato com a riqueza geral da vida e age como um antídoto para qualquer emoção negativa que possamos ter. A visualização é uma ferramenta poderosa que os profissionais de alto desempenho das mais diversas áreas usam para programar o subconsciente. Mesmo a pesquisa online mais superficial revelará vários métodos para cada uma.

Exceto em um dia raro com circunstâncias atenuantes, sigo minha meditação com uma prática de visualização e gratidão de três minutos. Começo com os olhos fechados e faço uma pequena lista com três momentos genuínos e sinceros pelos quais sou grato em minha vida — e os revivo como se estivesse assistindo à experiência com meus próprios olhos e sentindo esses momentos o mais plenamente possível. Podem ser grandes momentos da vida, como o meu casamento, ou pequenos momentos delicados, como quando nosso animal de estimação fez algo fofo, qualquer momento que tenha trazido alegria ou consciência de como a vida pode ser incrível.

Depois, passo a me visualizar em um mundo em que acabei de alcançar minhas três metas mais importantes. Vivo os sentimentos que acompanham cada conquista, imaginando tudo nos mínimos detalhes: sons, cheiros, emoções. Como seria a imagem, a sensação, o gosto, o cheiro e o som de atingir essas metas? O subconsciente não consegue distinguir claramente as experiências visualizadas das reais; portanto, ao focar as sensações do corpo ao alcançar essas visões, estaremos preparando nosso sistema nervoso para o sucesso.

Movimento

Há diversos estudos mostrando que se manter em forma e aumentar a frequência cardíaca durante o dia aumentam as conexões criativas e a capacidade cognitiva. O que eu faço é ter uma prática básica que me mantenha em forma. Enfim, qualquer coisa que faça meu sangue ser bombeado faz bem, e o ar puro é um bônus. Não é preciso uma maratona para mudar seu estado de espírito.

Resumindo, mexa seu corpo, e seu cérebro o seguirá. Os dados neurocientíficos são claros: quando alteramos nosso estado fisiológico, alteramos a química do sangue, o que, por sua vez, influencia seu humor e a clareza mental. Tudo isso pulando sem parar nas palestras de Tony Robbins? É a bioquímica em ação. O movimento é um catalisador da criatividade.

Crioterapia

É verdade que isso é bastante esotérico, mas apenas alguns minutos de terapia com água fria pela manhã podem mudar o jogo. Além da ciência que sugere ser uma atividade que melhora o humor (nem sempre para algumas pessoas na primeira vez) e até antídoto em potencial contra a depressão, também é um poderoso estimulante para o sistema imunológico.

A meta é simples: esfriar o corpo todas as manhãs como um mecanismo para acordar e enfrentar o dia. O efeito desejado pode ser alcançado entrando em uma banheira cheia de água à temperatura de 7°C a 13°C (nível de especialistas) ou finalizando seu banho matinal normal (depois da água quente, limpeza etc.) com dois ou três minutos com a água fria do chuveiro — diretamente no pescoço, ombros, rosto, costas e peito. Seja qual for a escolha, você ficará surpreso com a sensação de bem-estar que terá (se quiser saber mais, consulte o feed do meu Instagram e meu canal do YouTube, onde publico sobre esses assuntos de vez em quando, além da série de matérias sobre a crioterapia).

Boa nutrição

Embora eu não recomende ficar passando de dieta em dieta de acordo com qual está em alta, o que você ingere faz uma grande diferença nos seus níveis de energia e concentração ao longo do dia. Comer alimentos não processados, consumir menos carboidratos e comer nos horários certos compõem 90% do meu regime pessoal. Quase nunca saio de casa sem comer alguma coisa, normalmente uma proteína como ovos e hortaliças, em até trinta minutos após me levantar (com base na dieta Slow Carb de Tim Ferriss). Se eu estiver com pressa, como um pouco de gordura boa como meio abacate, uma colher de chá de óleo de coco ou algumas amêndoas e um shake de proteína. Meus almoços e jantares não são nada de mais, são apenas alimentos simples e integrais. Viva a vida como quiser, mas comer bem e reduzir o consumo de alimentos processados e açúcares refinados manterá seus níveis de energia constantes ao longo do dia, dos meses e dos anos.

Hidratação adequada

A hidratação é essencial. Tento beber dois litros de água todos os dias, aproximadamente oito copos, e até mais se possível. Descobri que, se eu começar o dia com dois copos de água gelada imediatamente ao acordar, fico revitalizado na hora e tenho muito mais chances de atingir meu objetivo de dois litros.

Criar antes de consumir

Se a primeira coisa que faz todo dia é pegar o telefone e acompanhar todos os seus criadores e empreendedores favoritos em busca de inspiração, é provável que você acabe ficando ansioso ou deprimido por não ter ido longe o bastante ainda. O simples ato de criar alguma coisa com propósito antes de consumir o trabalho dos outros, muda toda a dinâmica. Esse é um comportamento pequeno, mas poderoso que aprendi durante uma entrevista para o podcast com minha amiga Marie Forleo, e todos os dias sou muito grato por essa sabedoria.

Muitos de nós começam o dia consumindo em vez de criando: navegando na internet, assistindo TV, o que for. Viramos um bando de espectadores e críticos. Nossos pensamentos ficam voltados ao que as outras pessoas estão fazendo, se o estão fazendo bem ou não, e à resposta que estão recebendo do mundo. Isso é supertóxico, especialmente se você não tiver feito suas próprias coisas ultimamente, e uma maneira infalível de acabar com tudo relacionado à mentalidade criativa descrita anteriormente nesse capítulo.

Criar antes de consumir é uma mudança que parece pequena, mas que terá um efeito profundo em suas atitudes diárias e na capacidade criativa. Então, por favor, crie primeiro. Faça alguma coisa (e seria ideal compartilhá-la), por menor que seja.

Boa organização

Um dos mitos sobre os tipos criativos é que somos bagunceiros. Sim, alguns são mesmo, mas *muitos* outros mantêm as coisas limpas e organizadas. Essa não é uma recomendação para limpar a casa inteira antes de começar sua prática criativa, porque isso se chama procrastinação. Estou falando de se manter organizado como um recurso para alcançar sua meta criativa. Também não há nada de contraintuitivo nisso: um bom artesão sabe onde encontrar cada ferramenta e cada uma delas está pronta para ser manuseada. Falarei mais sobre como arrumar o espaço para um trabalho criativo eficaz no capítulo 5. Por enquanto, basta saber que um espaço de trabalho caótico traz mais carga cognitiva à sua tarefa e um mais organizado pode trazer um impulso criativo.

Aventure-se e jogue

Reto e direto, tire a bunda do sofá e vá se divertir! Não importa até que ponto o seu trabalho seja abstrato ou fantástico, tudo tem que vir de algum lugar da sua psique para ter valor. É necessário obter algo de qualidade antes de poder criar resultados que valham a pena. Os criadores precisam de emoções, experiência com o trabalho dos outros, desconforto, empolgação, diversão, altos e baixos, vitórias e derrotas. Viver a vida é a própria base do nosso trabalho.

A aventura é diferente para cada um. Pode ser viajar, fazer uma atividade ao ar livre ou "ser o rei do camarote" na noitada. É para se esbaldar. É para se divertir. É para rir mais. Tudo o que servir de combustível para sua vida provavelmente será bom para a sua arte. É claro que fazer uma viagem para o exterior ou escalar uma cachoeira congelada pode ter um efeito energizante absurdo. Se puder, vá em frente. Mas não fique torrando dinheiro para "se inspirar" ou espere até poder pagar uma viagem ao redor do mundo para injetar doses iguais de aventura e aproveitar a vida. Abrace as novas experiências e desafie-se a sair da sua zona de conforto agora mesmo. Se as pessoas perguntarem por que você não estava trabalhando, diga que estava coletando matéria-prima.

Arte

Este é um dos maiores segredos da indústria criativa (que se esconde à vista de todos). A inspiração criativa vem de outras criações e criadores inspirados. A diversidade gera crescimento, mesmo que esteja crescendo para entender do que não gosta. E nada de ficar se limitando a obras de arte conhecidas. Veja o trabalho de outros artistas que estão apenas começando, pessoas cuja obra se aproxima do seu nível de sucesso e impacto. Desperte essa curiosidade e vá explorar.

Uma coisa que ajuda também é a polinização cruzada. Se for músico, consuma filmes. Se for web designer, assista a um balé. Essa é uma tática que me ajudou a encontrar minha voz única como artista: a maioria das minhas influências vem de fora do mundo da fotografia. Para aprender sobre luz, estudei pintura a óleo por anos. Para aprender a fotografar estilos de vida, estudei o posicionamento equilibrado do corpo através do desenho anatômico. A lista é longa.

Uma das coisas que mais gosto em ter meu próprio podcast é receber músicos, artistas, designers, escritores, palestrantes, viajantes, empresários, titãs dos negócios e outros para conversar durante uma hora por vez. É assim que obtenho informações para a minha arte, para o meu trabalho e para o meu mundo e alimento novas paixões que vão além da minha atual zona de conforto.

Conhecer a história — da arte ou da cultura pop contemporânea — pode ser poderoso. É um caminho bem-trilhado para conhecer as regras, dominá-las e decidir como e em que momento quebrá-las, seja na arte, nos negócios, nas humanidades ou em qualquer outra situação. A história cria o contexto.

Tranquilidade

O trabalho criativo é, muitas vezes, auxiliado pela vivência de experiências novas ou vibrantes. Sendo assim, as grandes ideias *nem* sempre chegam quando estamos no auge de alguma ralação diária. A neurociência mostra que o pensamento criativo — a criação de conexões novas e úteis entre diferentes conceitos e ideias — ocorre melhor quando a mente está em repouso ou, melhor ainda, pouco ocupada com uma tarefa tranquila. Tive a prova de que isso é verdade inúmeras vezes. É por isso que alterno meu tempo deliberadamente entre o modo aventura e o modo tranquilidade. Saio mundo afora em busca de inspiração. Então, volto ao estúdio e deixo essas experiências se alastrarem tranquilamente até que algo novo borbulhe em minha mente. Minhas melhores ideias de negócios sempre surgiram após intensos períodos de trabalho e curtição radical em áreas que não têm nada a ver com os negócios.

Tem que haver a bonança depois da tempestade. É por isso que as melhores ideias surgem no chuveiro, logo antes de dormir ou quando acordamos mais cedo do que o normal. Quando há menos ruído no nosso mundo e não temos nenhuma tarefa importante à qual dar atenção, a mágica acontece. Se quiser produzir suas melhores ideias, cultive um tempo assim. Confie em mim. Algumas das minhas melhores ideias vieram direto da minha rede de descanso.

Sono

Esse é o último, mas está longe de ser o menos importante. Durante muito tempo — aliás, anos — fui uma daquelas pessoas que dizem que não precisam dormir muito. Passei uma década dormindo de quatro a cinco horas por noite. Achava que era genético. Que era uma ferramenta para avançar, uma vantagem minha. Afinal, eu tinha energia de sobra o dia todo. As pessoas vinham me avisar sobre os efeitos negativos da privação do sono a longo prazo, mas, novamente, eu achava que tinha um dom especial. Muitas pessoas bem-sucedidas, de presidentes dos EUA a CEOs da *Fortune 500*, são famosas pelas poucas horas que precisam embaixo das cobertas.

Foi então que, durante umas férias tropicais, alguns anos antes do final daquela década sem dormir e depois de um período de trabalho incrivelmente pesado, eu, exausto, decidi fazer um experimento: não me programar para acordar e não ligar o despertador. Deixei meu corpo dormir o quanto quisesse. Até usei tampões de ouvido e uma máscara para dormir para obter os melhores resultados possíveis. Se a minha capacidade de abrir mão do sono fosse verdadeiramente uma peculiaridade genética, eu teria a confirmação.

O resultado? Minha nossa! Dormi 14 horas por noite durante seis noites. Dormir até mais tarde foi uma delícia, mas o efeito que o sono teve no resto do meu dia foi revelador. De repente fiquei mais esperto. Mais feliz. Mais criativo. Um novo homem, de verdade. Desde esse experimento, mudei meu ritmo por completo. Ainda me orgulho de trabalhar bastante, mas tenho vergonha do meu passado ignorante e privado de sono. Comecei a acompanhar o meu sono alguns anos atrás, com o objetivo de melhorar sua qualidade e quantidade. Agora meu objetivo é ter pelo menos sete horas de sono por noite. Durma bem e, se puder, tente acordar cedo. É uma maneira simples de ter um tempo ininterrupto de alta qualidade e ganhar espaço para o seu trabalho criativo.

Apenas comece

O principal ponto desse capítulo tão tático é o seguinte: ser criativo é certamente um atributo que podemos ter, mas que não pode ser manifestado, aprimorado, fortalecido ou aperfeiçoado sem *ações criativas*. Portanto, esse capítulo inteiro é uma orientação para cuidar de si mesmo gerando um reservatório de energia para a criação. Não dá apenas para ficar pensando nisso. Sem rodeios, já que com a prática você será melhor, o mais importante em seu desenvolvimento como criador é cultivar uma prática regular, de preferência, diária.

À medida que nos aprofundamos juntos nesse livro, comece a deixar de lado aquela vontade sem fim de saber os truques ou "atalhos" para alcançar alguma meta criativa específica. Lembre-se, a criatividade não é uma habilidade e sim um hábito, uma maneira de agir. Quanto mais você age dessa maneira, mais capaz será de agir. A boa notícia sobre a criatividade é que ela reside naturalmente dentro de nós. A má notícia é que não há atalhos, nem uma palavra mágica que despertará esse poder em nós. O único "truque" é que, assim que tomamos ciência da criatividade, podemos passar a manifestá-la em quase tudo na vida. E não precisa parecer trabalho. Vai fazer o jantar hoje à noite? Descubra como mudar a receita para surpreender sua família pela primeira vez, criar algo que seja divertido e alegre. Pode ser simples assim.

Pense de novo na história de Brandon Stanton e na criação de Humans of New York. Quando ele perdeu o emprego, percebeu que mandava em sua própria vida. A estrutura certa permitiu que ele criasse — e reafirmasse — a sua visão de pequenas formas todos os dias. Lembre-se de que o seu trabalho original não se parecia quase nada com o que deu certo para ele. Se ele tivesse esperado para conceber o conceito "perfeito" antes mesmo de ter tirado qualquer foto, nunca teria começado. Foi a sua prática criativa diária — eliminando as distrações básicas e agregando comportamentos simples — que trouxe seu sucesso, e não um plano brilhante nos mínimos detalhes. *O processo da criação se tornou o sucesso.*

Acontecerá a mesma coisa com você. Buscar hábitos pequenos, imperfeitos e lúdicos atualmente — mantendo uma prática criativa regular — é muito mais importante do que ficar perseguindo uma longa lista de coisas perfeitas que pretende criar apenas amanhã.

5

Crie seu Espaço

Não se constrói a vida que se quer economizando tempo.
Constrói-se a vida que se quer e depois o próprio tempo
acaba se economizando. O sucesso só é possível quando
reconhecemos isso.

— LAURA VANDERKAM

Digamos que você tenha uma máquina do tempo (Meu livro, minhas regras. Entre na minha.). Essa máquina do tempo pode transportá-lo para qualquer momento da história. Configure para o dia em que seu artista favorito começou a trabalhar com algo que você amava: o filme que o inspirou a ser um cineasta ou a música que mudou a sua vida.

Prepare os efeitos de luz e som, relógios voando pelo ar. Pronto, voltamos no tempo. Você está cara a cara com seu herói criativo. Qual é o seu primeiro pensamento? Se for um pouco parecido comigo, deve ser: *proteger o tempo e a atenção do criador*. Você quer ter certeza de que esse trabalho tão importante seja criado. Já imaginou como seria fácil se desviar do percurso? "Oi, David Bowie! Sou um grande fã, amo seu trabalho. Este é um dispositivo do futuro chamado iPhone. Coloquei um jogo nele chamado Candy Crush, você vai adorar". Tchau, *Ziggy Stardust*.

No dia da visita, é provável que seu artista favorito estivesse tendo as mesmas dúvidas sobre o resultado do projeto dele que você tem sobre o seu. Não seria necessário muito para o fluxo dele ser interrompido. Se você estivesse lá, protegeria o tempo e a atenção dele com uma vingança.

Se Frida Kahlo lhe perguntasse se seria melhor passar a manhã pintando sua obra *Autorretrato com Cabelo Cortado* ou levando o carro ao mecânico, não seria uma decisão difícil a ser tomada. "Primeiro as coisas mais importantes, Frida! Vá para o estúdio. Depois você resolve o problema do seu carro enquanto a tinta estiver secando". Na verdade, diria a ela que, praticamente, qualquer outra coisa poderia esperar.

Porém, quando o assunto é o nosso próprio trabalho, temos uns pensamentos estranhamente distorcidos. De repente, as tarefas mais mundanas começam a pesar na nossa cabeça como se fossem mais importantes do que a busca de nosso chamado criativo.

É simples evitar essa armadilha: *priorize o trabalho*. Mas não é tão fácil assim. Embora a priorização do trabalho criativo para outra pessoa, como um chefe ou um cliente, pareça clara e direta, ela fica sempre nebulosa quando temos que tratar de nossos próprios assuntos. As contas da casa não serão pagas sozinhas. Pensando bem, o Instagram também não se atualizará sozinho. Se eu não publicar agora, todos deixarão de me seguir e quem assistirá ao vídeo que eu... não estou editando porque estou só mexendo no Instagram? E assim continua o ciclo.

Esse experimento da máquina do tempo serve para revelar que as prioridades concorrentes não são nem um pouco concorrentes. *O que você está enfrentando, na verdade, é a disposição de valorizar um trabalho que ainda não foi feito.* Sempre que estiver em cima do muro para cumprir seu cronograma ou seguir a sua visão, pergunte a si mesmo o que diria se o trabalho de outra pessoa estivesse em jogo, trabalho esse que você sabe que valeria o esforço. Essa é a melhor forma de desarmar essa armadilha emocional traiçoeira.

As experiências mentais e as mensagens motivacionais são úteis quando necessárias, mas não o levarão à linha de chegada. É necessário estrutura para transformar o futuro que imaginou no Passo I em realidade. Essa estrutura começa com um cronograma.

O cronograma é seu amigo

Quando eu era mais novo, achava que cronogramas eram ferramentas de conformidade e repressão, destinadas a banqueiros e militares, não a criadores. As pessoas mais experientes e sábias que ficavam me dizendo para usar um calendário queriam apenas conter a minha criatividade. Maya Angelou não se preocupava com seu cronograma, pensava eu — afinal, ela era uma *artista*. Simplesmente esperava a inspiração surgir e, assim, escrevia um poema brilhante no ato — não é mesmo? Não. Maya Angelou sempre encontrava tempo para o seu trabalho, o estabelecia e protegia. Aliás, segundo Mason Currey em *Rituais Diários*, livro sobre os hábitos de trabalho de grandes artistas, Angelou tinha o hábito de reservar um quarto de hotel para trabalhar todos os dias, chegando antes das sete da manhã e ficando lá até pouco depois do almoço.

Isso faz sentido. Um poeta sabe melhor do que ninguém a importância do tempo e da estrutura. Angelou nunca deixou a sua produção criativa ao acaso.

Aprendi, sobrevivendo a uma carreira cheia de prazos, que um cronograma é um dos maiores aliados de um criador. É a maneira mais eficaz de resguardar o tempo dedicado ao trabalho criativo, protegendo aqueles preciosos minutos de todas as outras demandas da vida. É também uma ferramenta poderosa para garantir que você invista o tempo necessário no descanso e na recuperação, aprimorando seu conjunto de habilidades e construindo a sua comunidade. Já parou para pensar como os profissionais mais experientes conseguem conciliar tudo o que fazem? A resposta é: tendo um calendário.

Isso não significa que você tenha que cumprir um horário das nove às cinco, com trinta minutos para o almoço, mas sim que será mais feliz e terá mais criatividade se definir um cronograma para atender às suas necessidades e então — na maior parte do tempo — segui-lo à risca. Tudo bem, não precisa ser perfeito. Um cronograma "bom" o levará mais longe do que pode imaginar. Seja parar para escrever logo cedo, tocar um instrumento por algumas horas após o jantar, ou fazer uma caminhada para tirar fotos durante o intervalo para o almoço, manter um cronograma relativamente consistente aprofundará e expandirá a sua produção criativa. Quanto mais programar seu tempo em vez de ficar esperando por inspiração, melhor.

Dessa forma, não se pode otimizar a arte. É por isso que este livro não fornece um "método de produtividade" para ir marcando mais itens da lista de "tarefas" criativas durante certo tempo (Lista de Grace Hopper de 1944: "Inventar o compilador de códigos de computador. Item marcado."). Não. Estamos falando sobre nos tornarmos mais intencionais sobre como trabalhamos, encontrando espaço não apenas para trabalhar, mas para curtir, pensar, sonhar. Para criar suas melhores coisas, suas necessidades criativas devem vir à frente de todas as outras coisas que parecem urgentes no momento, mas, na verdade, não são tão importantes. Pode ser difícil. Pode parecer egoísta.

Muito bem. Você *deve* criar para si primeiro. É hora de aposentar a cansativa ideia de que sua prática criativa é algo "bom de se ter". A prática não é apenas divertida, calmante e restauradora; é também fundamental para o seu sucesso e bem-estar. Quando criamos com regularidade, passamos a ser melhores como amantes, cônjuges, pais, funcionários e amigos. No final, fazer o seu trabalho não é egoísmo; na verdade, você estará fazendo um favor a todos ao seu redor.

Este capítulo fala sobre como melhorar o equilíbrio entre a criatividade e outras demandas da vida. Trata-se da criação de uma nova prática criativa ou do desenvolvimento da que você já possui naquela que sempre desejou ter. Ela turbinará sua produção e o deixará se sentindo realizado de maneiras inimagináveis, porém, não será brincadeira. Ao longo do caminho, terá que dizer não aos antigos modos que não servem mais, para poder dizer sim ao que importa. Pode ser dolorido. Pense nessa situação como uma nova rotina de exercícios: a primeira vez que fazemos movimentos desconhecidos e complexos, sentimos dor e cansaço, mas se seguirmos o cronograma mesmo com toda dor, entraremos no ritmo.

Sempre queremos nos ver imersos no trabalho, mas ficar se pressionando o tempo todo leva ao esgotamento. Não ser atraído pelo trabalho é um sinal de que está buscando a coisa errada. Aliás, pode ser que essa falta de atração por seu projeto criativo seja um dos motivos de ter comprado esse livro para início de conversa.

Portanto, quando digo para seguir um cronograma não significa ficar se pressionando até concluir tudo. Apenas entenda que é necessário um pouco de rigor e disciplina, mesmo quando se está buscando o que se ama. Reservar tempo e espaço e evitar distrações e interrupções criará o impulso necessário. Lenta, mas seguramente, seu cérebro passará a preencher esse tempo com as ideias e a energia para desenvolvê-las. Se estiver ouvindo o chamado, ou seja, as dicas dadas por sua intuição, estará, então, seguindo o caminho. Com o passar do tempo, a atração retornará.

No capítulo 6, explicarei como estabelecer uma prática criativa eficaz, e um modo de usar o tempo e o espaço assim que a estabelecer. Por enquanto, mantenha o foco apenas em criar e defender esse espaço. *O seu espaço.*

Ocupado x Eficaz

Sejamos realistas: dedicamos muito do nosso tempo a coisas que de nada servem. Visto que esse tempo é o nosso recurso mais precioso, sempre fico surpreso com o quanto podemos ser descuidados com a forma que o usamos. Quando eu era mais novo, acreditava que as pessoas ocupadas eram importantes, impressionantes e merecedoras de simpatia e tratamento especial. Elas tinham uma vida difícil! Depois que desisti do doutorado e fui trabalhar o tempo todo para mim mesmo, esse termo "ocupado" entrou na minha vida. De repente, tinha muito a fazer para pagar o aluguel e colocar o pão na mesa. Sempre parecia que o dia não tinha o número de horas suficiente.

Com o passar do tempo, e sem perceber, deixei essa traiçoeira mentalidade de "estar ocupado" tomar as rédeas. Era tentador. Sempre que dizia a meus amigos que estava muito ocupado, eles pareciam ficar impressionados. Naturalmente, eles me perguntavam o que eu estava fazendo para estar tão ocupado, ou seja, eu podia falar sobre mim e a importância do meu trabalho, e isso me fazia bem. Se estava ocupado, eu era importante. Peguei esse rótulo e colei na testa.

Na época, eu não seguia nenhum tipo de sistema para nada, muito menos para definir como fazer meu trabalho criativo todos os dias. Dirigi meu negócio todo por meio de um monte de listas rabiscadas. Qualquer tipo de rotina ainda parecia o oposto da criatividade. Depois de deixar o doutorado, parecia absurdo pensar em voltar a uma rotina estruturada. O mundo que imaginava era uma nova aventura por dia, todos os dias. E, por um tempo, isso me animava. Acordava todo dia sem saber o que me esperava. Às vezes, era insanamente produtivo, superempolgado e cheio de ideias incríveis.

O outro tipo de dia simplesmente ia e vinha. Eu não chegava a lugar nenhum, ou percebia que tinha perdido um marco importante e agora estava estagnado. Acabei enxergando todo aquele caos crescendo ao meu redor, e algo me fez refletir. A maioria das coisas que eu fazia o tempo

CRIE SEU ESPAÇO   **131**

todo e me deixava "ocupado" não era importante. Cão que ladra não morde. Eu <u>estava</u> fazendo uma coisa atrás da outra, mas alcançando cada vez menos resultados. Acho que nem estava pensando em resultados até então. Eu estava apenas em meio a um turbilhão com uma câmera na mão e um sonho na cabeça. Finalmente percebi que não havia nada de nobre ou romântico em estar ocupado o tempo todo, mas sim que a minha vida estava uma desordem.

Era hora de ativar o profissionalismo da minha carreira de fotógrafo profissional.

Primeiro, identifiquei o que precisava fazer para dar uma reviravolta, como tirar as fotos certas para o meu portfólio, aprender habilidades cruciais, promover meu trabalho e conseguir trabalhos lucrativos. Eram essas coisas que importavam.

Em seguida, analisei como passava o tempo, hora a hora. Não foi necessário muita informação para perceber que não havia nenhuma correlação entre o quanto alguma coisa importava e quanto tempo eu passava trabalhando nela. Era divertido ficar perambulando em busca de inspiração aqui e ali. Mas "divertido" não significa progresso, e eu queria mesmo criar coisas, chegar a algum lugar. Lidar com qualquer coisa que tivesse chamado a minha atenção gerando uma enxurrada infinita de ações não significava que eu estava sendo criativo, mas sim que não sabia priorizar. Apesar de me sentir bem com o que fazia naquele momento, isso nunca agregou muita coisa para mim.

Foi depois do terceiro mês sem dinheiro para ajudar no aluguel que finalmente acordei. Descansando no futon surrado do nosso apartamento, sem inspiração e frustrado comigo mesmo, uma coisa dentro de mim mudou. Naquele momento, finalmente decidi assumir o comando. Passo um? Pare de enaltecer o fato de estar ocupado. Até um hamster correndo naquela roda está ocupado, e aonde ela o levará? Eu tinha ambições maiores. Resolvi parar de fazer tudo o que surgia, já que qualquer atividade visível aos olhos criava essa falsa aura de produtividade e glamour e, em vez disso, focar minha eficácia.

Essa mudança fez toda a diferença. Eu ainda tinha uma vida movimentada, mas não estava com uma pressa caótica o tempo todo, nem estava perdendo tempo só para mostrar o meu sucesso aos amigos. O melhor de tudo é que achei que ter foco era muito mais divertido e gratificante. Usar meu tempo de maneira consciente me trouxe resultados ainda mais rápido do que eu esperava; toda semana conseguia uma nova foto excelente para o meu portfólio ou um trabalho bem-pago. Não estava ocupado, mas sim no ponto. Estava sendo *eficaz*.

Desde então, descobri que as pessoas mais formidáveis que conheço, as melhores do mundo no que fazem, raramente estão ocupadas da maneira como fomos ensinados a pensar. Estar ocupado é uma doença terminal que destrói o seu precioso tempo. Ser eficaz é usar cada minuto de maneira consciente e atenta, enquanto progride constantemente em direção ao seu sonho. A maior surpresa para mim foi que essas pessoas, esses criadores que trabalham de modo tão deliberado e planejado, também são incrivelmente alegres e divertidos enquanto trabalham. Planejar e brincar não são opostos, mas sim um belo complemento um do outro.

É hora de fazer uma mudança. Pare de dizer a si mesmo que tudo tem que ser tão difícil. A dor na vida não é opcional, mas o sofrimento é. O sofrimento tem tudo a ver com a sua atitude em relação à dor, com a história que conta a si mesmo quando as coisas ficam difíceis. Ao criar sistemas para gerenciar meu tempo e energia, comecei a ver progresso, o que me ajudou a entender que todas as minhas metas podiam ser alcançadas sem sacrificar a minha criatividade. Por fim, descartei a crença tóxica de que perseguir minhas ambições tinha que ser uma luta épica, do tipo matar ou morrer. Quando abri mão do rótulo de "ocupado", recusando-me a usar essa palavra e a deixá-la programar o meu pensamento, passei a ser muito mais eficaz em conseguir o que queria da vida.

Sabe o que é mais divertido? Buscar o seu verdadeiro chamado na vida.

Aprenda a priorizar. O ex-presidente dos EUA Dwight D. Eisenhower costumava dizer que o importante raramente é urgente e o urgente raramente é importante. O autor Stephen Covey transformou essa ideia em uma poderosa matriz:

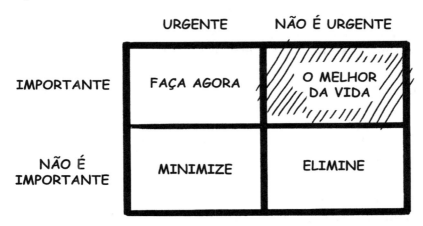

Esses quatro retângulos podem mudar a sua vida. Quem dera alguém tivesse me mostrado esse diagrama uma década atrás. É claro que é preciso resolver as tarefas importantes e urgentes de imediato, mas é fundamental reservar um tempo para as atividades importantes e que não são urgentes da vida; caso contrário, todo o seu tempo será ocupado com tarefas sem importância nenhuma.

Faça uma auditoria

Para aonde vai o seu tempo? Provavelmente, você passa muito tempo com coisas que parecem produtivas, mas que, na verdade, não são. Passa horas no telefone xeretando as redes sociais? É fácil usar a justificativa de que está ganhando seguidores. Verdade até certo ponto, mas sem uma estratégia específica para criar seu público, não terá muito progresso. Mais

CHAMADO CRIATIVO

importante ainda, de que serve uma comunidade se não tiver nada para compartilhar com ela?

Se quiser entender suas verdadeiras prioridades, observe dois fatores: seu calendário e seu extrato bancário. Faça uma auditoria de si mesmo. Faço isso o tempo todo. Por exemplo, suspeitei recentemente que estava viajando demais a trabalho. Isso pode parecer um problema de primeiro mundo, mas a realidade é que muitos de nós temos que viajar a trabalho de um jeito ou de outro, que muitas vezes as viagens não são necessárias, e que elas podem consumir uma quantidade extraordinária de tempo. Viajar a trabalho traz aquela sensação de sermos importantes e ocupados — é o clássico Cavalo de Tróia do desperdício de tempo.

Sempre disse a mim mesmo como cada viagem era valiosa e importante e como eu poderia ser produtivo no avião. Nada disso. Minha auditoria revelou que somente essas viagens a trabalho estavam consumindo mais de dez horas por semana do meu tempo e que eu ficava muito menos produtivo durante a viagem do que queria admitir.

Por exemplo, viajar de avião entre os estúdios da CreativeLive em Seattle e São Francisco sempre serviu de justificativa para me encontrar pessoalmente com minha equipe, membros do conselho e sócios, mas uma análise superficial revelou que muitas dessas viagens eram desnecessárias. *Pareciam* úteis, mas, quando analisadas objetivamente, percebi que poderia transformá-las em videochamadas. Estava permitindo que meu recurso mais precioso fosse desperdiçado pelo que parecia produtivo em vez do que realmente era. Depois disso, reduzi bastante o número de viagens e, então, me tornei mais eficaz.

Agora é a sua vez. Aqui está uma lista para começar.

Monitore seu tempo usando um calendário online ou um aplicativo de monitoramento de tempo: aplicativo de calendário da Apple, Google Calendar, Microsoft Outlook — a ferramenta que preferir. Não precisa ser perfeito, acréscimos de quinze ou trinta minutos são bons. Coloque tudo em categorias que façam sentido para você, desde reuniões e chamadas a tarefas e transporte. Seja honesto para valer.

Ao final de duas semanas, some o tempo passado em cada categoria. E maravilhe-se com essa loucura.

Pergunte-se: o que tem no calendário que você ama? E onde suas horas parecem desperdiçadas?

Considere suas opções: você está indo para o trabalho de carro? Que tal pegar um ônibus ou metrô e usar esse tempo produtivamente? Está limpando a casa mesmo podendo contratar uma empregada e passar esse tempo escrevendo? Se não pode pagar por serviço de lavanderia, que tal levar um bloco quando for lavar roupas e ficar desenhando enquanto espera as roupas ficarem prontas em vez de ficar vendo filmes no telefone?

O objetivo desse exercício é ver a desconexão entre a maneira que passa seu tempo e seus valores essenciais. Não é para virar um robô. Em geral, são as coisas triviais que fazemos sem pensar que roubam nosso tempo, não as coisas importantes — ninguém está dizendo para você parar de sair com a sua esposa ou não se preparar para uma grande entrevista de emprego. É o uso irracional do tempo que precisa mudar, não o que é intencional e importante. Observando atentamente como passa o seu tempo, você poderá entender sua abordagem atual, continuar com o que está funcionando e mudar o que não está. Ao fazer isso, terá mais tempo para fazer mais do que ama, e não o contrário.

Gerenciar o tempo é uma arte em si. O seu cronograma é um trabalho criativo em andamento que usa sua engenhosidade, assim como a criação de um livro, uma música ou um desenho. Ao fazer esse exercício algumas vezes por ano, passará cada vez menos tempo por semana nas coisas que não importam.

Você já viu o calendário de Warren Buffett? É praticamente todo *em branco*. "Ah, é claro, ele é bilionário", você pode dizer. Mas, se perguntar, ele dirá que o tempo dele não está livre porque ele é rico; ele é rico porque encontrou tempo para o que importava para ele.

É hora de ser criativo sobre como ser criativo.

Planeje-se para ser criativo

Não existe uma única maneira "certa" de estabelecer um cronograma criativo, porque cada área tem suas próprias demandas. Se você faz pintura a óleo, haverá momentos em que estará seguindo o cronograma da pintura e não o seu. Se estiver tentando esboçar um plano de negócios, só organizar seus materiais de pesquisa pode levar vinte minutos, por isso, uma sessão de uma hora poderá deixá-lo frustrado. No subconsciente, você resistirá em começar por causa do quanto seu tempo provavelmente não será proveitoso. É melhor ir mais a fundo e reservar tempo suficiente para concluir o trabalho.

Eu prefiro reservar pelo menos noventa minutos para realizar uma tarefa criativa pequena. Se estiver fazendo algum trabalho pesado, prefiro separar um período de três horas, no mínimo. Foco em um impulso criativo de três horas por dia, ou mais quando preciso, porém depois dobro o tempo de descanso e autocuidado.

(É claro que isso não me impede de aproveitar uma pequena e rápida porção de tempo aqui e ali, se for tudo o que tiver para criar uma foto ou retocar algo no Photoshop. Em tempos de escassez, vire-se com o que puder).

Somos todos diferentes. Quanto tempo precisará para realizar o que quer? Depende das suas ambições. Quanto valem os seus sonhos? O seu comportamento precisa estar de acordo com as suas metas. Não se trata de produtividade, mas sim de fazer o que precisa agressivamente para ter sucesso, conforme definido por você. Trata-se de estar presente para si mesmo.

Quando estabelecemos um cronograma, há vários fatores importantes a serem lembrados. Vamos examiná-los agora para que possa criar um cronograma de metas que funcione para você. Seja proativo com seu próprio tempo, em vez de deixar o mundo tirá-lo de você.

Defina uma cadência

Com que frequência precisa trabalhar para progredir de verdade em sua área? Isso dependerá de quanto tempo você está na sua jornada criativa e em que momento do projeto se encontra.

Recomendo criar todos os dias, mesmo que em pequenas quantidades. Essa prática diária também não precisa ser da sua área principal. Sem tempo para colocar uma cerâmica para rodar? Não se preocupe. Escreva um post no blog sobre uma nova ideia. Um diário. Anote algumas ideias nas quais trabalhará quando voltar ao estúdio. Pense nessa prática criativa diária como exercícios ou meditação: faz bem e é necessário.

Se for preciso, estabeleça sessões de trabalho regulares para praticar seu ofício separadamente dessa prática diária. Em geral, a inspiração vem quando estamos trabalhando. Por isso, defina um cronograma de sessões criativas completas e siga-o. Depois, seja grato pela inspiração quando ela vier.

Comece pequeno. Se não for sustentável, uma rotina não é uma rotina, é perda de tempo. Se estiver planejando se arrastar para o seu estúdio no porão durante seis de sete dias desde o início, se pegará pulando sessões em um piscar de olhos. Quando tiver apenas uma ou duas oportunidades de trabalhar o máximo que puder na semana, protegerá cada uma delas de interrupções a todo o custo.

Estabeleça uma duração

Quando fotografo ao ar livre, tiro fotos até o sol se pôr e a "hora azul" do crepúsculo passar. Na fotografia, em geral é a luz que determina a duração. Quando escrevo, no entanto, não fica tão claro quando parar. Às vezes, paro no meio de um novo pensamento para continuar empolgado em retomar esse trecho na próxima sessão. Outras vezes, pego uma onda de fluxo criativo e surfo nela até acabar.

Toda área é diferente, até para o mesmo criador. É mais importante estabelecer uma linha de base consistente e atendê-la (ou excedê-la, se preferir), em vez de definir uma expectativa irrealista e depois ficar dando desculpas sobre os motivos de ter interrompido uma sessão. Uma caminhada semanal de uma hora para tirar fotos pode ser ridícula se estiver chovendo muito, mas uns quinze minutos são aceitáveis. É assim que se constrói os músculos criativos. Ultrapassar obstáculos criativos e trabalhar em uma variedade de condições nos ensina que nada pode atrapalhar nossa criatividade de verdade, a menos que seja permitido por nós.

Para a maioria dos aspirantes a criadores, o tempo sempre parece ser um recurso insuficiente. Se você se identifica com essa situação, a primeira pergunta a ser feita é: Qual é a menor quantidade de trabalho criativo eficaz que consigo fazer? Não há uma resposta certa. Sua personalidade, preferências e área escolhida são fatores determinantes. A experiência também é relevante. Ao desenvolver seu conjunto de habilidades criativas, você melhorará sua capacidade de trabalhar com eficiência por longos períodos *e* agilizar as coisas quando o tempo é curto.

Agrupe tarefas parecidas

Considere combinar tarefas parecidas e resolvê-las todas de uma vez. Como fotógrafo, sou responsável pela seleção das localidades, planejamento criativo, imagens de correção de cores e trabalho com os clientes. Como CEO, pela captação de recursos, geração de estratégia a nível de empresa, estabelecimento da visão, realização de reuniões com subordinados diretos. Embora meus mundos sejam muito diferentes, cada função exige certos tipos de tarefas que podem ser executadas com mais eficácia em sequência. Agrupar as tarefas parecidas torna tudo mais gerenciável e menos assustador.

Podemos reservar um horário específico todos os dias para lidar com e-mails e outro para fazer chamadas telefônicas, em vez de permitir que essas atividades se proliferem ao longo do dia, roubando um tempo precioso do trabalho que requer concentração constante. No meu podcast, a renomada designer Jessica Hische explicou como usa o que chama de "Admin Mondays" [Segundas da Adm] para resolver todas as tarefas pequenas e variadas de seu trabalho autônomo em um único dia de trabalho. É necessário disciplina para manter os limites e não permitir que outros tipos de trabalho roubem a cena, mas o agrupamento é uma maneira hábil de proteger o trabalho criativo das interrupções diárias que parecem urgentes, mas, na verdade, não são e podem esperar até que você esteja pronto para lidar com elas.

O agrupamento também não precisa se limitar a executar determinadas tarefas em determinados momentos do dia. O autor best-seller Ryan Holiday escreve seus livros em fases distintas: idealização, pesquisa, escrita e edição. Em vez de encarar um projeto criativo como uma grande porção de tempo monolítica e avassaladora que precisa ser preenchida com inspiração mágica, divida as tarefas em diferentes tipos, categorizados por diferentes demandas. Somente especificando e planejando suas sessões, você poderá fazer o melhor uso possível do tempo, espaço e estado de espírito que criar.

Trabalhe quando estiver mais eficiente

Veja os resultados da sua auditoria de tempo e identifique os espaços abertos no seu calendário. Criar um cronograma criativo deve ser tão simples quanto organizar as sessões que deseja em intervalos de tempo grandes o suficiente para acomodá-las. No entanto, há mais um fator a se considerar: seu ritmo pessoal.

Em seu livro *Quando: Os Segredos Científicos do Timing Perfeito*, Daniel Pink analisa os ritmos naturais do corpo e como afetam o seu trabalho. Seja você uma pessoa da manhã ou da noite, sua capacidade de se concentrar e tomar boas decisões varia muito ao longo do dia. Para a maioria de nós, fica mais difícil focar à tarde; portanto, agendar uma sessão de escrita uma hora após o almoço, mesmo se tiver tempo disponível, pode ser autodestrutivo. Aliás, sempre pergunto aos convidados do meu podcast sobre seus horários, e a maioria se considera mais eficaz no início da manhã. Seus momentos de descoberta tendem a acontecer logo após acordar, antes mesmo de seu intelecto pragmático ter a chance de entrar em ação por completo.

Isso não se aplica a todos, mas, se não tiver certeza, comece cedo. Ouça seu corpo e veja como funciona. É você quem se conhece melhor. Quando está mais alerta, mais criativo? Trinta minutos do "horário nobre" da manhã podem ser mais produtivos do que duas horas de esforço lento e confuso antes de dormir. Ao estabelecer um cronograma criativo inicial, coloque as sessões de intensa concentração e foco onde provavelmente os terá e coloque as sessões de trabalho mais básico e automático nas horas do dia em que você não estiver no seu melhor.

Pegue o que der. Seu cronograma evoluirá com o passar do tempo à medida que entender suas próprias preferências, assim como a profundidade de seus requisitos criativos. Além disso, é de se esperar que seus músculos criativos estejam extremamente enferrujados se você estiver fora do jogo há um tempo. Se não tiver praticado o hábito de criar ultimamente, pode se sentir lento e sem ideias nas primeiras sessões, não importa a hora do dia em que começar a trabalhar. Pouco tempo depois, será possível ter uma visão mais geral do todo e fazer modificações com base em seus ritmos naturais. Até lá, siga o cronograma, seja ele qual for.

Às vezes, você tem apenas uma pequena porção de tempo disponível por dia e não é a hora de sua escolha. Tudo bem. Em vez de desistir de alimentar a sua criatividade, pense em como modificar o escopo. Faça o que puder no tempo que tiver disponível. Não importa o nível de dificuldade das coisas agora, tudo muda. Os familiares doentes melhoram. As crianças pequenas crescem e se tornam mais autossuficientes. O caos no escritório se acalma. Os chefes pedem a conta. Droga! Você pode pedir a conta. Quando a situação melhorar, ter mantido a chama acesa em tempos mais difíceis fará com que uma prática mais complexa pareça fácil.

A sua abordagem evoluirá com o tempo, portanto, não é preciso entender tudo agora. Apenas comece a esboçar os diferentes tipos de sessões de trabalho que pode criar, sua duração e propósito, e, quando chegar a hora certa, comece a trabalhar.

Crie um espaço de trabalho

Agora que parou para pensar em estabelecer ou sustentar um cronograma criativo, é hora de criar ou otimizar seu espaço de trabalho. Isso funciona melhor quando conseguimos reservar algumas horas e nos preparamos adequadamente com as ferramentas, equipamentos e suprimentos necessários. Cada criador é diferente, assim como cada área, mas há certos fatores universais a serem considerados.

Crie um estado de espírito positivo

O primeiro espaço que deve reservar para o seu trabalho fica entre seus ouvidos. É o espaço emocional e mental necessário para afastar as outras preocupações e mergulhar totalmente no plano e na execução da sua visão. Aqui, seu inimigo é a desordem psicológica.

Uma vez, conversei com um aluno da CreativeLive que estava enfrentando dificuldades com a sua família, que não o apoiava na busca pela fotografia como trabalho paralelo. Quando o pressionei, ele acabou admitindo que nunca havia conversado com eles sobre os sonhos que tinha e por que precisava de um tempo sozinho para fazer um trabalho criativo.

"Já falou com seu marido sobre a importância deste trabalho para você?", perguntei. "Ele sabe que seu emprego em tempo integral o deixa infeliz e que uma luz acende dentro de você quando consegue um trabalho de fotografia?"

"Não", disse ele. "Não falo com ele sobre isso, porque tenho medo de que ele fique magoado comigo se eu mudar de carreira ou reduzir nossa renda familiar".

Pode ser difícil expressar a sua criatividade, especialmente nos estágios iniciais. Mas se você estiver disposto a ter essa conversa difícil — e outras que certamente virão em seguida — com honestidade, humildade, amor, carinho e paciência, você se libertará de um fardo inacreditável. Com base em minha experiência, em geral, essa conversa é melhor do que a maioria dos criadores espera. O trabalho criativo já é bastante difícil por si só. Você não precisa do fardo cognitivo adicional de tentar trabalhar sem estar alinhado com as outras pessoas da sua vida.

Seja esse fardo a conversa que precisa ter ou não, identificar a desordem psicológica que o sobrecarregou — e esclarecer tudo — pode libertá-lo para ser mais produtivo do que nunca.

Encontre um espaço bom o suficiente

Fico mais feliz quando estou pendurado em uma montanha com uma mão e tirando fotos com a outra. Mas, como fotógrafo, ainda passo muitas horas na frente do computador. Os chefs precisam encomendar os alimentos de agricultores e reservar um tempo para afiar suas facas. Você terá demandas de tempo assim também. Então, pergunte-se: Quando não estiver em campo, onde precisará trabalhar? Mais importante ainda, onde poderia trabalhar de maneira eficaz se precisasse?

A lendária atriz e dramaturga Mae West começou a expressar seus talentos nos palcos de igrejas obscuras da cidade de Nova York. Um século depois, Matthew Patrick, o famoso YouTuber conhecido como MatPat, abriu seu canal no YouTube filmando dentro de seu closet. Hoje em dia, possui milhões de seguidores. No começo, faça o que for preciso para encontrar um lugar onde sua prática criativa possa começar a tomar forma. Faça o que puder com o que tiver hoje.

Um espaço de trabalho amplo, arejado e bem iluminado só para você — de preferência com vista para o mar — seria ideal. Mas artistas altamente produtivos de todos os lugares do mundo se acomodam para trabalhar em cafés, restaurantes, espaços de coworking, parques, salas de aula vazias e salas de espera — sem mencionar ônibus, trens, metrôs e aviões. Não seja tão exigente sobre onde pode trabalhar um pouco ou nunca conseguirá realizar esse trabalho.

Hoje, os dispositivos móveis são sofisticados o bastante para executar praticamente qualquer tarefa, incluindo edição de fotos e vídeos com nível profissional. Você seria capaz de progredir enquanto se desloca para o trabalho todo dia, por exemplo, comprando um tablet para editar fotos ou desenhar? Se investisse em fones de ouvido com abafador de ruído conseguiria se concentrar no trem ou na sala de descanso? Se não tem como comprá-los agora, que tal os bons e velhos protetores de ouvidos?

Uma grande parte das primeiras tentativas — esteja você começando um novo ofício criativo, abrindo um novo negócio ou passando de um emprego de tempo integral para uma carreira como autônomo — tem a ver com a flexibilidade. Pense nas modificações ou compras que pode ter de fazer para estar "pronto para criar" no maior número de situações possível. Isso pode significar carregar sempre um bloco de desenho na bolsa, investir em um equipamento de áudio móvel ou tablet ou alugar uma sala no espaço de coworking local. Em vez de ficar sonhando com uma vigésima quinta hora no dia, pergunte como um investimento relativamente pequeno pode facilitar a realização do trabalho quando tiver mesmo tempo para trabalhar.

Diminua o atrito

Na medida do possível, você merece um espaço de trabalho físico limpo e organizado. Tem algum lugar na sua casa que pode ser dedicado ao seu ofício? Se possível, separe uma área apenas para você e seu trabalho, onde todas as suas ferramentas e suprimentos estejam à mão e fáceis de encontrar. É muito mais provável que use seus materiais de artesanato se não precisar ficar arrastando caixas cheias de materiais para debaixo da cama toda vez que quiser trabalhar. A prática do violino terá mais regularidade se puder deixar o suporte já com suas partituras prontas para tocar. Gosto de ter um bom quadro branco grande para visualizar minhas ideias. Se não puder ter um espaço dedicado ao trabalho, crie um kit organizado que possa ser facilmente transportado para onde planejar trabalhar naquele dia. Procure sempre diminuir o atrito relacionado a começar.

Crie a cena

Todos nós temos necessidades diferentes. Algumas pessoas são sensíveis a qualquer ruído enquanto trabalham. Outros não conseguem se concentrar, a menos que haja alguma conversa em segundo plano. Já mencionei a ideia de fones de ouvido com abafador de ruído, mas vale a pena mencioná-la novamente. Se precisar trabalhar em uma área compartilhada, como uma cozinha ou um café, considere investir em um desses. Eles são uma das minhas invenções favoritas dos últimos vinte anos. O silêncio sob demanda tornou minha vida profissional, muitas vezes nômade, muito mais administrável.

A música, é claro, é um dos potenciadores cognitivos mais poderosos disponíveis sem receita médica, não importa se prefere hip-hop, som ambiente ou até ruído branco enquanto trabalha. Escrevi 90% deste livro ouvindo a playlist Productive Morning no Spotify. Era exatamente o tipo de música de fundo tranquila e sem letra que eu precisava.

Mas não ignore seus outros sentidos. A desordem visual no seu espaço pode ser criativamente fértil ou uma grande distração. Você pode ficar mais feliz trabalhando em pé ou jogado no sofá debaixo do cobertor. Os gatos do romancista Mark Salzman ficavam pulando no seu colo enquanto ele trabalhava, até que ele passou a usar uma "saia" de papel alumínio para que eles parassem. Por outro lado, o gato da designer e empresária Tina Roth Eisenberg pula no colo dela o dia todo, mas ela considera essas visitas como pausas calorosas. Procure ficar atento aos aspectos do seu ambiente que o tornam propício ao trabalho e aos que atrapalham o seu fluxo; depois, tome medidas concretas para otimizar o seu espaço.

Crie armazenamento eficiente

Pode ser que você precise de dois tipos diferentes de espaço de armazenamento: materiais e arquivos. Os materiais podem ser qualquer coisa, de papéis a telas e cordas de violão. O importante é ter o suficiente, materiais de qualidade e que possam ser encontrados rapidamente. Os arquivos são onde você coloca seu trabalho quando para de trabalhar. Se trabalha digitalmente, criará um sistema organizado para sua produção. Não sei como sobreviveria se não tivesse um sistema dedicado a arquivar minhas fotos cuidadosamente. Agora também seria um bom momento para configurar um agendamento de backup regular, com cópias do seu trabalho canalizadas automaticamente para pelo menos dois destinos, um deles sendo na nuvem. Se estiver produzindo obras físicas, como esculturas, precisará de muito espaço de armazenamento; considere alugar uma unidade de armazenamento nas proximidades, para que o seu espaço de trabalho não venha a ser inutilizado ao longo do tempo.

Seu espaço de trabalho e seu cronograma evoluirão à medida que sua prática criativa se desenvolver. Por enquanto, ficaram definidas linhas claras em determinados momentos da semana para o seu trabalho e um espaço para executá-lo. Em seguida, você precisará preencher esse tempo e espaço de alguma forma. Mais sobre isso no próximo capítulo.

Mas, antes de prosseguir, quero esclarecer uma coisa: não deixe que a falta de condições ideais o impeça de trabalhar. Eu era um profissional atuante, ganhando meu dinheiro, muito antes de ter meu próprio espaço de trabalho. Discutimos as ideias do CreativeLive v1.0 no meu estúdio de fotografia muito antes de se tornar uma empresa registrada, e nossa primeira aula — com 50 mil pessoas online — foi lançada de um armazém alugado em uma parte árida do sul de Seattle.

É importante abrir espaço para o seu trabalho, mas isso não é o mesmo que fazer o trabalho. Prepare-se, proporcione a si mesmo o tempo, as ferramentas e qualquer espaço que puder e, então, pelo amor de todos os santos, comece. Apenas comece.

Resolução de problemas

Qualquer que seja o cronograma estabelecido, siga-o por algumas semanas e observe os obstáculos. Assim que obtiver algum impulso, considere as seguintes maneiras de sustentar seus esforços.

Supere os obstáculos criativos

Quando estiver se sentindo estagnado, reconheça que não está esperando para poder criar, e sim esperando *ficar com vontade* de criar. Isso é outra coisa. A armadilha é que, em geral, só ficamos com vontade de criar depois de estarmos bem-encaminhados. Se esperar a sensação surgir antes de começar, ficará esperando sentado por muito tempo.

Quando o talentoso redator Cal McAllister estava na faculdade de publicidade, ele foi à sala do orientador para dizer que estava travado em uma tarefa. Claramente, era um caso de bloqueio de escritor. "Cal", respondeu o orientador, "vou dizer o que precisa ouvir. Você não é bom o suficiente para ter um bloqueio. Ainda não. Volte ao trabalho".

Foi uma análise franca, mas os bloqueios criativos não respondem bem à sutileza. É preciso destruí-los para que saiam do caminho. Ryan Holiday costuma rir disto: "Já imaginou ter bloqueio de corredor?", disse ele. "Pare com isso e vá correr".

Toda vez que minha motivação desaparece, gosto de trocar de projeto. Cinco é um número que funciona para mim: um grande, um médio e três pequenos, todos ao mesmo tempo. Quando me deparo com resistência em um deles, posso mudar para outro, e parece um enorme alívio. Diferentes tipos de projetos funcionam melhor: alguns pedindo estratégia, outros usando minhas mãos, alguns divertidos, outros comuns. Muitas vezes me vejo dando voltas e retornando ao primeiro projeto e, de repente, fico muito satisfeito por trabalhar em um e não no outro. É um mistério porque isso funciona tão bem, mas funciona.

Bloqueie seu tempo

Quando voltei à CreativeLive como seu CEO, depois de uns dois anos longe das operações diárias da empresa, uma enxurrada de reuniões inundou meu calendário, acabando com a minha prática criativa diária. Abri mão de muita liberdade para aprender a habilidade criativa de criar um negócio em grande escala. Assim que consegui recuperar o fôlego, tive que fazer exatamente o que estou prescrevendo aqui. Tive que auditar meu cronograma e realinhá-lo com minhas ambições e valores.

Depois de passado o choque inicial, passei a contar cada vez mais com os agrupamentos, criando janelas dedicadas a reuniões, e-mail, chamadas e outras tarefas relacionadas. Então, lentamente, eu me vi capaz de flexionar meus músculos criativos durante os blocos de tempo que havia criado para mim dessa maneira.

Trabalhe em microexplosões

Nada de vaidade, ok? Mesmo que não consiga reunir a quantidade ideal de tempo para criar toda semana, a decisão de ser criativo ainda é sua. Escrever no metrô ou gravar suas ideias em um aplicativo de gravação de voz durante uma caminhada são formas de encaixar as microexplosões de criatividade em seu dia, não importa até que ponto você esteja ocupado. Publicar uma foto diária nas redes sociais ou rabiscar um haiku, ou poema japonês, pode ser suficiente quando as coisas estão muito agitadas. *Os momentos em que estamos mais estressados são exatamente quando precisamos manter nossa prática criativa pronta para o jogo.* As microssessões de atividade criativa podem ser incrivelmente poderosas se você estiver disposto a redefinir as suas expectativas. Mais uma vez, crie o máximo que puder com o tempo que tiver.

Largue seu emprego. Ou não.

É fato que esse assunto rende um livro inteiro. A abordagem certa para o emprego em tempo integral é diferente para cada um. Peço que considere todas as suas opções se um trabalho insatisfatório estiver atrapalhando suas ambições criativas. Uma das consequências mais importantes de uma prática criativa é o senso de representatividade e empoderamento que ela nos proporciona ao longo da vida como um todo. Ser criativo em uma mesa ou em uma tela nos mostra que também somos capazes de tornar realidade nossa vida dos sonhos.

Se quiser manter seu emprego, mas ele estiver prejudicando a sua prática criativa, procure maneiras de restringir esse impacto. Existem muitos livros, blogs e até aulas na CreativeLive sobre esse tema, então você não tem desculpas para *não* melhorar sua abordagem.

Além disso, mais empresas do que nunca estão abertas à ideia de trabalho remoto. Seria possível mudar para uma semana de três ou quatro dias no escritório? Ou trabalhar totalmente de casa? Tenha essa conversa com seu chefe. Se a flexibilidade não for uma opção, considere usar seus dias de férias estrategicamente para ter minissabáticos para criar. Em vez de tirar férias de duas semanas todo ano, distribua cinco ou mesmo todos os dez dias ao longo do ano para ter um dia para se dedicar à criatividade a cada um ou dois meses. Acredito que um dia fazendo um trabalho criativo é muito mais restaurador do que um dia bebendo margaritas na praia.

O lendário designer Stefan Sagmeister é famoso por tirar um ano sabático a cada sete para recarregar suas habilidades criativas. Ele não perde nenhum cliente durante esse período. Em vez disso, eles fazem fila enquanto ele está fora, esperando ansiosamente por seu retorno, porque sabem que ele será ainda mais criativo quando voltar.

Se sua meta é abandonar o seu emprego e se dedicar ao trabalho criativo em período integral, trate a carreira dos seus sonhos como se fosse o seu emprego oficial e trate o seu emprego como se fosse o seu trabalho paralelo. Inverta todas as suas prioridades e, então, tente fazer uma transição suave. Assim que seu trabalho criativo começar a gerar renda suficiente, considere aceitar um trabalho de meio período para complementá-la, em vez de deixá-lo complementar um emprego de tempo integral: servir mesas e bebidas como garçom, ser motorista de Uber ou Lyft, o que for necessário para acelerar a transição para o trabalho criativo em tempo integral.

Sempre dou esse conselho, mas ele geralmente é recebido com um franzir de testa. A transição gradual é contraintuitiva para nós apenas porque nossa cultura vende a narrativa de que é preciso "dar tudo de si" para ter os mais altos níveis de sucesso. Em algum momento, você pode *ter* de abrir mão de alguns sonhos para conquistar outros, mas, em geral, essa arriscada aposta é desnecessária. Temos muito mais flexibilidade. Não precisamos mais nos mudar para uma determinada cidade para ir em busca de um sonho criativo na maioria das áreas, e podemos recorrer a opções de trabalho muito mais flexíveis do que nunca para complementar nossa renda. Não abandone o seu emprego principal até ter projetado e criado um melhor.

Proteja seus sonhos

Percebendo, ou não, a vida acontece. Surgem interrupções e obstáculos: uma implosão no seu trabalho paralelo atrapalha o seu emprego principal, ou um grande desafio no seu emprego oficial faz com que tenha de deixar o trabalho criativo de lado por várias semanas seguidas. Não importa quais forem as circunstâncias externas, se tiver um ponto de vista e valores claros, você passará por *qualquer coisa* e sua prática criativa permanecerá intacta. Defina esses valores agora e confie neles para serem o seu guia.

Mais uma vez, lembre-se daquele experimento da viagem no tempo no início desse capítulo. No fundo, sabemos intuitivamente como proteger nossos recursos mais preciosos. *Saberemos* como passar o nosso tempo se nos permitirmos refletir sobre isso. Então, *seja uma fera*. Proteja o seu tempo ferozmente.

6

Faça Seu Melhor Trabalho

Inspiração é para amadores — o resto de nós apenas vai e começa a trabalhar. Assim como a crença de que as coisas surgirão da própria atividade e que você — através do trabalho — se deparará com outras possibilidades e abrirá outras portas com as quais nunca havia sonhado antes caso ficasse apenas sentado para ver se uma grande "ideia artística" surge.

— CHUCK CLOSE

Pago para ver.

Há anos, talvez décadas, você sabe que tem algo incrível aí dentro, só esperando para ser criado. Seja o seu projeto dos sonhos um livro, um negócio ou uma peça de teatro local, ainda... não aconteceu. Sempre que um aniversário ou outro marco importante acontece, ou seja, sempre que você faz uma pausa, recua e olha para o arco da sua vida, perceberá que esse trabalho criativo, ou mesmo a vida que realmente quer ter, ainda está lá, à espera de "um dia" acontecer.

Por quê? Você já fez outras coisas importantes na vida, coisas essas que exigem esforço e concentração constantes. Já superou desafios, tanto pessoais quanto profissionais. Pode até já ser um profissional criativo atuante. De alguma forma, esse trabalho profundo e significativo que parece o centro das suas ambições é a única coisa que ainda não conseguiu realizar.

Os trabalhos de expressão pessoal não criados estão no topo da lista de coisas a fazer antes de morrer de quase todas as pessoas. São também o item menos realizado até morrermos. Então, o que o impede?

Se o problema for falta de clareza, espero que tenhamos resolvido isso juntos no Passo I. Agora você deve ter uma noção muito melhor do que realmente está louco para fazer.

Se o problema for falta de tempo e espaço para realizar o trabalho, os dois capítulos anteriores já devem tê-lo ajudado.

Agora, sim, vem a parte difícil. Você não tem mais desculpas. Pelo menos, não tem mais desculpas boas para dar.

Imagine a reação de uma criança se você arrancar um giz de cera da mão dela assim que ela começar a desenhar. Ela vai ficar feliz? Acho que não. Mas fazemos algo parecido a nós mesmos toda vez que recusamos nosso chamado criativo. É existencialmente angustiante abafar nossas inspirações criativas. Toda vez que nosso eu criativo se rebela contra esse tratamento, damos as desculpas de sempre: criatividade é para criança ou para quem tem dinheiro ou quem não tem filhos nem hipoteca. É para quem tem pais criativos bem-sucedidos, diploma de arte ou "talento" natural. Resumindo, é para qualquer pessoa que não seja *você*, então, vai ficar sem o giz de cera.

A verdade é a seguinte, cada um dos criadores que admira esteve onde você está agora em algum momento da vida: estagnado, com medo ou de alguma forma preso no pensamento que "não é para mim". Entretanto, todos conseguiram sair dessa realizando o trabalho. A artista cubano-americana Carmen Herrera criou obras abstratas inovadoras a vida inteira, mas só foi conseguir expor esse trabalho em uma galeria de Nova York aos oitenta e nove anos de idade. Em seguida, teve uma exposição retrospectiva no museu de arte americana, Whitney — aos 101 anos de idade. Herrera venceu. E você vencerá também.

A criatividade é como o preparo físico. Não tem nenhum mistério em como adquirir um ótimo preparo, se estiver disposto a seguir conselhos e se esforçar de verdade. Você pode ficar perdido pesquisando em todos os livros de dieta e exercícios em busca de um atalho, mas, se for escalado para ser um super-herói e precisar transformar seu corpo em três meses, o estúdio o enviará para o melhor personal de Hollywood. Ele dirá o que você deve comer e como deve se exercitar. Você seguirá tudo à risca, porque seu contrato está em jogo e terá de usar aquela roupa colada na frente de milhões de pessoas do mundo todo. Três meses depois, verá o resultado — sem nenhum truque nem atalho para alcançar aquele "tanquinho". Tudo o que é preciso é *seguir as instruções e fazer o trabalho*.

Está pronto?

Pensando em um plano mestre

No começo, é assustador descobrir que existe tempo para ser criativo. Você pode se perguntar se deveria passar esse tempo recém-encontrado pesquisando equipamentos, encomendando cartões de visita ou atualizando seu site. Qualquer coisa, exceto criar um novo trabalho. E, por mais que essas atividades mereçam atenção em algumas áreas de domínio, quando o assunto é aprimorar o seu ofício, temos que seguir uma coisa de cada vez. A quantidade da sua produção é sempre mais importante.

Mesmo que aprenda outras coisas com este capítulo, lembre-se de que você só ficará melhor quando parar de enrolar e começar a *agir*. A qualidade há de chegar com o tempo, mas somente se criar muitas coisas, reduzir a autocrítica e não ficar desperdiçando seu valioso tempo aperfeiçoando um fluxo de trabalho que não está fluindo.

A sua prioridade nessa nova abordagem da vida é começar a trabalhar na sua criação. Dito isso, as suas decisões sobre *como* trabalhará afetarão drasticamente os resultados desse trabalho.

Então, qual é o Plano Mestre? Esse capítulo mostrará como se preparar para criar muito trabalho. Atribuir tarefas, prazos e desafios a si mesmo para progredir em seu ofício. Você pode ser um profissional atuante, mas talvez não esteja recebendo o trabalho que acha que nasceu para fazer. Se esse for o caso, você deve autoatribuí-lo. Ninguém lhe dará uma encomenda fantástica sem ver um trabalho semelhante comprovando que você pode executá-la. Então, como evitar esse dilema? Basta atribuir a si mesmo um trabalho parecido com o que deseja ser contratado para fazer. Perceba que a disciplina exigida aqui não é encontrada na definição de "criativo" em nenhum lugar. Se estiver dizendo "espere um pouco, nunca me disseram que haveria *planejamento* na criatividade", respire fundo e continue lendo.

Quando definimos prazos para solucionar os complexos desafios criativos em sintonia com a nossa imaginação, fazemos o nosso melhor trabalho. Sou a favor de pequenas vitórias, mas alcançar nossa visão de futuro requer ambição, dedicação e, acima de tudo, sim, determinação. Onde você quer estar com seu ofício em seis, doze ou dezoito meses? Como vai chegar lá? Passo a passo. Na verdade, qualquer "sucesso da noite para o dia" que já tenha visto por aí é um plano mestre de dez anos se concretizando. Mas não se esqueça, há muito sucesso, muitos benefícios a serem desfrutados e apreciados muito antes de seu chefe perceber o extraordinário crescimento na qualidade da sua produção ou de alguém ver seu nome em destaque.

E lembre-se ainda: tudo começa com o *volume* do seu trabalho. A repetição é a mãe da habilidade.

Comece pelo começo

Mesmo se souber exatamente no que quer trabalhar, mesmo se estiver ansioso para começar, poderá se sentir um pouco perdido. Pode ser que já saiba se quer pintar, dançar ou cantar, mas começar pode parecer tão estranho quanto fazer uma assinatura com a outra mão. Pegar uma câmera ou um violão parece estranho e desconfortável. É muito mais fácil ficar fantasiando o que você poderia fazer enquanto não tem tempo nem espaço, mas agora que não tem desculpas, a ansiedade do primeiro passo pode ser muito real.

Por isso, no começo, vá devagar. Se estiver apenas começando sua prática criativa, comece pequeno. "Está bem, Chase. Vou deixar de lado minha trilogia épica do oeste americano por enquanto e focar um único conto de estreia".

Até mesmo menor que isso. Vivemos em uma cultura obcecada pela escala. Na sua prática criativa, qual é a menor coisa que poderia terminar e compartilhar de alguma forma? Os empreendedores têm como alvo um "produto viável mínimo", ou PVM, com funcionalidade suficiente para que os clientes realmente o usem e ofereçam feedback como auxílio para melhorá-lo.

O mesmo princípio se aplica aqui. Seu primeiro projeto pode ser algo tão simples quanto concluir o tutorial de um manual, se estiver aprendendo um novo ofício, como a tecelagem. Para um escritor, pode ser criar um trabalho de "*flash fiction*" com apenas algumas centenas de palavras. Se tiver interesse em empreendedorismo, pode ser um PVM de verdade: você poderia codificar um aplicativo que faz uma coisa útil. Não importa se for bom ou bonito ou se alguém pagará dez centavos por ele. O importante é você concluir alguma coisa.

Planeje suas sessões de trabalho

Os melhores criadores começam a trabalhar com um plano. Nada muito engessado. Eles desenvolvem uma noção geral do que vão tentar fazer com o tempo disponível, deixando espaço para o acaso. Saber equilibrar a estrutura e a flexibilidade só vem com a experiência. Não é necessário um esquema, apenas uma direção. O plano pode mudar à medida que você se adapta a novas informações ou sente uma faísca de inspiração criativa, mas é quase garantido que se entrar sem uma chama quase acesa, ela se apagará.

Como é um plano de sessão? Pode ser uma nota rabiscada em um quadro branco para estimular um brainstorming com um colaborador criativo. Uma tarefa em um aplicativo. Um desenho. Uma simples foto. A quantidade de detalhes depende das apostas e dos jogadores envolvidos. Idealmente, um plano de sessão define uma parte do trabalho que você possa resolver com facilidade no seu tempo disponível. Mais uma vez, é necessário experiência para saber fazer essa estimativa adequadamente.

O objetivo da sua sessão depende da natureza do trabalho. Pode ser uma quantidade: quinhentas palavras escritas, dez fotos compostas tiradas durante a "hora dourada" pouco antes do pôr do sol. Pode ser qualitativo: finalizar a orquestração do segundo movimento da sua sinfonia, criar a sequência de créditos de abertura para o seu vídeo no Adobe After Effects. Não importa o conteúdo, defina seu plano com antecedência. Não fique esperando até estar em seu espaço de trabalho para decidir no que vai trabalhar. Alguns criadores profissionais que conheço costumam definir um plano na noite anterior. Assim, suas ideias têm mais tempo de fermentar e crescer, para que, quando começarem a trabalhar, estejam prontas.

Outro elemento fundamental é manter o seu plano 100% criativo. Saia do automático. O trabalho criativo sempre exige tarefas não criativas como suporte: configurar o software, ferramentas de teste, aprender novas habilidades e assim por diante. Não fique todo enrolado. Nunca deixe o administrador se antecipar ao trabalho real, ou seja, criar e fazer. Suas principais sessões criativas devem ser dedicadas à sua prática criativa.

Nada de ficar xeretando o Instagram para analisar trabalhos parecidos, nada de fazer "pesquisas", nada de dar uma olhada no *analytics* do seu site. Scott Belsky, um defensor da criatividade e diretor de produtos da Adobe, chama isso de "trabalho de insegurança". É o trabalho que fazemos como distração, enquanto afirmamos a nós mesmos que ele é útil por estar alinhado às metas do projeto. *Não é o trabalho.* Você está apenas em busca de uma rápida injeção de dopamina. Portanto, estabeleça limites claros e mantenha essas coisas longe do seu plano de sessão, em seu devido lugar.

Cuidado com a inspiração

O filósofo e boxeador Mike Tyson disse uma vez: "Todo mundo tem um plano até levar um soco na boca."

Seja qual for o seu projeto criativo, a inspiração tem um modo estranho de surgir no momento em que você começa a trabalhar em outra coisa. Não é por acaso que temos muitas ideias quando não estamos aptos em colocá-las em prática. Os melhores pensamentos surgem quando estamos um pouco ocupados com outra tarefa, seja dobrando roupas, tomando banho ou caminhando até o ponto de ônibus. As minhas melhores ideias costumam surgir logo quando estou acordando, passando por minha rotina matinal, cozinhando, balançando em minha rede de descanso ou curtindo arte.

Os inevitáveis momentos de calmaria durante uma sessão de trabalho podem, ironicamente, ser criativamente muito férteis. Entretanto, essas inspirações repentinas não têm nada de inocentes. Elas são uma tentativa do seu cérebro de tirar você do trabalho de última hora. Uma nova ideia sempre será mais atraente do que a rotina de um projeto em andamento. O lado mais traiçoeiro de uma nova ideia é que ela parece produtiva a ponto de pararmos o que estamos fazendo e passar a dar atenção a ela. Afinal, somos *criativos* e temos que agir quando a inspiração vem, não é?

Se tivermos disciplina, colocaremos a nova ideia no papel e depois voltaremos para terminar o que havíamos começado originalmente. Essa é apenas uma das razões por que um plano de sessão é importante: ajudá-lo a continuar a tarefa.

O *flow* [fluxo em português], termo cunhado pelo psicólogo Mihaly Csikszentmihalyi, descreve o estado de concentração sem esforço que temos quando estamos "na zona". Vários fatores incentivam o estado de fluxo, mas não é uma coisa que se pode ligar e desligar como um interruptor de luz. Ele vai e vem, e é preciso continuar trabalhando de qualquer maneira. É nessa calmaria entre os estados de fluxo que começamos a perceber todas as distrações reluzentes. Se não desenvolvermos a disciplina de anotar essas ideias independentes e continuar ignorando-as enquanto damos sequência ao nosso trabalho, nunca encontraremos o caminho de volta ao estado de fluxo. E também não conseguiremos terminar nada.

Portanto, defina uma meta para a sua sessão e atenha-se a ela. Se uma inspiração o desviar do percurso de trabalho, anote-a, desenhe-a, tire-a da cabeça. Em seguida, retome seu plano e termine o trabalho.

Estabeleça um ritual inicial

Atletas de elite e outros atletas de alto desempenho usam rituais mentais e físicos para se prepararem para começar. O mesmo ocorre com muitos criadores. Os rituais ajudam a acalmar a mente consciente — a fonte de toda resistência e distração — e a ordenar nosso poder criativo subconsciente. Criar um ritual eficaz que funcione para você pode ser uma ótima maneira de adentrar a zona criativa. Considere fazer o seguinte.

Defina uma visão

No capítulo 4, tratamos do poder da visualização para ajudar a alcançar metas, mas ele também pode ajudar no seu processo criativo. Visualize o trabalho que deseja criar em sua mente antes de fazer o trabalho em si. As pesquisas mostram que o simples fato de imaginar uma tarefa em sua mente antes de executá-la diminui os erros e melhora o desempenho. Como você já tem um plano para criar alguma coisa hoje, isso é o mesmo que passar um momento vendo a si mesmo criando o trabalho com o máximo de detalhes possível antes de começar. Sentado à mesa logo de manhã, você pode se imaginar caminhando para um local específico, desembalando seu equipamento fotográfico na cordilheira enquanto o sol nasce e preparando a primeira foto. Percorra todos os seus sentidos, desde o sabor do primeiro gole de café até a sensação do obturador clicando sob o seu dedo. O que a sua área exigir. Passe pelas ações em sua mente antecipadamente, e quando for a hora de começar você terá menos resistência e mais fluxo criativo.

Músicas

No capítulo anterior, mencionei como a música ou os sons ambientes certos podem ser eficazes para adentrar e manter um estado de fluxo criativo. Eu *amo* uma boa playlist para entrar no clima certo para o trabalho. Você não precisa escolher os mesmos sons de que gosta quando estiver realmente trabalhando. Você pode tocar um Nirvana para se energizar antes de uma sessão e passar para *Into the Trees*, de Zoë Keating, quando estiver com a mão na massa, caso as letras o distraiam.

Experimente. Assim que descobrir o que funciona para você, use a mesma playlist por um tempo. Essa consistência treina o seu cérebro para entrar em ação. Quanto mais consistente for o seu ritual inicial, mais automático será começar.

Controle as distrações

Afaste todas as distrações digitais, para que, de preferência, não consiga acessá-las facilmente. Ative o "Não perturbe" no telefone ou deixe-o desligado e em outra sala. Está comprovado que a simples presença do telefone na sala diminui a concentração e a eficácia. Você também pode usar um software dedicado a bloquear as redes sociais e outras distrações. Sejam quais forem as suas ferramentas e métodos preferidos, a chave é reduzir o ruído mental.

Livre-se das distrações físicas também. Você não terá vontade de desenhar se houver uma pilha de documentos fiscais caindo para fora da sua mesa. Dependendo do seu próprio estado de espírito, quase tudo na sua linha de visão tem a capacidade de desencadear pensamentos e sentimentos; portanto, substitua as distrações e irritações por coisas energizantes e inspiradoras.

Registre e cronometre

Conheço muitos designers que não vivem sem o relógio para manter o trabalho no horário e aprender a estimar seu tempo (e seu valor para os clientes) adequadamente. Mantenha um registro do tempo que passa trabalhando e do que realizou durante esse período. Não é preciso muito esforço. Basta criar um arquivo de texto chamado "Registro" e, antes de começar a trabalhar, insira:

8h15 Tarefa = pintar as páginas 12 e 13 da minha história em quadrinhos hoje.

Isso não se aplica a todos, mas se você é ou pretende ser um dia um freelancer criativo que trabalha por hora, é importante aprender a estimar quanto tempo leva para fazer seu trabalho.

No final da sua sessão de trabalho, compare sua estimativa com o tempo que trabalhou. Superestimamos a duração de certas tarefas e subestimamos outras, o que serve de alimento para a procrastinação. Acompanhando o seu tempo, será mais fácil organizar seu cronograma, ter uma previsão de seus projetos e determinar o preço do seu trabalho. Trate seu tempo como qualquer outro investimento valioso.

Os relógios também podem ser úteis de outras maneiras. Justin Boreta, do trio de música eletrônica The Glitch Mob, mostrou-me a técnica Pomodoro, inventada pelo acadêmico italiano Francesco Cirillo, na década de 1980. É uma técnica simples, porém eficaz, para passar por blocos criativos e continuar trabalhando nas tarefas que exigem maior concentração, como escrever ou compor músicas. Cronometre 25 minutos, trabalhe sem nenhuma interrupção e faça uma pausa de cinco minutos. Isso é um pomodoro (o cronômetro de cozinha usado por Cirillo tinha o formato de um tomate ou *pomodoro,* em italiano, por isso esse nome). Complete quatro pomodoros e depois faça uma pausa de quinze minutos. Depois é só repetir.

Esse método teve grande aceitação no mundo acadêmico, mas muitos criadores também o usam. Boreta é uma estrela do rock e diz que "parece mágica". Se você perceber que pode ser facilmente interrompido ou distraído ao trabalhar, tente usar um dos diversos aplicativos baseados na técnica pomodoro que estão disponíveis ou investigue algumas das muitas variações da técnica original.

Seja responsável

Algumas pessoas conseguem ser criativas no trabalho. Um dos benefícios de se ter um chefe é a responsabilidade incorporada. A desvantagem é não ter controle no que trabalha. Se você é um designer gráfico interno, por exemplo, será informado sobre o que vai projetar, seu objetivo e quando precisa ser feito. Não importa se parece divertido ou não. A responsabilidade é difícil para ambos os lados. Quem a recebe no trabalho muitas vezes não a quer. Quem precisa que ela seja eficaz em casa tem dificuldade em criá-la para si mesmo.

Isso não muda o fato de que *a responsabilidade separa profissionais de amadores*. Não deixe a palavra *profissional* derrubar você. Não importa se é pago por seu trabalho. Se quiser ter a satisfação de terminar seu trabalho, precisará ser responsável.

Ninguém diz a Patti Smith que música deve escrever em seguida. No entanto, ela é incrivelmente prolífica, porque tem responsabilidade. Se ela quer escrever uma nova música, ela para e escreve uma nova música. Essa é a beleza e o terror da verdadeira autonomia criativa. Não importa o nível de fama e sucesso que alcançou no mundo exterior, como criador você faz parte de um seleto grupo de pessoas que precisa entrar em uma sala e descobrir o que criará em seguida.

Isso não significa que não podemos obter ajuda se estivermos estagnados ou se não formos um profissional pago em tempo integral. Sempre podemos colaborar com os outros; mais sobre isso no capítulo 10. Os criadores atuantes também costumam socializar com outros criadores. Eles passam um tempo conversando sobre seus projetos e discutindo seus grandes planos criativos para o futuro. Sempre que perdemos o gás em um projeto, somos estimulados ao saber que nossos amigos e colegas virão conferir o nosso progresso. Quando outra pessoa sabe no que estamos trabalhando, fica constrangedor abandonar um projeto sem uma boa razão.

Um parceiro de responsabilidade pode ajudá-lo a permanecer no caminho certo. Pode ser um amigo, cônjuge ou colega a quem você pedirá para acompanhar um projeto. Pode ser um parceiro profissional, como um editor, coach ou co-fundador. Você pode encontrar um grupo de artistas com a mesma opinião, dispostos a se manterem pessoal e mutuamente responsáveis pelas redes sociais ou por qualquer um dos inúmeros aplicativos de responsabilidade.

Se você for escritor, leve em consideração fazer parte de um desafio da comunidade como o NaNoWriMo, abreviação de *National Novel Writing Month* [Mês Nacional da Escrita de Romances]. Há duas décadas, milhares de escritores de todo o mundo trabalham para completar 50 mil palavras de um romance durante o mês de novembro. O NaNoWriMo possui grupos nas redes sociais, encontros presenciais e outros eventos projetados para criar responsabilidade e incentivar todos os participantes a atingirem a meta. Existem organizações semelhantes para cinema, dramaturgia, poesia, composição musical e até programação de computadores. Se ainda não existe um para a sua área, é só criá-lo.

O importante é que, depois que tiver uma fonte de responsabilidade, precisa descobrir como integrar esse suporte ao seu processo. Você vai enviar uma mensagem de texto ao seu parceiro antes de começar descrevendo sua meta e depois enviar um texto de acompanhamento no final? Vai entrar no seu canal do Slack com atualizações regulares? Vai realmente criar ao lado de outros artistas algumas de suas sessões de trabalho no mesmo local físico? É você quem decide a forma de criar responsabilidade no seu fluxo de trabalho. Se precisar, peça ajuda para se manter responsável e volte ao trabalho.

Tudo se resume ao trabalho em si. Assim que estiver preparado, é hora de *começar a trabalhar.* No livro *Bird by Bird* [literalmente Pássaro por Pássaro], Anne Lamott oferece conselhos para escritores que se aplicam a todas as pessoas criativas: "Para mim, e para a maioria dos outros escritores que conheço, escrever não é extasiante. Aliás, a única maneira que consigo escrever alguma coisa é escrevendo primeiros rascunhos muito, mas muito ruins."

Primeiros rascunhos ruins. Simples assim: você precisa se permitir fazer *qualquer coisa*, sem julgamento, sem se importar com o que a voz crítica em sua cabeça tem a dizer sobre isso. A primeira foto, a primeira estrutura do site, o primeiro gesto durante o discurso — *simplesmente começar* é a parte mais difícil.

Aumente o volume

Quando começamos a fazer trabalhos criativos com regularidade ou os retomamos depois de um longo intervalo, a genialidade esperada não brota do nada. Muito pelo contrário. Imagine abrir a torneira da cozinha de um apartamento antigo e desocupado por muito tempo. Aquela água marrom saindo no início é totalmente normal. O apresentador de uma estação de rádio pública Ira Glass chama essa desconexão de intervalo criativo; é a distância entre o que vemos em nossa mente — o que *queremos* criar — e o trabalho que podemos criar de verdade com nosso conjunto de habilidades atual. É uma desconexão dolorosa.

Senti na pele esse intervalo quando fui para a Europa com a Kate e com as câmeras do meu avô. Eu tinha paixão pela fotografia e sabia que tinha uma boa noção dessa arte, mas ainda não havia desenvolvido as técnicas fotográficas para criar imagens que correspondessem à noção que tinha. Toda vez que pulávamos uma refeição para revelar um rolo de filme, eu me deparava com essa disparidade desanimadora. Dava vontade de desistir todas as vezes: "Annie Leibovitz não passou por isso, certo?" Tudo bem, talvez uma em um milhão de pessoas nasça com um talento genético em certas áreas. Para o resto de nós, o negócio é fazer o trabalho e ganhar reputação.

"É preciso saber que é normal, e a coisa mais importante a fazer é trabalhar muito", aconselha Glass. "Você só conseguirá colocar um fim nessa lacuna adquirindo um *volume grande de trabalho* [sou eu que estou enfatizando] e deixando-o tão bom quanto suas ambições... basta lutar para alcançar o progresso".

Volume de trabalho? Não parece ser tão simples assim, mas é. As pesquisas científicas, minhas próprias observações casuais e a experiência de quase todos os criadores que já conheci batem: resumindo, o volume de trabalho é a métrica que mais importa quando temos que encerrar a lacuna criativa.

Perversamente, começamos fazendo tudo o que podemos para nos convencer de que outras coisas são mais importantes que o volume. Precisamos de uma lente nova para tirar a foto certa. Precisamos mudar para um aplicativo de escrita diferente, com recursos melhores. Não podemos abrir nosso negócio ou criar nosso aplicativo até termos um MBA para sabermos monetizá-lo assim que estiver pronto. O trabalho *antes* do próprio trabalho não termina nunca.

Para todos que tiveram sucesso nessas buscas, o velho ditado se aplica: para bom mestre não há ferramenta ruim. É bom fazer alguns ajustes, e é útil tentar melhorar seu processo, mas, antes de fazer isso, tire algumas fotos com a câmera que tiver. Escreva muitas palavras — a lápis, se for preciso. Passe a reconhecer esses impulsos como uma forma de negação. Resumindo, a verdade é a seguinte: existe um medo legítimo de que, se acabarmos fazendo alguma coisa de verdade, teremos que encarar as reais condições de nossas habilidades e aceitar toda a melhoria que ainda temos que alcançar.

É uma droga, mas descobri que o simples fato de aceitar que isso é normal alivia o desconforto. O lado bom é que, através da criação de uma quantidade maior de trabalho, você começará a revelar seu próprio estilo pessoal e exclusivo. O estilo é a estrela-guia de qualquer profissional estabelecido. Um filme de Alejandro González Iñárritu pode ser reconhecido através de seu estilo: a energia cinética; as tomadas longas e fluidas; o aguçado senso de realidade. E estejam Lana e Lilly Wachowski nos desafiando a questionar a natureza da realidade ou realizando cenas de ação de cair o queixo, podemos reconhecer o trabalho delas com um único fotograma de um de seus filmes. Elas trabalham com colaboradores diferentes em cada filme, mas cada um tem suas impressões digitais por toda parte. O estilo pode ser imitado, mas o seu estilo só surgirá depois de ter feito muito e muito trabalho.

Permissão para fracassar

Seu cérebro sabe quando você está prestes a lançar algo no mundo, ou seja, tornar-se vulnerável. Ele diz: "isso é uma ameaça". Prepare-se para lutar ou fugir. Invista na adrenalina. *Por que estou suando?* Uma voz começa a falar:

> *Isso é bobo.*
>
> *Estou cansado.*
>
> *Vou fazer isso depois, quando estiver a fim.*
>
> *Agora não tenho tempo para fazer coisas importantes.*
>
> *Alguém já fez isso, e melhor.*
>
> *Será que tenho certeza disso?*

Embora essas declarações possam parecer plausíveis, na verdade, você está apenas ouvindo sua biologia primitiva tentando protegê-lo. Essa *não* é a sua intuição agindo. A sua intuição é o que o deixou animado para início de conversa. Ela o ajudará a aperfeiçoar o trabalho após produzir aquele primeiro rascunho ruim. A sua única esperança para combater essa voz é reconhecendo-a como um reflexo de defesa, um recuo e nada mais. Em seguida, cale essa voz e continue avançando até poder renová-la por meio de sua persistência.

No meu podcast, Jared Leto disse: "Só alcanço um pouco de sucesso porque fracasso muito." Para encontrar o sucesso, aceite o fracasso. Abrace-o. Diga a si mesmo que essa coisa que está prestes a fazer precisará de muito trabalho e que está tudo bem. Aliás, é normal. Aceite aquele "primeiro rascunho ruim" de Lamott para obter alguma coisa, qualquer coisa, concreta. Permita-se fracassar.

PASSO III

EXECUTE

Execute sua estratégia e acabe com os obstáculos.

PASSO 11

EXECUTE

Execute sua estratégia e
acabe com as obstáculos

7

Crie Até Dar Certo

O grande segredo da vida é que não há nenhum grande segredo. Seja qual for a sua meta, você pode alcançá-la se estiver disposto a trabalhar.

— OPRAH WINFREY

Assim que adotamos a mentalidade certa — declarar-se criador, começar a trabalhar, iniciar um novo projeto, abrir um novo negócio, o que for — de repente passamos a ver o mundo de uma nova forma.

O cérebro é a melhor máquina de encontrar padrões no universo conhecido, mas precisa de uma missão. Na maioria das vezes, não percebemos isso de maneira consciente, mas, a cada minuto do dia, somos bombardeados com informações provenientes de todos os nossos sentidos. Aliás, há muito mais sentidos do que os cinco que aprendemos na escola. Os neurologistas já identificaram pelo menos nove, e pode haver uns vinte ou mais, da propriocepção (saber onde seu corpo se encontra no espaço) até o sentido cutâneo que permite saber quando coramos. Todas essas informações, o tempo todo. O cérebro processa bilhões de bits de informação a cada segundo, constante e inconscientemente. Ele analisa todos esses dados buscando ameaças e oportunidades, filtrando o resto. Quando mudamos a nossa mentalidade, mudamos esse filtro.

Tente agora mesmo. Olhe ao redor. Observe atentamente o ambiente e conte quantos objetos vermelhos vê.

Pode contar, eu espero aqui.

Agora, quantos itens da cor verde você viu?

Espere um minuto, não estávamos procurando itens vermelhos, você pergunta? Quando procuramos a cor vermelha, é só o que vemos. As coisas verdes podem ter ficado invisíveis por não terem importância naquele momento.

Se eu pedir para você reparar se o seu mundo é colorido, as coisas mudam mais uma vez. Quando dizemos ao cérebro que estamos buscando todas as cores do espectro, passamos a perceber nuances, tons, riquezas e profundidades — ficamos hiperconscientes das cores em geral. O filtro do cérebro, que normalmente impede que todos esses detalhes entrem na consciência, é retirado, e, graças a uma pequena mudança de intenção, a percepção das cores irrompe. Aquelas multas em aberto não ocupam espaço no cérebro nesse momento, porque ele está buscando ativamente o significado e a conexão com as cores.

É assim que funciona a mentalidade criativa. O mesmo ocorre quando se tem um projeto em andamento. É inevitável ver o mundo através de uma lente totalmente nova, que não necessariamente precisa ser visual. Ao trabalhar em um roteiro, você pode começar a perceber a musicalidade da conversa cotidiana ouvida no ônibus ou no escritório. Você pode começar a anotar o que ouve enquanto tenta decifrar as "notas" do diálogo do dia a dia.

O mesmo se aplica a mim neste exato momento, enquanto estou imerso na atividade de escrever este manuscrito. Estou profundamente envolvido no processo criativo e, simultaneamente, pensando muito na própria criatividade; a curta caminhada que acabei de dar lá fora foi como uma onda de sobrecarga sensorial. Cores, sons e aromas. Nosso cérebro é incrivelmente bom nisso, *se o configurarmos para a tarefa.*

O negócio é o seguinte: você precisa começar a fazer, criar, realizar trabalhos criativos para ativar esse sexto (ou vigésimo primeiro?) sentido. Trabalhar ativamente em um projeto criativo libera o seu poder intuitivo.

Enquanto a primeira metade deste livro é sobre imaginar e desenvolver o seu chamado criativo, este passo — e este capítulo em particular — é todo sobre o poder da *ação*. Não recomendo ir atravessando uma rua movimentada antes de parar para pensar, nem pular de um avião antes de conferir seu paraquedas, mas o ato de fazer deve preceder o de pensar quando o assunto é trabalho criativo de base. É uma armadilha ficar planejando demais. Não caia nela. Em vez de tentar tramar o romance perfeito antes de começar a escrever, aceite que serão necessários alguns rascunhos ruins para entender as coisas e realmente começar a escrever. Comece. Aproveite o processo. Escreva seis introduções diferentes e jogue cinco no lixo. Você entenderá muita coisa melhor ao longo do caminho.

Descobri que esse é um grande obstáculo para muitos que pretendem iniciar uma prática criativa, mas têm muito pouca experiência em que se basear. Grande parte da nossa vida é destinada a se preparar para agir, evitar julgamentos ou tentar se encaixar. O pensamento de fazer ações pequenas, ousadas e radicais sem um plano — até algo tão inofensivo como escrever algumas palavras ou dar pinceladas em um pedaço de papel em branco — é assustador. Vamos colocar um ponto final nisso. Vamos separar o ato de atravessar a rua e pular de um avião do ato de criar.

Agir requer comprometimento. Chega de brincar. Se continuar andando com os olhos abertos, estará no rumo certo, chegará onde quiser. Decida o que tentará alcançar e dê nem que seja o menor passo possível em direção a essa meta.

Já mencionei como fiz isso com a fotografia — de uma maneira feia, imprecisa e desajeitada —, mas quase todo sucesso alcançado por nós mesmos utiliza algum tipo de variação dessa abordagem. Tim Ferriss, um autor de primeira viagem desconhecido na época, participou de conferências de tecnologia como a South by Southwest e a Consumer Electronics Show quando seu novo livro estava para sair. Ele não conhecia ninguém e ninguém o conhecia. A única coisa que tinha era um compromisso firme de apoiar sua própria criação. Ele tinha se dedicado. Agora era hora de mostrar a si mesmo e a sua visão criativa. Mas como?

Para começar, o foco de Tim não era participar dos seminários, porque isso não teria muito efeito na promoção de seu livro. Em vez disso, ele apenas foi e ficou perto da sala dos palestrantes. Ninguém o impediria de interagir com os astros da tecnologia que estavam por lá. Foi preciso persistência e um pouco de prática, mas, depois de uns dois dias, conheceu vários blogueiros de tecnologia que ficaram intrigados com aquele autor articulado e cinético, e, com a sua maneira autêntica de ser, Tim conseguiu entrar na conversa naturalmente, apresentando-se como autor de primeira viagem de um livro intitulado *Trabalhe 4 Horas Por Semana*. Em parte por causa do título sugestivo, e em parte por causa do dom que Tim tinha para conversas, muitos desses blogueiros começaram a mencionar o livro para outras pessoas, incluindo-o em artigos e nas redes sociais. É certo que Tim colocou em prática muitos outros trabalhos para o seu livro alcançar o sucesso, mas ele atribui essas primeiras menções nos blogs como a faísca inicial que despertou esse fenômeno do, agora famoso, livro. Tim não inventou essa ideia de aparecer, fazer o trabalho e deixar os resultados falarem por si só, nem você precisa inventar algo novo para fazer o seu trabalho decolar.

Andy Warhol era conhecido pela maneira como mantinha o rápido ritmo de criação de suas obras, sem se deixar desacelerar pelo sucesso ou fracasso de um de seus projetos. "Não fique pensando em como criar a arte", dizia ele. "Apenas crie. Deixe que os outros decidam se ela é boa ou ruim, se a amam ou odeiam. Enquanto estiverem se decidindo, crie ainda mais arte".

Tenha intuição e faça então

Como mencionei anteriormente, nosso corpo recebe bilhões de bits de informações através de nossos sentidos, a cada segundo de cada dia. Para funcionar, a mente vigilante e racional precisa filtrar ou suprimir a maior parte dessas informações para podermos realizar tarefas básicas, ou seja, não se chocar contra paredes nem cair de penhascos. Outras partes do cérebro e, muito provavelmente, até o corpo, ainda processam toda esse fluxo de informações e as armazenam, mas de uma maneira mais holística e menos concreta. É por isso que as pessoas a chamam de "intuição" — existe um tipo físico de inteligência que pode "saber" ou simplesmente sentir algo que a sua mente consciente não percebe. *Não atravesse aquele beco. Este livro parece interessante. Aquele negócio não é tão bom quanto parece.* A intuição é uma ferramenta que não entendemos por completo, mas que tem mantido nossa espécie viva todo esse tempo. Se for ignorá-la, faça-o por sua conta e risco.

Colocamos nossa intuição em ação sempre que iniciamos um projeto criativo. Nossos filtros intuitivos ficam sintonizados com as ideias e com a inspiração que têm a ver com a meta. A intuição é o motivo pelo qual a visualização e o estabelecimento de metas são tão poderosos: temos um supercomputador incrível que só precisa de ordens de comando e um programa para executar. Quanto melhor delegarmos o que é certo para a intuição, mais poderosos serão os resultados.

Minha intuição me levou a dois dos meus maiores sucessos profissionais: Best Camera e CreativeLive. Em nenhum dos casos, a estratégia consciente antecedeu a profunda sensação de que havia algo interessante acontecendo, primeiro com a fotografia móvel e depois com o aprendizado online. Ignorei um ataque pesado de pessimistas em ambos os casos, porque a minha intuição estava me dizendo que havia *algo* lá. Seguir em frente pareceu ser atraído por um ímã. Eu estava sendo puxado. Em cada um dos casos, meu palpite foi confirmado.

Então, como acabamos com a intuição? Simples: pensando demais nela. O intelecto é lindo, mas não podemos deixar que ele seja nosso único guia. Aprofunde-se e ouça a sua intuição para saber se ainda está no caminho certo. Ouça o chamado, siga o seu caminho, execute e repita.

Quando o percurso fica difícil

Há um obstáculo inevitável ao longo de qualquer caminho criativo, uma grande, íngreme e lamacenta colina para escalar entre o início animador e o momento em que você se torna um criador proficiente. Você passará por dificuldades. Não há como se livrar desse obstáculo. Quando se deparar com ele, o tempo para o planejamento estará chegando ao fim. Só restará agir.

Assim que abandonei o doutorado e comecei a ganhar dinheiro de verdade como fotógrafo, não conseguia deixar de ter a sensação de que tinha decifrado a coisa toda. Eu era autodidata, não conhecia ninguém da área e lá estava eu fazendo a mesma coisa que qualquer outro fotógrafo profissional faria: tirando fotos e vendendo-as em troca de dinheiro. Missão cumprida, certo?

Até que o período de lua de mel terminou e me deparei com o temido trabalho árduo. A ralação. Percebi o quanto ainda era necessário caminhar e quanto trabalho e esforço vinha pela frente. Na realidade, eu era um estranho total. Ninguém sabia quem eu era, e eu não fazia parte da comunidade de fotografia. Claro, eu parecia ter a combinação necessária de habilidades e talento para conseguir alguns trabalhos, mas ainda era muito difícil. Não era aquele sucesso que havia imaginado anos antes enquanto sonhava acordado e comia miojo. Eu queria mais: trabalhar com os melhores clientes. Abordar cada projeto com controle criativo completo. Cobrar os melhores valores do mercado. Acesso, autonomia, abundância. É claro que eu estava ganhando dinheiro, mas se fosse para escolher um emprego pelo salário, eu teria ficado na faculdade de medicina. O problema era que eu não sabia como ir do ponto A ao ponto B.

É aqui que muitos de nós se acomodam ou, pior ainda, desistem. Conseguimos avançar escalando um rochedo a muito custo e acabar percebendo que ainda estamos só no pé da montanha. Muitas vezes, eu me pegava pensando: "Essa montanha é muito maior do que na foto." Ficamos sozinhos olhando para cima, tentando encontrar algum atalho, alguma forma de não ter que dar todos esses passos para chegar ao topo. Mas não dá para evitá-los.

Esse foi um momento decisivo para mim. Eu poderia facilmente ter entrado em depressão ou ter largado a fotografia. Sou extremamente agradecido por alguma coisa em meu interior ter me trazido de volta. Uma parte de mim sugeriu que era hora de parar de pensar tanto e começar a agir. A voz negativa na minha cabeça não estava ajudando muito, e eu não conseguiria pensar no meu caminho para o futuro. Se quisesse ser profissional, precisava agir como um primeiro.

Já contei que usei o dinheiro do trabalho comercial que fiz para a REI e outros clientes para comprar alguns equipamentos profissionais fundamentais. Viajei para as pistas de esqui de todo o país para conhecer possíveis sujeitos para estrelar em meu portfólio, pagando tudo do meu bolso.

176 CHAMADO CRIATIVO

Isso foi alguns anos antes de eu receber as credenciais de padrão de qualidade da área para estar no lugar "certo" para tirar as fotos "certas" sem ter que entrar de fininho antes da hora. Nada disso importava. Se tivesse esperado por permissão, estaria esperando até agora.

Aproveitei as ofertas do cartão de crédito para conseguir milhas aéreas, dormi em carros alugados ou em sofás de amigos e comprei filmes em grandes quantidades ou mesmo vencidos para ganhar descontos. Fiz o que foi preciso para estar o mais próximo possível dos meus sonhos.

Um fotógrafo tira fotos. Um fotógrafo profissional vende fotos. Era isso o que eu queria ser, então foi isso o que fiz incansavelmente: Campeonatos Mundiais de Esqui Extremo, eventos de qualificação olímpica, competições da Red Bull, qualquer coisa que estivesse no calendário das competições a que eu pudesse ir. Tirei fotos e as enviei para revistas. De repente — ou talvez, pensando bem, nem tão de repente assim — meu trabalho começou a aparecer ao lado de fotos de profissionais consagrados que ganhavam bem, tinham as credenciais da imprensa e podiam se gabar. As fotos deles estavam na capa e as minhas eram miniaturas na página 78, mas meu nome estava próximo de cada uma delas. Lentamente começou a dar certo.

A razão pela qual começou a dar certo? *Eu estava dando certo.*

Não teve essa de ficar pensando como seria meu caminho atravessando aquela colina. Eu nunca parei para arquitetar um plano incrível e habilidoso para chegar ao próximo nível. O que mudou tudo para mim foi dar as caras repetidamente, em todo lugar que o meu coração e a minha intuição me mandavam ir — mesmo que meu cérebro me dissesse que não fazia sentido eu estar ali. Realizar milhares de pequeninas e imperfeitas ações foi a única coisa que me fez parar de imaginar as coisas possíveis para realmente experimentá-las.

Cada ação criava um impulso para ir além. Entrei no mundo dos esportes radicais, participando de encontros, conferências profissionais e festas. Tirava fotos sem compromisso para qualquer um da área que pedisse. Ao longo do caminho, fiz perguntas, aprendendo a entrar enquanto avançava. Apresentei meu trabalho. Fiz pressão. Eis que um dia, olhei para todo aquele esforço e percebi que, de alguma forma, havia chegado, ou talvez cruzado, aquela colina.

O trabalho que fazemos quando ninguém está vendo é o que mais importa. Os profissionais não esperam até se tornarem profissionais para agir como tais. As pessoas que alcançam o sucesso — seja qual for a sua definição de sucesso — são as que estão dispostas a se mostrar e fazer o trabalho sem nenhum tipo de aprovação, permissão ou elogio.

Não finja até dar certo. *Crie* até dar certo.

Fuja do impasse

Caso você se lembre, o fluxo é a criatividade em ação. Para fazer o seu melhor trabalho, é preciso entrar no estado do fluxo e mantê-lo o maior tempo possível. Infelizmente, não há nenhum botão localizado convenientemente para "ligar" o fluxo. Ai se houvesse! Assim como foi discutido no Passo II, há coisas que você pode fazer para incentivar e proteger o fluxo, mas ser criador significa começar o seu trabalho, tenha o fluxo surgido ou não. Mas antes de desenvolver a constância você acabará em um impasse, com a convicção interna de que está preso no caminho errado.

Um impasse criativo é meio parecido com uma armadilha de dedos, aquele tubinho de vime que prende bem os dedos até você parar de puxar e unir as pontas dos dedos. Em seguida, ela sai facilmente. Ficamos presos em um impasse, quando tentamos pensar em como sair dele: "Este projeto está enguiçado. Talvez eu não tenha o talento necessário. Deveria fazer outro curso, aprimorar minhas habilidades. Ou simplesmente apertar 'pausa' por algumas semanas até que a inspiração volte." Acredito que você conhece muito bem essa voz. Todos nós a ouvimos quando o fluxo para. Para sair dessa armadilha basta relaxar. O caminho muda à medida que o seguimos. Só podemos mudar em movimento.

No início, eu me vi diante de um impasse na fotografia. Eu tinha sucesso, sabia que tinha jeito para a coisa, mas parte de mim, de repente, parecia incerta. Era realmente a única área que havia explorado. Claro, eu tinha talento para tirar fotos, mas e se a arte da fotografia não fosse tudo para mim? E se eu passasse anos dominando uma câmera e só então percebesse que a área "certa" para mim era desenho a carvão ou, quem sabe, algum tipo de bordado? Como eu poderia saber se nunca tinha tentado? (Esse é o clássico conjunto de perguntas para a criação de um impasse.)

Eu poderia ter deixado meu trabalho de lado e passado semanas, meses ou o resto da vida matutando sobre qual seria o ofício "certo" para mim. Felizmente, preferi agir a pensar e entrei na aula de pintura a óleo de um amigo. Era um ofício próximo o suficiente à fotografia que parecia ser uma experiência válida. E foi. A pintura me ensinou muito. Em termos práticos, trabalhar com óleos me mostrou como obter luz e sombra em uma imagem, uma lição que ainda uso no meu trabalho fotográfico. De modo mais amplo, rapidamente ficou claro que, embora esse experimento fizesse parte do meu caminho, a pintura não era meu verdadeiro chamado criativo. Foi o que minha intuição me disse e, felizmente, eu a ouvi.

E se eu tivesse largado a fotografia e minha carreira comercial em ascensão para pintar quadros a óleo? Eu ficaria marcado como um fracasso? Não, mas só se esse ofício fosse o que eu realmente quisesse fazer. Se esse fosse o meu caminho. Você tem que estar disposto a mudar para ficar em sintonia consigo mesmo. Se for a mais de 100 audições e nunca for escalado, e então decidir que quer estar do outro lado e se tornar um agente de elenco, isso não significa que fracassou, mas sim que conseguiu ter a intuição de qual será o próximo trecho do seu caminho.

A pintura a óleo não era para mim mesmo. Sem me deixar abalar, passei para pintura acrílica. As tintas acrílicas são mais rápidas e diretas que as tintas a óleo, assim, de certa forma, eu estava desviando minha trajetória de volta ao que eu mais amava na fotografia, o imediatismo, tentando ajustar o foco e ouvir minha intuição. Mais uma vez, aprendi muitas coisas boas que se aplicavam à fotografia, mas também ficou claro que eu não queria voltar minha atenção à pintura acrílica. Retomei a fotografia como minha principal produção criativa, e agora posso dizer "é você mesmo" a ela. Desde então, nunca mais duvidei da minha escolha.

É importante entender que ficar parado, pensando em fazer pintura a óleo, pintura acrílica ou fotografia não me levaria a lugar nenhum. Foi somente através da ação que pude compreender o que funcionava melhor para mim.

Não tem como se livrar de um impasse pensando. Comece agindo, mudando o ambiente a sua volta, colocando palavras em uma página, seja lá qual for o próximo passo. No final, você acabará voltando ao estado do fluxo.

O que quer que esteja bloqueando sua criatividade, o melhor a fazer é sempre aumentar o volume: *crie mais coisas*. O padrão é *agir*.

No livro de David Bayles e Ted Orland, *Art & Fear: Observations on the Perils (and Rewards) of Artmaking* [*A Arte e o Medo: Observações sobre os Perigos (e Recompensas) da Criação da Arte*, em tradução livre], é contada uma história apócrifa sobre um professor de cerâmica que dividiu a sala em dois grupos. O grupo A seria classificado pela qualidade; cada aluno enviaria um vaso para o professor avaliar. O grupo B seria classificado pela quantidade; todo o trabalho do grupo para o semestre seria colocado em uma balança e pesado — quanto mais pesado, melhor.

Se você leu até agora, já sabe onde isso vai dar. Os alunos do grupo A ficaram obcecados com as obras a serem apresentadas e produziram muito pouco trabalho durante todo o semestre, em grande parte obras sem inspiração, tradicionais e "seguras". Eles intelectualizaram o trabalho. Por outro lado, o grupo B criou sem moderação, julgamento e expectativa, e fez um número muito maior de obras com um nível muito mais alto de qualidade e interesse estético, porque priorizaram a ação em vez do intelecto.

Em um capítulo anterior do livro, falei sobre aumentar o volume de seu trabalho para desenvolver suas habilidades e ter um mecanismo para entender seu estilo pessoal. Enfatizar o volume da produção estrutura a criatividade como um processo. Ele elimina todo aquele estresse e ansiedade que muitas vezes impede começar algo quando não temos o resultado "perfeito" em mente. Isso nos coloca em uma disposição iterativa que nos ajuda a correr os riscos necessários para desenvolver nosso próprio estilo. Mais uma vez, é a ação — agir, e não pensar — que vence.

A arte do ter feito

Sua mente consciente é um crítico. Se confiar muito nela enquanto estiver trabalhando, terá dificuldades para progredir. Em vez disso, siga um processo simples e repetível:

> Dia 1: termine um trabalho criativo hoje, sem julgar — seja uma história, uma foto ou um produto viável mínimo. Basta concluir o trabalho, criá-lo rapidamente e aceitá-lo.
>
> Dia 2: repita o trabalho que fez ontem. Faça um novo rascunho ou atualize o antigo. Coloque a foto no Photoshop e retoque-a, aprimore os versos do poema de ontem; basta pegar a base de ontem e deixá-la melhor.
>
> Dia 3: repita o Dia 2.
>
> Dia 4: repita o Dia 3.
>
> Dia 5: decida se está bom o bastante e siga em frente. Não está perfeito, não está ideal, mas olhe só, está muito bom, não é mesmo? Bom o suficiente para mostrar ao mundo.

Quando finalizamos algo, despertamos emoções sobre o que acontecerá com o trabalho. Esqueça o controle. Esqueça o dinheiro. Esqueça o que as outras pessoas pensam. Provavelmente elas nem se importam. Isso é bom.

Especialmente no início, faça sua parte, faça tudo o que puder e repita. Nesta fase do jogo, finalizar um trabalho não equivale a ganhar um prêmio. Refiro-me especificamente às ações que estão sob seu controle. Finalizar é enviar uma foto para uma revista, e não esperar que ela seja usada na capa da próxima edição. Finalizar é clicar em "publicar" em uma foto do Instagram, e não o número de curtidas que ela recebe. Finalizar é colocar a sua assinatura em um quadro, e não o deixar pendurado em uma galeria. Falarei mais sobre como ampliar seu trabalho no Passo IV. Por enquanto, a sua tarefa é continuar aprimorando o seu ofício.

Pare de pensar e passe a agir, e os resultados virão. Você imaginou um futuro para si no Passo I e criou os hábitos para construí-lo no Passo II. Agora é hora de confiar no plano e continuar seguindo em frente. Não fique preso. Prefira agir em vez de pensar.

8

Sua Própria Universidade

As pessoas sempre podem fazer mais, mudar mais e aprender mais — às vezes, muito mais — do que jamais sonharam ser possível. Nosso potencial está bem debaixo do nosso nariz.

— BARBARA OAKLEY

Aprender é a força vital do trabalho criativo. Quanto mais souber fazer e melhor se tornar nisso, mais profunda será a compreensão do seu trabalho e mais rico e interessante ele será. Isso significa que você deve desenvolver a meta-habilidade de aprender. É simples, mas importante: você precisa aprender como aprender a fazer o seu melhor trabalho.

184   CHAMADO CRIATIVO

O aprendizado é a essência de muitas coisas da vida. É como nos mantemos relevantes em qualquer área. As habilidades necessárias mudam com o tempo. É também como aumentamos nossa comunidade. É como permanecemos envolvidos com o nosso trabalho. E mais, o aprendizado para a vida toda é o herói não aclamado de quase todos os criadores de sucesso do mundo.

É claro que a escola pode ser um recurso valioso e uma oportunidade importante para todos que tiveram a sorte de estudar. Ela oferece as chaves para entender as ideias mais complexas e conhecer o ponto de vista de outras pessoas. Infelizmente, para um grande número de pessoas, a escola se torna algo a se suportar para conseguir um EM-PRE-GO. A escola pode parecer um cercado destinado a ensinar as convenções sociais, em vez de um ambiente fértil de inspiração, crescimento e diversidade de pensamento. Frequentamos as aulas e continuamos frequentando-as até a formatura, ansiosos para obter nosso diploma e seguir a vida — exatamente o oposto de uma mentalidade de aprendizado para a vida toda.

Somente quando decidi seguir o chamado criativo de me tornar fotógrafo, meus olhos se abriram para um modo de educação totalmente diferente. De repente, eu tinha uma meta, algo que queria realizar. Para tornar minha visão realidade, precisava de conhecimentos e habilidades. Mas não sabia o que precisava saber para me tornar um fotógrafo profissional. Pior ainda, não sabia nem por onde começar.

Nos mundos do ensino superior e profissional, fala-se muito sobre caminhos de aprendizado. Os verdadeiros caminhos de aprendizado não fazem parte da educação tradicional de ensino fundamental e médio. Muitos de nós frequentam qualquer aula que nos sugerem assistir, tentamos nos lembrar o suficiente de tudo o que lemos e ouvimos para passar na prova final, depois nos esquecemos de tudo e começamos o próximo semestre do zero. Os professores adorariam que fosse o contrário, mas é isso o que acontece.

Quando aprendemos por um motivo, quando temos uma meta em mente para esse conhecimento, os caminhos de aprendizado se tornam muito importantes. Como ir de A a B? Como passar de não saber revelar um filme para saber revelar um filme? Se ainda não adquiriu a meta-habilidade de aprender como aprender, esse processo pode ser muito misterioso, até mesmo assustador. Sem um caminho de aprendizado, você estará perdido.

Eu mesmo fiquei bastante perdido.

Aprender a tirar fotografias sem um programa ou nenhum mentor para me orientar foi um processo doloroso. Progredi aos trancos e barrancos, dando de cara com muitos becos sem saída.

Mas também foi mais libertador e muito mais eficaz do que a escola jamais foi. Finalmente, ninguém estava me dizendo como ou o que aprender. Em vez de aprender uma matéria de acordo com as prioridades de um livro, eu podia apenas tentar tirar as fotos que queria tirar. Quando as coisas que tentava davam certo, eu aprendia uma nova técnica. Quando não davam, eu atacava o erro como um quebra-cabeça, analisando os livros de fotografia fora de catálogo na biblioteca, fazendo perguntas a vendedores aleatórios na loja de câmeras local e fazendo experimentos diligentemente até descobrir o que tinha dado errado. Por fim, essas pequenas ações realizadas com regularidade conseguiam me mostrar o que eu não sabia. Os erros leves destacavam as técnicas que eu precisava aprender e expunham as oportunidades para aprofundar meu ofício.

Lentamente, o meu caminho de aprendizado tomou forma. Eu ainda não sabia tudo de que precisava saber, mas comecei a ter uma ideia das áreas que precisava desenvolver e entender a progressão lógica de uma coisa para a outra. Agora eu podia começar a planejar meu autoestudo, adotando uma abordagem deliberada para dominar cada uma das habilidades da fotografia relacionadas à especialidade escolhida.

Esse poderoso mix — livros e vídeos, prática autodirigida e experiência em campo — acelerou meu progresso drasticamente. Eu nunca teria conseguido crescer tão rapidamente em um ambiente escolar. Não teria nem chegado perto.

Hoje em dia, tenho a oportunidade de conversar com centenas de amigos criativos e com muitos dos profissionais com o melhor desempenho do mundo sobre como eles foram aprendendo mais ao longo da carreira. Descobri que a maioria tem uma atitude parecida, sejam eles atletas, músicos, empreendedores ou programadores. As pessoas mais bem-sucedidas que conheço assumem o controle de sua própria educação, fazendo o que precisam para sobreviver à escola, mas ainda investindo seu coração e alma para dominar os assuntos escolhidos por conta própria ou com coaching e treinamentos externos. Essa prática de aprendizado é o que os leva a alcançar um nível de sucesso muito superior ao de seus pares.

E mais importante, não importa quanto sucesso profissional tenham conquistado, independentemente da riqueza e dos prêmios alcançados, nenhum deles considera ter "concluído" o aprendizado. Essa ideia parece absurda para os melhores profissionais. Parar de aprender? Foi o aprendizado que os levou ao sucesso! Mais aprendizado é igual a mais sucesso. Manda ver!

Todo ser humano possui uma grande reserva de curiosidade, mas a maioria de nós não a explora. Aliás, o modelo educacional tradicional tende a abafá-la, de modo que, quando chega a hora, estamos ansiosos para fechar os livros e começar a trabalhar em um emprego "normal" — seja lá o que isso for. Infelizmente, o sistema foi projetado para nos programar para o tipo de vida e emprego que as pessoas tinham 50 anos atrás, vidas nas quais a criatividade e a individualidade eram perturbadoras e inúteis. Era melhor garantir que ficassem quietos e seguissem as instruções, não importa se isso era ou não tedioso ou ilógico. Fazer perguntas desacelera a linha de produção. Bastava memorizar algumas datas, regurgitá-las no dia da prova e não se esquecer de usar um lápis número dois. Nem todas as salas de aula são assim, mas muitas ainda são.

Quando passei a escrever no blog sobre minhas experiências como fotógrafo autodidata, compartilhando as lições que aprendi e os erros que cometi, comecei a atrair um público de pessoas interessadas em fotografia, autodescoberta e aprendizado autodirigido.

À medida que minha carreira profissional progredia, tomei mais consciência dessa crescente comunidade e de suas necessidades. Havia muita curiosidade e muita paixão lá fora. Não era nada parecido com o que eu havia visto no ensino médio — pessoas fazendo de tudo para não cochilar, passando cola umas às outras, fazendo o que fosse preciso para tirar a nota — ou não. Em comparação, isso parecia ser o aprendizado em sua forma mais pura. O assunto principal do meu blog era a fotografia e, de forma mais ampla, os desafios profissionais de um criador autônomo, mas cada vez mais eu sentia que a insaciável sede de conhecimento que via ao meu redor era apenas o começo.

Novo aprendizado, novos desafios

Na era medieval, o modelo de educação girava em torno de seu mecanismo de entrega. Como as informações valiosas passavam do cérebro de uma pessoa para outra? Havia duas opções: comunicação presencial e a palavra escrita. A comunicação exigia que todos estivessem no mesmo local físico. Na teoria, os livros podiam viajar, mas antes de Gutenberg, cada manuscrito esmeradamente feito à mão por habilidosos artesãos era raro e extremamente valioso. As habilidades comerciais, como a ferraria, podiam ser passadas de pai para filho, de mestre para aprendiz. Por necessidade, todo estudo e exploração avançados tinham que acontecer em um único local: dentro da vila ou da universidade, onde os livros, especialistas e estudantes podiam interagir fisicamente.

Hoje, o desafio da entrega do aprendizado foi praticamente resolvido. Qualquer pessoa com um dispositivo conectado pode acessar o conhecimento e aprender diretamente com especialistas vivos, sem precisar ir a um local específico, em um horário específico, a um custo elevado e ainda depender da permissão de certas pessoas.

188 CHAMADO CRIATIVO

Porém, os alunos de hoje enfrentam novos desafios. *O principal contratempo é entender o que querem fazer.* Nossas opções de carreira foram muito além das opções tradicionais e nem existiam quando você ou eu estávamos na escola. Agora, o aluno pode escolher ser bombeiro ou codificador, contador ou YouTuber, veterinário ou vendedor do Etsy. Com tantas direções possíveis a seguir, tantas habilidades, carreiras e atividades criativas novas disponíveis, a decisão sobre o que explorar deve vir em primeiro lugar.

Muitos jovens que conheço querem aprender muitas coisas diferentes ao mesmo tempo. Querem aprender a codificar seu próprio site, a compor músicas temáticas para o canal do YouTube, e a escrever da maneira adequada para direcionar mais tráfego para o site de seu trabalho paralelo. Essa é uma nova atitude. Quando cresci, e mesmo quando adulto aprendendo fotografia, buscar aprendizado era visto como um sinal de fraqueza e vulnerabilidade. A necessidade de aprender uma coisa significava admitir a sua ignorância. Havia uma sensação de vergonha e tentávamos manter o fato em segredo. "Ei, se você é fotógrafo, por que precisa fazer curso de Photoshop? Você não sabe fazer o seu trabalho?"

Desde então, a vontade de aprender deixou de ser um ponto fraco e virou um ponto forte. Mas o número de opções pode ser devastador. Pode ser que nos tenham dito a vida toda o que *não é* possível e por que *não conseguimos* ir em busca de nossos sonhos, mas a internet põe um ponto final nessa história. Casos de sucesso estão por toda parte. Basta dar uma olhada na linha do tempo das suas redes sociais. Todos os dias, as pessoas ao nosso redor estão superando grandes desafios para buscar suas paixões. Percebemos que estamos vivendo uma nova era dourada, em que tudo é possível — se estivermos dispostos a ter foco. Nossas vidas conectadas abrem as portas para possibilidades infinitas *e* fornecem os recursos para buscá-las.

O novo obstáculo agora é descobrir qual sonho seguir e cultivar e aplicar a energia necessária para se engajar nessa busca. A internet fornece acesso a todas as bibliotecas do mundo, mas também oferece acesso ao jogo World of Warcraft — um mundo de conhecimento ilimitado, mas de distração ilimitada também.

As duas primeiras partes deste livro são minha tentativa de ajudá-lo a superar esses primeiros obstáculos. Espero que tenha feito o trabalho de Imaginar seu próprio sonho e Desenvolver um conjunto de comportamentos para servirem de apoio na sua busca. Agora é hora de se beneficiar de sua criatividade e agir para alcançar suas metas. É hora de Executar.

Sempre é melhor começar fazendo. A escola me ensinou que não estou pronto para aprender alguma coisa corretamente até experimentá-la ou desenvolver uma curiosidade tão profunda que me disponha a realizá-la durante horas. Como fotógrafo, precisei começar a tirar fotos *antes* de ler uma pilha de livros sobre como as lentes funcionam ou o que significa profundidade de campo. Sem um conjunto de experiências para contextualizar, os intervalos de abertura da câmera, conhecidos como f-stop, por exemplo, seriam todos iguais.

Agora que você sabe o que quer fazer e, na verdade, já começou a fazê-lo, é hora de desenvolver uma habilidade essencial: como aprender. De certa forma, essa é a habilidade mais importante de todas. Assim que entender como *você* aprende melhor, assim que descobrir como ser sua própria universidade — professor, reitor e orientador — poderá aplicar aquela meta-habilidade a qualquer desafio de aprendizado que tiver de enfrentar pelo resto da vida.

Da próxima vez que não puder fazer algo como gostaria, basta se matricular na Sua Própria Universidade, planejar seu semestre, dominar as informações e obter seu doutorado em O Problema que Acabou de Solucionar. Raramente você se sentirá intimidado por outro desafio de aprendizado depois de ter aplicado essa técnica algumas vezes. É empoderador. Aliás, é viciante. É a arma secreta dos melhores profissionais. Não há nada que não se possa aprender, não importa em que ponto esteja começando agora.

Vamos pegar o exemplo de aprender a andar. Se você é pai e seu filho ainda não estiver andando, não encolherá os ombros simplesmente e dirá: "Ah, fazer o quê! Meu filho não nasceu para andar. Vamos puxá-lo em um carrinho de agora em diante." Toda criança saudável tem seu próprio tempo para passar pelo aprendizado de andar, depois correr. Tudo se resume a engatinhar, andar, correr: podemos aprender qualquer coisa, por mais que o caminho de cada um seja diferente. Isso se aplica a praticamente qualquer habilidade que se possa imaginar. Basta ter motivação, que vem de querer fazer de verdade o que está aprendendo a fazer. Somos máquinas de aprendizado, mas, para despertar esse poder, precisamos de um propósito. Você sabe qual é o seu?

Aprendendo a aprender

Se tirarmos o aprendizado do âmbito escolar e criarmos um processo em que possamos repeti-lo facilmente, passaremos a ter possibilidades infinitas. Mas por onde começar? Chegamos a um modelo quando desconstruímos o processo de aprendizado dos melhores profissionais do mundo. Nesta seção, divido o aprendizado em três fases: pessoal, pública e prática. Esteja você aprendendo a cozinhar, tocar piano ou escrever um texto atrativo para trazer mais tráfego para o seu site, este modelo lhe será útil.

Fase pessoal

Na fase **pessoal** do aprendizado, você estará sintonizando seus próprios desejos, necessidades, forças e motivações internas. É preciso cultivar estes aspectos:

- **CURIOSIDADE.** Não importa o que você acha que deveria saber ou ser capaz de fazer. Decidir o que aprender — e o que não aprender — são os primeiros passos fundamentais. Com o que se importa de verdade? O aprendizado é um grande investimento de tempo e energia. O que o deixa animado de verdade? Mergulhe com todo o coração. Se não estiver curioso em aprender a fazer alguma coisa que possa ser útil em sua jornada, tudo bem. Economize seu investimento para aplicar em algo que o empolgue e contrate alguém para fazer o resto por você ou faça uma permuta com essa pessoa. Defina o que realmente quer saber. Você não precisa aprender tudo.

- **TESTE E JOGUE.** Apenas siga em frente. Pegue uma ferramenta e comece. Bagunce tudo. Não tem problema, você vai ser péssimo no começo. Quando comecei a aprender francês, meus amigos que estavam me ajudando me procuravam e já começavam a falar francês. Eu sabia umas cinco palavras, mas não importava. Ficar ali conversando com eles cara a cara e me esforçando para usar essas cinco palavras em meio a tantas outras fez com que uma nova parte do meu cérebro fosse ativada. Percebi que tinha ouvido para sotaques. Passei a internalizar os sons muito antes de entender os significados. Na fotografia, minhas primeiras imagens eram horríveis, mas encontrei alegria no processo e me senti confiante de que poderia melhorar. Ao agir, mantive meu aprendizado, e o aprendizado me manteve engajado. Era um ciclo virtuoso. Não há nada melhor do que mergulhar de cabeça em águas profundas.

- **INSPIRAÇÃO.** Enquanto vai experimentando, coisas estranhas chamarão a sua atenção. Talvez um movimento agitado com o pincel tenha criado um efeito interessante na tela. Talvez uma das configurações que usou no Photoshop tenha gerado algo inesperado e cativante. Agora vem a pergunta — por que isso aconteceu? — e um ponto de partida para investigar. O fato não precisa ter um significativo radical — apenas ajudará a entrar no conteúdo. Se abordar sua nova habilidade com capricho e divertimento, sempre haverá pequenas surpresas.

Fase pública

Na fase **pública** do aprendizado, você utilizará recursos externos para começar a responder às perguntas que só agora está pronto para fazer usando os seguintes recursos:

- **INSTRUÇÃO EM ESCALA.** Por que aconteceu algo inesperado quando fiz certa coisa? Qual era o mecanismo inerente? Os livros sempre foram um recurso-chave para mim nessa fase. Agora você também tem acesso ao conteúdo visual: YouTube, aplicativos de aprendizado, especialistas online, plataformas como a CreativeLive. Um livro não proporciona a experiência de como dirigir uma sessão de fotos. "Agora, diga ao modelo para levantar a mão esquerda uns 10 centímetros". Mas é possível aprender isso em um minuto assistindo a um fotógrafo profissional em ação. Não há nada melhor do que observar a maestria em ação. Essa é a nova universidade. A diferença é que você não só fica impregnado de informações, mas também chega a esse recurso com perguntas específicas em mente, baseadas em suas experiências. Essa é uma maneira muito mais eficaz de abordar novos conteúdos do que seguir a tradicional ordem "iniciante-intermediário-avançado". Deixe a curiosidade e a inspiração guiarem a sua viagem a territórios inexplorados.

- **COMUNIDADE.** Procure outras pessoas que estejam aprendendo a mesma habilidade com quem possa discutir o que aprendeu e praticar. Seja online ou pessoalmente, a conexão com uma comunidade servirá de apoio para seus esforços de aprendizado. Você também será exposto a um conjunto diversificado de ideias que enriquecerão a sua perspectiva do que está aprendendo de maneira drástica. Se antes não estava apaixonado por sua nova habilidade, esta etapa pode ser um fator determinante. A paixão é contagiante.

- **INSTRUÇÕES INDIVIDUAIS OU EM GRUPO.** Se possível, encontre um professor. Quando tentamos fazer algo sozinhos por um tempo e conhecemos pessoas em um nível mais avançado que o nosso na comunidade, estaremos muito mais aptos para absorver as lições com um bom instrutor e estaremos mais próximos de quem é capaz de ensinar um certo assunto. Não precisa ser uma única pessoa, podemos recorrer a um pequeno grupo de instrutores diferentes, cada um com uma especialidade ou ponto de vista distinto. O aprendizado individual é caro. É por isso que deve ser considerado após os outros passos. É preciso aprender o suficiente para poder entender nossas próprias necessidades, interesses e desafios. "Por que isso acontece toda vez que faço essa outra coisa?". No aprendizado individual, podemos ter respostas às perguntas que só nós mesmos faríamos.

Fase prática

Na fase **prática** do aprendizado, você estará repetindo e aprimorando as suas habilidades ao máximo usando:

- **REPETIÇÃO.** A maioria das habilidades tem componentes conceituais e mecânicos. Para dominar a fotografia, por exemplo, é preciso entender conceitos como a exposição e a velocidade do obturador. Também é necessário saber mexer rapidamente em vários botões e controles para obter a foto que se quer. Nas palavras da coreógrafa Twyla Tharp: "A habilidade se fixa pela ação." Realize exercícios diários para praticar os elementos mecânicos básicos da habilidade, seja revendo cartões didáticos ou treinando com uma faca de cozinha. Mesmo aprendendo todas as receitas do mundo, ninguém será um ótimo chef se não souber cortar os legumes em pedaços, cubos ou à *julienne*.

- **USE A SIGLA DIAR.** No capítulo 2, compartilhei a sigla DIAR. Esse modo de prática foi minha arma secreta para alcançar um crescimento rápido em minhas habilidades de fotografia e em meu progresso na área. Fomos configurados para aprender pela imitação. Coloquei isso em prática replicando o trabalho dos fotógrafos que admirava. Isso não é o mesmo que copiar o estilo de outras pessoas, mas sim descobrir como elas fazem as coisas para ajudá-lo a criar sua própria abordagem. Dizem que Jack London copiou manualmente milhares de páginas das obras de Rudyard Kipling para aprender as nuances da narrativa, gramática e sintaxe. Ao analisar suas próprias inspirações, tente o seguinte: *desconstrua* os métodos dos outros. *Imite* os diferentes elementos. *Analise* essas partes para ver quais funcionam para você. Em seguida, junte o que deu certo e *Repita* com a nova fórmula.

O aprendizado segue uma distribuição de curva de potência, que é uma maneira elegante de dizer que você dará grandes passos rapidamente no início e, em seguida, o seu progresso desacelerará. Qual é o nível de excelência que terá de alcançar para fazer o que quer?

Quando conseguir concluir seus objetivos pessoais, terá aprendido o conteúdo. Não há nenhum certificado com um conjunto arbitrário de requisitos baseados no que outra pessoa pensa que você deveria saber. A vida é muito curta para ficar "colecionando" todas as habilidades, como se fossem figurinhas. O Photoshop tem um milhão de ferramentas, mas a maioria das pessoas consegue fazer quase tudo o que precisa apenas com poucas delas. É preciso compreender o processo acima para saber *quais* são essas poucas ferramentas necessárias.

Aprenda a habilidade no nível que julgar necessário. Se isso significa alcançar a proficiência básica, tudo bem. Agora você está no jogo. A beleza de aprender desse modo é que ele libera um potencial de crescimento ilimitado. Depois de selecionar uma habilidade e passar de "Como devo segurar esta ferramenta?" para "Fiz esses seis itens hoje, quer um?", você terá desenvolvido a meta-habilidade de como aprender. Assim, será capaz de crescer e transformar a sua vida em um ritmo nunca antes imaginado.

Como você aprende melhor

Se seguir o processo acima, alcançará a proficiência e também passará a aprender como *você* aprende melhor. Eu, por exemplo, descobri que sou um aprendiz visual. Dolorosamente visual. Quando estou tentando pensar em algo, preciso colocá-lo no papel e fazer desenhos para impulsionar o meu pensamento. Se soubesse disso na época da escola, as coisas teriam sido muito mais fáceis.

Depois de entender isso sobre mim, pude fazer com que as situações agissem a meu favor. Se estivesse com dificuldades para acompanhar uma discussão em grupo, pegava um marcador e levava as coisas para o quadro branco. Se não fosse possível, abria meu caderno e começava a mapear o que estava ouvindo para entrar na minha modalidade de aprendizado preferida. O aprendizado deixou de ser uma tarefa entediante para mim.

Também sou um aprendiz colaborativo. Assim que absorvo novos conceitos por meio de uma leitura silenciosa, preciso de alguém para trocar ideias e ajudar-me a digeri-las. Absorvo muito melhor dessa forma do que apenas fazendo uma reflexão silenciosa. Isso funciona para mim. Você terá suas próprias preferências e não precisa estar ciente delas ainda — só ficará ciente de quando se esforçar para entender.

Enquanto estiver desenvolvendo uma nova habilidade no seu próprio ritmo, passará a identificar suas preferências de aprendizado. Prefere começar com os detalhes e passar a conceitos maiores aos poucos? Ou precisa fazer um mapa mental antes de poder absorver fatos e números específicos? Você terá que descobrir por si só. Quando as informações não se consolidam de imediato, isso não quer dizer que você é ruim ou não tem o talento necessário, mas sim que precisa tentar outra abordagem para esse conteúdo.

A escola tradicional costuma ser rígida demais: não permite variações nos estilos de aprendizado. Temos que nos adaptar às preferências de ensino do professor, e não o contrário. Afinal, quando estiver trabalhando em uma fábrica, é improvável que sejam feitas concessões — você simplesmente terá que se adaptar ao sistema. Felizmente, a era da educação tradicional do "pegar ou largar" está chegando ao fim e estão nascendo novas ideias.

Essa flexibilidade fez toda a diferença para mim. Eu gosto de abordar um novo conteúdo a partir de um ângulo inesperado, dando o meu próprio toque a ele. Esse método torna a experiência empolgante e, portanto, acessível para mim. Quando decidi aprender a fotografar com câmeras Hasselblad de formato médio, por exemplo, comecei a usá-las para fotografias de esportes radicais logo de cara. As pessoas ficaram revoltadas. O formato médio é uma ferramenta de estúdio — não se leva uma Hasselblad para a montanha! Mas fazer dessa maneira prendeu minha atenção de uma forma que as fotos em estúdio nunca conseguiriam.

Alcançando a maestria

As habilidades são fundamentais em qualquer atividade e particularmente importantes na busca de um ofício criativo e no desenvolvimento de uma prática criativa. São necessárias para avançar de verdade. Por sua vez, a maestria é completamente diferente. Embora possa parecer impressionante, o ato de conhecer profundamente *qualquer coisa* levará *todo* o seu aprendizado a um nível totalmente diferente, e isso está ao seu alcance. A maestria é o que vemos nos níveis mais altos de qualquer busca, nas pessoas que tenho sugerido que você estude, desconstrua e imite. É valido pelo menos entender como elas atuam.

Embora as habilidades sejam os componentes fundamentais da maestria, elas fornecem apenas uma fração de sua riqueza e da profundidade. É a diferença entre saber o vocabulário básico de uma língua e alcançar a sua fluência. Algumas frases básicas podem trazer aventuras incríveis durante suas férias no exterior. Suas aspirações podem parar por aí e ainda é possível fazer uma ótima viagem, mas ser fluente permitirá que você expresse ideias complexas com seu toque pessoal. O domínio completo de uma língua abre as portas para um novo mundo — amizade, cultura, tradição, história. É importante saber que essa área da maestria existe e como é alcançada, caso decida que vale a pena buscá-la como parte do seu chamado.

Se já viu aqueles filmes de artes marciais, provavelmente aprendeu algumas crenças em torno da ideia da maestria. Quando pensamos em um mestre, vem a imagem de um homem velho — sempre um homem — que mora no meio da floresta ou no topo da montanha. Após uma vida inteira de muito estudo, prática e disciplina, ele aperfeiçoou um conjunto de habilidades. E o que ele ganha com todo esse esforço? Depois que esse mestre repassa as lições mais valiosas a um aprendiz talentoso, seu antigo rival aparece e o mata. Agora seu aluno tem um bom motivo para se vingar.

Isso não é maestria. A maestria nunca é um objetivo por si só; é sempre um subproduto.

Aliás, se você fizer artes marciais como o karatê, aprenderá que a tão reverenciada faixa preta não indica nenhum tipo de perfeição ou conclusão. Muito pelo contrário, é apenas o primeiro passo de toda uma nova progressão de aprendizado. É apenas mais uma faixa branca. Nas artes marciais, todo aluno, independentemente de sua classificação, deve abordar o aprendizado pensando como iniciante. Pensar que existe um ponto final místico perfeito é um obstáculo ao crescimento. O aprendizado é um processo de vida contínuo, cativante e fundamental, assim como — e profundamente entrelaçado com — a criatividade.

Alcançar a maestria, como tenho usado o termo aqui, não significa saber tudo, mas sim saber como chegar ao conteúdo. Você sabe o que sabe e o que não sabe. No início, é difícil entrar em um assunto, porque é preciso desenhar um mapa mental enquanto explora o território. Assim que dominar os princípios básicos, terá desenhado o mapa mental; você não sabe tudo, mas sabe para onde tudo vai, como tudo se encaixa e o *porquê*. O seu aprendizado acelera e as coisas começam a funcionar.

Os mestres sabem disso e, agora, você sabe também.

Aprenda uma coisa muito bem — insanamente bem, de trás para frente, de cima para baixo — e a própria experiência de aprendizado o ensinará como é a maestria, o que é necessário e por que é tão válido alcançá-la.

Por que alguns dos criadores de maior destaque de nossa cultura são tão bons em várias coisas? Maestria gera maestria. Veja a Lady Gaga, mencionada anteriormente: ela se apresentava ao vivo com seu nome verdadeiro, Stefani Germanotta, quando frequentava a prestigiada Tisch School of Arts da Universidade de Nova York. Largou a faculdade para tocar piano todas as noites em barzinhos do Lower East Side de Manhattan. Somente depois de fazer isso durante *anos*, aperfeiçoando seu ofício, acabou tendo uma série de oportunidades — após ter dado tudo de si para alcançar o sucesso — e entrou no mundo da música, ganhando prêmios, notoriedade e fama. Depois, fez o mesmo com a moda. Depois, com a atuação. E com certeza alcançará a maestria em outras áreas, se quiser.

Agora vamos tomar Nell Painter como exemplo, uma historiadora e acadêmica titular. Em seu livro de memórias, *Old in Art School* [*A Idosa na Faculdade de Arte,* em tradução livre], ela escreveu sobre entrar para a faculdade de arte aos 64 anos. Teve um enorme progresso em meses, não anos, superando seus colegas muito mais jovens, porque lidou com o aprendizado da mesma forma disciplinada e rigorosa que havia desenvolvido ao dominar assuntos históricos. A pintora que nela existia aprendeu a aprender como historiadora. As matérias eram diferentes, mas a abordagem à maestria era fundamentalmente a mesma.

Você é a resposta

Ninguém virá salvá-lo. Os especialistas são valiosos quando estamos aprendendo novas habilidades, mas nenhum especialista e nenhuma instituição irão criá-lo, guiá-lo ou transformar seu sonho criativo em realidade. Você está no seu caminho por conta própria. Tudo depende apenas de você. Mas isso também não é ruim. A sua criatividade proporciona a capacidade de projetar a vida que quer.

O mundo da educação já mudou. Não é mais necessário um mestrado em artes para pintar, publicar ou escrever peças. Os investidores de risco não se importam onde você estudou, se sua ideia é poderosa e se seu código funciona. Nas novas áreas mais empolgantes, o diploma não é mais um requisito para se ter uma carreira incrível. As empresas de ponta querem conhecimento, talento e paixão, e não certificados.

Hoje em dia, livros, blogs, cursos, podcasts e seminários online são melhores, mais baratos e mais variados do que nunca. Está sem dinheiro? Não tem problema. A CreativeLive oferece literalmente bilhões de minutos de aprendizado em vídeo dos melhores instrutores do mundo em dezenas de categorias. Existem muitas plataformas semelhantes disponíveis. Todos esses recursos econômicos de aprendizado são incrivelmente valiosos, mas apenas se você estiver disposto a fazer a sua parte.

Não importa o quanto a sua base é forte, como prefere aprender ou quanto dinheiro e tempo tem para investir, você pode criar e iniciar um programa de aprendizado autodirecionado que o levará aonde precisa chegar. O conhecimento está aí, pronto para ser adquirido.

Você não precisa de especialistas. Provavelmente não precisa de faculdade. O que você precisa de verdade é criar, aprender e repetir.

9

É Preciso Fracassar para Alcançar o Sucesso

Quando corremos riscos, aprendemos que haverá momentos de sucesso e haverá momentos de fracasso, e ambos são igualmente importantes.

— ELLEN DEGENERES

Droga. Não era assim que eu queria acordar.

Era bem cedo no dia 9 de abril de 2012 e meu telefone não parava de tocar. Chegava uma mensagem atrás da outra. Todo mundo queria falar sobre a notícia: o Facebook havia adquirido o Instagram pelo valor de US$1 bilhão, manchete que atravessou o mundo. Quem poderia imaginar uma empresa de dois anos com uma dúzia de funcionários assumindo o controle de uma companhia avaliada em dezenas de dígitos?

Ao observar o desenrolar daquele conto de fadas tecnológico, não pude deixar de ficar maravilhado com o que a equipe do Instagram, começando com os fundadores Kevin Systrom e Mike Krieger, realizara em tão pouco tempo. Senti também uma pontada de arrependimento. Se as coisas tivessem sido um pouco diferentes, poderia ter sido a minha empresa nas manchetes daquele dia. Também não estava imaginando coisas; a enxurrada de mensagens em meu telefone minutos depois da notícia era a prova disso. Assim que abri meu laptop, pude me deparar com uma chuva ainda mais intensa de e-mails, tweets e até postagens em blogs. Eu estava longe de ser o único que tinha feito a conexão. *Sim, vi as notícias sobre o Instagram. Sim, sei que poderíamos ter sido nós. Não, estou bem. Não, não estou mentindo sobre estar bem.*

Na época, não me abri com os meus amigos, funcionários e colegas, mas demorei meses para me conformar. Meus pensamentos continuaram se voltando para o que poderia ter acontecido. Como alguns pequenos erros puderam me desviar do caminho certo na época rumo ao que se tornou uma negociação bilionária?

Todo mundo já ouviu aquela história do primo do amigo, que insiste ter inventado a ideia do leite de amêndoa, ideia essa que foi roubada pela "Big Almond". Ou aquele tio que "teve a ideia do iPhone" por tê-la anotado em um post-it amarelo uma vez. Quero acreditar que a história que vou contar é diferente, porque realmente criei uma coisa que teve sucesso — no início.

Em 2009, quando a iPhone App Store ainda era nova, lancei um aplicativo de compartilhamento de fotos chamado Best Camera, que foi introduzido pela Apple, selecionado como um dos aplicativos do ano pela *Wired*, mencionado no *New York Times* e no *USA Today*, e nomeado o Melhor Aplicativo de 2009 pela *Macworld*. Chegamos ao mercado antes do Instagram — aliás, ajudamos a definir o mercado — e alcançamos um milhão de downloads antes mesmo que muitos soubessem o que era um aplicativo de fotos.

E o que aconteceu então? Como o Best Camera acabou ficando para trás?

A verdade é a seguinte: não importa. Este capítulo não trata de "quem ganhou o coração do público" ou como impedir que isso aconteça. Esse capítulo não é para tentar consertar nada. O sistema não está corrompido, suas criações não estão corrompidas e você não está corrompido. Mesmo que esteja fazendo tudo certo, *muitas* oportunidades serão perdidas. Esse capítulo não é sobre como evitar os erros. Afinal, essa atitude é prejudicial à criatividade. Esse capítulo fala de recuperação, resiliência e garra. Como Richard Branson me disse uma vez: "As oportunidades são como os ônibus. Sempre há outro vindo." Você precisa estar pronto para pegar o próximo ônibus, e não ficar perseguindo o que perdeu. Já era.

A adversidade acontece, especialmente quando se é um criador em busca de suas paixões. O fracasso é diretamente canalizado para criar coisas novas. Se deixar que cada erro arranque um pouco da sua paz de espírito ou autoestima, você nunca durará o bastante para ter sucesso. Em vez disso, imagine estar diante de tropeços criativos, oportunidades desperdiçadas e fracassos épicos — *e ficar bem com tudo isso.*

Pergunte a qualquer físico, e ele dirá que é preciso *trabalho* — força exercida à distância — para alterar qualquer sistema. A criatividade é como direcionamos esse trabalho, mesmo se o sistema que estamos tentando alterar for toda uma área ou uma base de códigos.

O talento não surge sem esforço. Você está de brincadeira comigo? Lutar contra a gravidade é a coisa mais difícil de se fazer. É a corajosa tripulação da aeronave espacial SpaceShipTwo da Virgin retornando à pista após a trágica perda da SpaceShipOne. Se deseja atingir a velocidade de escape do Planeta Terra, é preciso humildade, coragem e *combustível de foguete.* Esse é o objetivo desse capítulo, ajudá-lo a aprender a apreciar o trabalho — todo ele, e não apenas suas vitórias. Romper a gravidade do Planeta Não. Fornecer combustível quando ficar sem. Você *cometerá* erros, encontrará obstáculos e fracassará por completo em todas as fases do processo criativo, desde a ideia até o lançamento. Juntos, ficaremos melhores nisso. Fracassaremos melhor.

A minha esperança é que, explicando como fracassei em um cenário global com o Best Camera, você saia daqui não só com a visão de um fracasso de grande escala como esse, mas também com a sensação de que fracassar em qualquer escala é melhor do que nem ao menos tentar. Nada acontece sem esforço.

Resolva problemas reais

Na fotografia, como em muitas outras áreas, os equipamentos caros são superestimados. Mas, afinal, o que é uma fotografia? Ignore os blogs de tecnologia. O importante não é ter um certo número de megapixels com uma certa variação dinâmica. É capturar um momento, um milissegundo desaparecido de vida congelada no tempo. É criar uma história que valha no mínimo mil palavras.

Quando percebemos o que uma fotografia pode fazer, quando vemos o que um mestre — ou mesmo um amador experiente — pode fazer com a câmera mais básica que se possa imaginar, a importância tecnológica desaparece. É por isso que fui um dos pioneiros a lidar com câmeras de telefone na minha área. Fiquei obcecado com as possibilidades. Comecei experimentando a câmera do Palm Treo — absurdamente limitada, algo como 0,3 megapixels — e depois com o primeiro iPhone com dois megapixels. Apesar de todas as limitações, pude ver o futuro claramente do ponto onde estava. O importante não era a qualidade da câmera naquele momento — o que mudou rapidamente. Era a capacidade de tirar fotos em qualquer lugar, a qualquer hora e que esses dispositivos estivessem conectados à internet. Eu estava no céu e compartilhava amplamente meus experimentos de fotografia móvel.

Enquanto experimentava e aumentava a minha criatividade, compartilhando o que criava online, logo no início, não recebia nada além de críticas. Isso vem de brinde toda vez que tentamos algo novo. Continuei e, por volta de 2007, as imagens que estava criando com meu telefone começaram a ganhar força no Twitter e no Facebook. À medida que a tecnologia melhorava, ficava cada vez mais difícil para uma pessoa comum distinguir a foto de uma câmera de telefone de outra tirada com um equipamento profissional.

Mesmo assim, por mais que eu adorasse essas câmeras dos telefones que melhoravam tão rapidamente, a mecânica do compartilhamento de imagens continuava sendo um grande problema para mim, já que era necessário cinco ou até seis aplicativos diferentes para capturar, processar e compartilhar uma imagem.

Foi esse o momento "faça acontecer você mesmo" que ocorre no início de tantos negócios. Eu havia encontrado uma dificuldade pessoal tão óbvia que a solução estava logo ali: e eu sabia como resolver!

Torne as ideias realidade

A novíssima App Store da Apple possibilitou que desenvolvedores de software independentes criassem e vendessem seu próprio software para iPhone e iPad. Decidi desenvolver minha própria solução integrada para capturar, editar e compartilhar fotos. Para mim, a melhor câmera não é aquela com as melhores especificações técnicas, e sim a que está com você quando deseja capturar um momento único da vida. *A melhor câmera é aquela que está com você*. Sendo assim, nasceu o aplicativo Best Camera.

Todos para quem contei sobre a ideia insistiam que o conceito não tinha muito valor. Ninguém jamais se importaria com fotos de dois megapixels que não valiam nem a pena imprimir. E quanto a uma rede social dedicada ao compartilhamento de fotos móveis? Que ridículo.

Talvez você tivesse encarado o conceito de maneira diferente. Talvez você tivesse me apoiado com entusiasmo e perguntado sobre como investir em meu novo negócio. Pode ser que acredite, assim como muitos, que a resistência a novas ideias é pouco comum, que se uma coisa for verdadeira e extraordinariamente incrível, a maioria das pessoas mais sensatas poderá ver e entender o seu valor de imediato e torcer por você até a linha de chegada.

Mas não é bem assim. Muito pelo contrário. As ideias criativas boas, ruins ou feias são uma alteração no sistema. Para um sistema, qualquer alteração é uma ameaça. O sistema — e cada um de nós faz parte dele — se protegerá. As ideias genuinamente novas encontram resistência proporcional ao tamanho da alteração que representam. Se não acredita em mim, dê uma olhada nos livros de história. De computadores a lâmpadas ou à prensa móvel, a mudança sempre enfrentou resistência, uma resistência que parece cômica alguns anos depois, já que tal ideia melhorou o mundo drasticamente.

O filósofo do século XIX Arthur Schopenhauer acertou ao descrever os três estágios da verdade. Primeiro, a verdade é ridicularizada. Segundo, a verdade é violentamente contrariada. Terceiro, a verdade é aceita como evidente. Pensando dessa forma, é engraçado perceber que as pessoas provavelmente odiaram a roda quando ela chegou às ruas pela primeira vez. Por mais estranho que isso possa parecer, tome cuidado: em algum momento você terá que superar essa resistência sistêmica para tornar suas ideias realidade.

Como parte desse sistema, você é um glóbulo branco, parte da resposta imune do mundo a novas ideias. Isso significa que, às vezes, até você resistirá a suas próprias ideias com tanta força quanto a indústria fotográfica resistiu à fotografia móvel.

Scott Belsky, autor de *The Messy Middle* [*O Meio Bagunçado*, em tradução livre], alerta que "as grandes oportunidades nunca têm 'grandes oportunidades' no campo assunto". Não seja tão rápido em atirar em si mesmo ou nos outros. Cultive a disciplina da mente aberta. É mais difícil do que parece. Seja você contra si mesmo ou contra o mundo, *superar a resistência faz parte do processo criativo*. Quanto mais os outros recuarem — ou quanto mais você resistir à sua própria ideia — maiores serão as chances de adentrar o desconhecido. A única coisa que sabemos sobre o desconhecido é que lá estão guardadas todas as oportunidades incríveis.

Não se pode fracassar sem começar

Eu não sabia como criar um aplicativo. Uma abordagem poderia ter sido deixar a ideia de lado e entrar no curso de codificação, mas esse foi um daqueles momentos em que eu sabia que deveria delegar o trabalho a um especialista. Aprendi a valorizar a ação em vez do intelecto. Aquela era a hora certa para a ideia e eu sabia exatamente o que queria criar — não os detalhes técnicos, é claro, mas a experiência do usuário. Como Seattle era um centro de tecnologia, eu só precisava encontrar colaboradores locais cujos pontos fortes complementassem meus pontos fracos e vice-versa (mais sobre colaboração no capítulo 10).

Comecei a vasculhar, fazer perguntas aos meus amigos e fazer conexões dentro da comunidade local de desenvolvedores. Depois de me encontrar com meia dúzia de grupos, um amigo me indicou uma loja de desenvolvimento de serviços completos que parecia capaz e interessada na minha ideia. Eles já haviam criado diversos aplicativos, alguns de sucesso modesto, e pareciam profissionais e organizados. A loja ficava apenas a alguns quarteirões do meu estúdio de fotografia e, como as pessoas estavam dispostas a trocar o tempo de desenvolvimento pela participação futura nas receitas, parecia a combinação ideal.

Alerta de spoiler: as sementes do nosso fracasso foram semeadas nos termos do nosso acordo. Muitos fracassos comerciais e criativos possuem uma história parecida — os erros cometidos ou as apostas feitas por ignorância, entusiasmo ou ingenuidade nos estágios iniciais levam ao fim do projeto.

Entretanto, a lição desse tema recorrente é o oposto do que a maioria das pessoas acaba fazendo. Muitos criadores e empreendedores decidem que, para *seu* projeto, a solução é aprender tudo sobre o que será feito, pesquisar todos os detalhes exaustivamente e pedir a opinião de todos os especialistas — *antes* mesmo de começar. Somente assim, pensam eles, essa ideia estará *segura*. Quando o risco está fora do caminho, podem começar a fazer o trabalho. Essa abordagem funciona tão bem quanto ficar abanando os braços na esperança de sair voando. É idiota. Mesmo quando revisito essa experiência, vejo que meu contrato era tão bom quanto o esperado na época, no início do novo modelo de negócios de desenvolvimento de aplicativos. Às vezes, a única maneira de aprender uma lição é a mais dura.

O que a maioria de nós está fazendo, na verdade, quando tenta antecipar todos os fracassos possíveis é mastigar essa nossa ideia inicialmente lúdica, poderosa e inteligente, virando uma massa morta. À medida que a vida de uma ideia é sugada pela "preparação", ficamos sobrecarregados. Tentar evitar todas as armadilhas possíveis antes de sua ideia começar a tomar forma irá neutralizá-la ou levá-la ao abandono antes de qualquer coisa ter sido feita.

A maioria das grandes ideias nunca é concretizada, porque desistimos delas antes mesmo de lhes dar uma chance. Traga mais agitação para as coisas, especialmente no início. O processo de fazer alguma coisa, qualquer coisa, em vez de não fazer nada, é o caminho para o crescimento e a oportunidade.

Vale a pena espremer as ideias

A adversidade é intrínseca ao trabalho criativo. Nunca se é capaz de evitá-la por completo. Quanto mais se tenta evitar problemas e otimizar seu processo *antes* de fazer o trabalho, mais distante sua meta ficará, até parecer quase inacreditável que você tenha realmente começado. Quando enfrentamos adversidades criativas, é claro que podemos simplesmente nos afastar, mas a maioria das pessoas se afasta cedo demais. Em vez disso, tente aceitar o desafio. Como? Agindo. O fracasso pode ou não estar no seu futuro, mas todo crescimento, oportunidades e recompensas serão encontradas no caminho, e não ao seu redor.

Após vários meses de trabalho, eu e minha superequipe, os desenvolvedores, criamos a versão número um do aplicativo Best Camera. Era bastante simples, mas maravilhosa. Fazia exatamente o que eu esperava: podia tirar uma foto, adicionar um efeito legal e compartilhá-la com um toque. A interface do usuário era simples, mas poderosa. Emprestamos o conceito de um "dock" na parte inferior da tela do ecossistema de desktop da Apple e o combinamos com o conceito de filtros da fotografia tradicional: os efeitos que diferentes tipos de vidro poderiam obter se aplicados na frente da lente de uma câmera.

Em setembro de 2009, o Best Camera foi disponibilizado na App Store e fiquei emocionado. Minha ideia "faça acontecer você mesmo" das três da manhã havia se tornado uma realidade totalmente funcional. Eu esperava um longo e lento caminho até ser adotado, mas em 72 horas, o Best Camera se tornou número um na App Store, entrando rapidamente para a comunidade fotográfica e depois para a comunidade tecnológica de maior escala. Foi então que as coisas começaram a ficar estranhas. Comecei a receber e-mails e ligações de programas de TV, de investidores de risco, do *New York Times*, do departamento de relações públicas da Apple — era insano. Em muito pouco tempo, atingimos meio milhão de usuários.

Com o Best Camera, eu sabia que tinha encontrado algo incrível, mas ainda faltava saber se eu seria capaz de continuar a tirar proveito dele. Na época, uma crítica da CNET foi assustadoramente presciente: "Esperamos que Jarvis e seus parceiros desenvolvedores de software... continuem desenvolvendo o aplicativo e não cobrem a mais pelas atualizações." E era esse o meu plano.

Por mais empolgado que estivesse para ir em frente, a crença predominante na época era que os aplicativos eram apenas fogo de palha. Afinal, já havia centenas de milhares de aplicativos disponíveis. Como é que um deles poderia permanecer relevante por um bom tempo?

Resumindo, os desenvolvedores não compartilhavam da minha visão de que os aplicativos podiam se tornar grandes empresas por si só. Eu não tinha como convencê-los do contrário. Ao mesmo tempo, o sucesso do Best Camera significava uma enxurrada de novas oportunidades para eles. Afinal, a loja deles havia codificado o "App do Ano" e eles queriam explorar essas novas oportunidades.

Esse é o perigo de qualquer colaboração. Às vezes, os colaboradores não partilham os mesmos incentivos ou a mesma visão. A visão deles era baseada na experiência. Naquela época, a maioria dos aplicativos eram engenhocas que tinham sucesso e depois desapareciam. Você se lembra dos aplicativos que transformavam seu telefone em um sabre de luz ou em um copo de cerveja que se podia inclinar e fingir que estava bebendo? Os desenvolvedores acharam — compreensivelmente — que o Best Camera não seria diferente. Se eu tivesse a experiência que eles tinham, talvez pensasse da mesma forma. Eles criaram o software que pedi e depois queriam seguir seu próprio caminho.

Sem ter muita influência com meus colaboradores, fiz a única coisa que podia: mergulhei na promoção da fotografia móvel como o futuro não apenas da indústria fotográfica, mas da própria cultura popular. Consegui um contrato com uma editora e lancei o primeiro livro de fotos de celular, que me levou a programas de entrevistas na TV e a uma turnê como autor. No final das contas, fiz tudo o que pude para ajudar as pessoas a entender que a fotografia é uma linguagem universal — ela transcende a cultura, a religião, a geografia e até o tempo. Não se tratava de compartilhar imagens propriamente, e sim nossas vidas.

Todo esse esforço valeu a pena trazendo mais crescimento — por um tempo —, mas a falta de atualizações substanciais começou a custar caro e novos concorrentes estavam no jogo. Kevin Systrom tinha criado um aplicativo chamado Burbn que não estava indo muito bem. Ele descobriu que os usuários adoravam os recursos de compartilhamento de fotos do aplicativo, então ele e Mike Krieger transformaram esse Burbn em uma coisa chamada Instagram. Enquanto desperdiçávamos nossas oportunidades de crescimento, eles criaram uma versão melhor do Best Camera, receberam mais US$7 milhões em financiamento e continuaram repetindo esse sucesso. Rápido.

A adversidade mostrou sua cara.

Adentre o desconhecido

O começo é um período delicado. Fazer algo substancial decolar significa tomar um grande número de pequenas decisões primeiro, sendo que qualquer uma delas pode assumir uma grande importância — *se* você tiver sucesso no caminho.

O perigo é duplo. Por um lado, você pode ficar paralisado por todas as decisões que precisa tomar. Elas podem roubar a vida do seu projeto — seja qual for a área e a escala — antes mesmo de começar. "E se eu não comprar o domínio de todas as variações do nome da minha empresa e alguém se aproveitar de um deles? Terei de pagar uma fortuna de resgate um dia!"

Por outro lado, o entusiasmo de fazer algo decolar pode fazer com que acelere a tomada de decisões iniciais, para então perceber que você condenou um projeto promissor devido à pressa.

Se você for inexperiente, esse dilema é particularmente controverso. Quando começamos, temos pouca base para selecionar quais decisões iniciais são fundamentais e quais podem ser aprimoradas mais tarde, se tudo der certo.

Esse é o momento em qualquer projeto que precisamos nos lembrar de duas coisas importantes. Primeiro, o risco é inevitável no trabalho criativo, e nenhuma preparação irá protegê-lo totalmente. Você desenvolverá a capacidade de tomar boas decisões somente depois de ter tomado muitas delas e, sim, algumas erradas, de tempos em tempos. Até mesmo muito erradas.

Segundo, existe um meio termo saudável entre saltar de um penhasco, na expectativa de que haja uma rede embaixo para segurá-lo e planejar o salto durante três meses, se distrair e acabar indo em direção a outro abismo. Como escreveu certa vez o filósofo francês Voltaire: "O ótimo é inimigo do bom." Pesquise o suficiente, pergunte o suficiente, mas lembre-se de que a ação — arriscar — é a alma do trabalho criativo.

Se algum dia você estiver em cima do muro, sem saber se deve continuar pesquisando ou dar um salto, esse será um sinal claro de que já matutou demais. Comece a se mexer, a aprender alguma coisa e internalize as lições, não importa qual seja o resultado.

Planeje o sucesso, aprenda com o fracasso

Embora eu tivesse previsto a demanda por atualizações frequentes do Best Camera em caso de sucesso — estava no contrato — eu não previ a possibilidade de um sucesso tão rápido. Estruturei um contrato com os desenvolvedores com base na ideia de que o aplicativo levaria um tempo para conseguir decolar. A divisão dos lucros me favorecia quando o investimento inicial deles fosse recuperado. Essa imaginação foi o meu fracasso. Como resultado, eu não tinha parado para pensar que o sucesso da noite para o dia poderia remover a maior parte do incentivo financeiro deles para continuar trabalhando no aplicativo.

Quando o Best Camera estagnou, a reação online passou da ocasional bronca de um fã apaixonado no Twitter a literalmente milhares de pessoas implorando por uma atualização. A triste realidade era que eu não poderia dar o que queriam, porque não tinha acesso ao código e não conseguia migrar para nenhum outro lugar. Não conseguia acessar a App Store para ver a receita ou os dados de download. Não conseguia nem atualizar o texto de marketing. Eu estava trancado do lado de fora. Lá estava eu com o Aplicativo do Ano, minha visão para o futuro da fotografia móvel apenas parcialmente concretizada, uma enorme e apaixonada base de usuários, e ofertas para financiar o aplicativo ou até mesmo comprá-lo de imediato por quantias que me deixariam sossegado pelo resto da vida, e eu morrendo na praia.

Pior, estava enfrentando um constrangimento paralisante por terminar desse jeito. Fracassei.

Já havia se passado algum tempo quando o Facebook comprou o Instagram. Apesar da frustração e da sensação de perda, eu estava me sentindo estranhamente calmo, quase em paz. Silenciei a chuva de notificações no meu telefone e me sentei em silêncio, tentando assimilar tudo durante um minuto. Eu sabia que estava diante do meu maior fracasso profissional — um bilhão de dólares. Mais do que deixar de ganhar uma grande quantia de dinheiro, tinha deixado de sentir a alegria de ver meu trabalho ser usado por praticamente todas as pessoas que tivessem um telefone.

Fracassei de várias maneiras significativas com o Best Camera. Foi cruel. Doeu. Tem dias, mesmo dez anos depois, que ainda dói. Seus fracassos criativos vão doer também. Entretanto, se estiver disposto a refletir sobre eles, começará a ver as coisas de uma maneira um pouco diferente. O tempo passa. As feridas cicatrizam, *se* você se permitir senti-las. Minha querida amiga Brené Brown encontrou a explicação ideal: "Tirar a real consequência emocional do fracasso é eliminar os conceitos de coragem e resiliência das próprias qualidades que as tornam tão importantes: resistência, obstinação e perseverança."

O aplicativo Best Camera foi uma grande aventura. Não foi fácil, principalmente as disputas técnicas e legais tediosas no final. Meus advogados me mantiveram longe do Instagram por cinco anos por razões legais. Enquanto todos os meus amigos fotógrafos acumulavam milhões de seguidores, eu assisti do lado de fora até o final de 2016 quando entrei no jogo. Isso doeu também (a propósito, minha conta é @chasejarvis, venha me dar um oi).

No entanto, essa experiência me ensinou muitas coisas fundamentais que eu não teria aprendido de outra maneira. Essas lições foram inestimáveis quando lancei a CreativeLive e a vi crescer, com muito mais usuários do que o Best Camera. Aprendi a construir uma empresa com incentivos alinhados, onde trabalhamos de forma rápida e iterativa para melhorar o produto com base no que a comunidade deseja e precisa. Aprendi sobre a dinâmica do Vale do Silício e do capital de risco. E aprendi que possuir seu código e propriedade intelectual tecnicamente não é suficiente; é preciso ser capaz de tê-los em mãos. Embora eu não soubesse que a nossa primeira aula da CreativeLive atrairia 50 mil pessoas, dessa vez previ a possibilidade e estava pronto para pegar essa onda.

Terapia da rejeição

Apareça e aceite a adversidade, na criatividade e na vida. Isso não tem nada a ver com o lema de se sentir bem em "comemorar o fracasso", tão comumente repetido em nossa cultura atual e reproduzido por empreendedores que viajam o mundo. O fracasso é uma droga. Dói, e nem pagando eu fracassaria de propósito. Mas, como a morte e os impostos, o fracasso é inevitável. Aliás, nossas tentativas equivocadas de evitar o fracasso são a fonte mais comum de nossos problemas. Cada fracasso é um trampolim para o seu próximo sucesso. Se não estiver disposto a dar esse passo, prepare-se para remar muito contra a maré à medida que for arrastado rio abaixo.

Passei mais horas do que gostaria de admitir me martirizando sobre como o Best Camera foi para o buraco, porém a mais pura verdade é que a CreativeLive me deixa ainda mais empolgado. As aulas que ministramos para milhões de estudantes do mundo todo — bilhões de minutos de vídeo transmitidos para todos os países do planeta — já causaram um tremendo impacto. Nunca saberei quantos problemas foram resolvidos, quantas carreiras e empresas foram construídas e quantas vidas mudaram para melhor devido à maneira que o fracasso do Best Camera ajudou a impulsionar o sucesso da CreativeLive.

A primeira vez que fazemos algo, é difícil. Aliás, é bem provável que você estrague tudo. Mas digamos que não estrague tudo e que encontre ouro na primeira tentativa. Se tem uma coisa que o Vale do Silício nos ensinou é que a falta de experiência com o sucesso provavelmente o levará a um fracasso ainda mais catastrófico no futuro. Precisamos passar por fracassos no início para desenvolver o conjunto de habilidades que gerenciará o sucesso no futuro. Quando você inevitavelmente cair de cara no chão, levante, sacuda a poeira, dê a volta por cima, e não cometa o mesmo erro de novo.

Não existe conselho mágico que eu possa dar para ajudá-lo a evitar o fracasso. No entanto, há diversas maneiras de praticar o fracasso com riscos relativamente baixos. As cartas de rejeição são um ótimo exemplo. Esteja você enviando um romance para publicação, angariando fundos para sua ONG ou simplesmente enviando um e-mail para alguém com quem gostaria de fazer uma parceria, a rejeição é inevitável. Em vez de tentar e não conseguir evitá-la, aceite o desafio. Junte o maior número de rejeições que puder. Em vez de ficar se esforçando para aperfeiçoar um único e-mail para um único colaborador em potencial, envie uns 100 e comece a contar as rejeições e os envios ignorados. Tenha em mente a meta de 50. Tendo a rejeição como meta, qual é pior que poderia acontecer? Obter mais respostas positivas do que esperava?

Jia Jiang, autor do livro *Rejection Proof: How I Beat Fear and Became Invincible* [*À Prova de Rejeição: Como Venci o Medo e me Tornei In-*

vencível, em tradução livre], decidiu deixar o mundo corporativo para ser empreendedor. Infelizmente, seu enraizado medo da rejeição o impediu de correr os riscos necessários para ter sucesso. Para superar esse medo, decidiu se sujeitar a 100 dias de "terapia de rejeição", fazendo de tudo, desde pedir a um estranho que lhe emprestasse 100 dólares, fazer um discurso em uma esquina qualquer da rua até pedir a uma loja Krispy Kreme para preparar doughnuts personalizados no formato dos anéis olímpicos. Quando terminou seu experimento, aprendeu que a rejeição era muito menos dolorosa do que sempre havia temido. Era o medo da rejeição que o mantinha paralisado.

Esse experimento incrível permitiu que Jiang enfrentasse seu medo ao aceitar a vulnerabilidade. Além do crescimento pessoal, ele escreveu um livro e ganhou muitos seguidores. O sucesso suaviza a dor de qualquer tipo de rejeição.

Coragem, confiança, entusiasmo

Se estiver estagnado no início, com medo de encarar a adversidade, enfrente alguns desafios criativos assustadores, mas de baixo risco, que estejam fora da sua zona de conforto. Não vá simplesmente aceitando os riscos, receba-os com entusiasmo e zelo. Mostre *coragem, confiança* e *entusiasmo*. Se for dar um mergulho em uma piscina profunda e gelada, não entre devagarinho. Isso é péssimo. Dê um salto gritando de alegria.

Pense em metas pequenas, riscos pequenos. Dessa forma, você não pode perder. Se tiver sucesso, terá alcançado algo real. Criará impulso para o próximo objetivo. Se fracassar, terá acumulado todo o conhecimento e a experiência necessários sem acabar lidando com a papelada em um escritório de advocacia, como aconteceu comigo com o Best Camera.

Experimente uma nova receita toda semana. Comece a dar jantares. Organize uma exposição de seu trabalho em uma galeria. Ou desafie-se a escrever uma música ou um haiku [poema japonês] por dia durante um ano. Aproxime-se de colaboradores e parceiros de responsabilidade. Tire sarro do fracasso agora para que você possa desenvolver seus músculos do fracasso *antes* de hipotecar a sua casa para investir em um projeto criativo — e ele acabar indo pelo ralo, arrastando com ele sua estabilidade financeira.

Ter alguns projetos em andamento ao mesmo tempo é outra ótima maneira de deixar a perfeição de lado e sair da estagnação. Um único projeto fracassado acaba dominando a sua vida. Com alguns projetos no forno ao mesmo tempo, você fará o que puder por cada um, ficará preso, passará para outro, voltará e repetirá. Há uma desaceleração dos retornos quando se tem muitos projetos em andamento ao mesmo tempo, mas, se os riscos forem baixos, vale a pena tentar. Seu trabalho será melhor.

Supere a síndrome do impostor

Todo fracasso criativo vem com as sementes de uma vitória futura, se estiver disposto a ir atrás dela. Nunca se sabe aonde a estrada o levará. As vitórias podem até se disfarçar de fracassos; às vezes, leva anos para perceber que uma "perda" muito lamentada era, na verdade, um benefício a longo prazo (você verá como é trágico quando alguém deixa um único fracasso afastá-lo da prática criativa. Um único fracasso! Fracassar não é perder. O fracasso acontece o tempo todo com os maiores vencedores).

Identificar-se como criador significa escolher realizar suas aspirações criativas. Isso requer ficar lado a lado com o medo, chegar a um acordo com a dúvida em relação a si mesmo. Você vai se perguntar se tem o que é preciso, se consegue fazer o próximo projeto dar certo. Isso é inevitável. A coisa mais fácil do mundo de se fazer com essa dúvida é escolher um extremo: confie de olhos fechados que tudo vai dar certo ou acredite plenamente no contrário — *as outras pessoas podem transformar suas ideias em realidade, mas eu não tenho nenhum controle sobre a minha própria vida.*

Cada um de nós precisa encontrar o meio termo entre a fé e a dúvida e aprender a se sentir confortável nessa situação. Familiarize-se com as dificuldades da criatividade. Fortaleça esses calos emocionais. Quando se treina muito na academia, especialmente no início, pode apostar que os músculos ficarão doloridos. A segunda e terceira sessões são as piores. Você ainda está dolorido e já está voltando a levantar pesos, fazendo mil repetições. Se se mantiver firme, ficará acostumado com a dor e a sua consciência sobre ela diminuirá. Sabemos que é apenas parte do processo. É normal. Enquanto isso, seus músculos estão se refazendo constantemente. Depois de alguns meses, você pensa, ei, estou mais forte do que quando comecei.

O mesmo vale para as suas primeiras cartas de rejeição. Elas vão doer, mas, com o tempo, nem serão mais notadas. Um dos maiores benefícios pessoais de que desfrutei ao entrevistar centenas de pessoas para o meu podcast é saber que *todo mundo* já se sentiu um impostor alguma vez na vida. Ninguém tem total confiança em si e em suas habilidades. Se tivesse, ficaria entediado com o trabalho e encontraria outra coisa para fazer. Os melhores profissionais sempre conseguem atuar no limite de suas capacidades, tenham eles essa intenção consciente ou não. Em geral, sentem como se estivessem fora de sua zona de conforto.

Quando recebi uma bolsa de estudos universitária com o futebol, e era o único calouro daquele ano, sabia que parte do motivo de eu estar ali era o enorme sucesso que outros alunos de minha escola haviam alcançado ali por meio do programa de ensino médio. Isso me levou a duvidar de minhas próprias habilidades. Afinal, talvez eu estivesse ali apenas pegando carona no sucesso deles. Eu realmente tinha o que era preciso para competir a nível universitário? Aquele ataque da síndrome do impostor me colocou em um sério problema. Eu me sentia uma fraude. Parte de mim acreditava que os outros jogadores ririam de mim quando descobrissem a "verdade".

Quando cheguei à faculdade e comecei a jogar, esses sentimentos foram se dissipando lentamente. Percebi que o sistema tinha sido projetado para funcionar daquela maneira. Algumas escolas do ensino médio eram conhecidas por desenvolver jogadores fortes. As faculdades, é claro, sabiam e contavam com isso. A minha participação no programa da escola foi apenas um dos vários fatores para ter conseguido a bolsa de estudos.

Vários fatores geram sucesso em *qualquer* busca criativa. Essa é a realidade. Todos queremos ser descobertos e julgados por nossos próprios méritos exclusivos, mas sempre há outros elementos que desempenham um papel. Quase nunca é apenas sobre o trabalho em si. Um bom trabalho é o preço da entrada, mas o avanço depende de tudo, desde habilidades e posicionamento das pessoas até o acaso e a divulgação. Em vez de lamentar *isso*, aceite. Dê um passo para trás e considere todos os fatores que desempenharam um papel na carreira daqueles que você procura imitar. Como você pode adaptá-los para criar sua própria abordagem? Essa simples mudança de mentalidade pode ser a vantagem de que você precisa para elevar seu próprio nível.

Pare de jogar pedras ladeira abaixo

Não tenho muitas evidências empíricas de que lançar uma grande ideia criativa ou mudar o *status quo* seja sempre "fácil". Quase sempre é tudo menos isso. Uma vez, um profissional da equipe da CreativeLive expressou sua frustração sobre como estava sendo difícil progredir em um projeto específico que estávamos lançando.

"Parece que estamos sempre empurrando pedras ladeira acima", disse ele. Nosso diretor de operações da época, Mak Azadi, não hesitou: "É por isso que o nome é trabalho", disse ele. "Não estamos aqui para garantir que as coisas que já estão rolando ladeira abaixo continuem rolando".

Você nunca será aquela pessoa que faz tudo parecer ser tão fácil sem começar, encontrar alegria, divertir-se, esforçar-se, atravessar uma batalha e fazer isso tudo de novo. É preciso praticar e permanecer onde não temos conhecimento das coisas e dar um jeito de sobreviver às partes em que você é ruim.

Aceite o ruim. Divirta-se em sua jornada. Se rir de seus erros antes de todos, quem rir de você depois estará atrasado. Se ficar se comparando com outra pessoa e começar a almejar a vida delas, é porque está se julgando pelo padrão errado. Um poodle nunca ganhará na categoria de cães de caça na Exposição de Cães de Westminster. A única maneira de escapar dessa armadilha psicológica é se apoiar em seus pontos fortes *e* fracos exclusivos, admitir que não sabe tudo e aceitar que faz as coisas do seu jeito. Aquele antigo aforismo "Conhece-te a ti mesmo" vem à mente. A sua meta deve sempre ser tornar-se a sua melhor versão, e não uma versão muito boa — ou até para lá de boa — de outra pessoa.

Anos de prática de atenção plena me ensinaram que não somos as vozes em nossa cabeça. Pare de dar ouvidos a elas e volte ao trabalho.

PASSO IV

AMPLIE

Amplie sua visão para criar o impacto que busca.

10

Encontre sua Turma

Sozinhos fazemos muito pouco, juntos fazemos muito.

— HELEN KELLER

Quando uma megabanda como o Metallica sobe ao palco em uma de suas estremecedoras turnês internacionais e você tem a sorte de estar na plateia, é fácil termos a ilusão cuidadosamente construída de que estamos assistindo a quatro pessoas talentosas no trabalho: James Hetfield, Lars Ulrich, Kirk Hammett e Robert Trujillo. Os holofotes tornam a ilusão ainda mais real.

Embora esses quatro músicos sejam fundamentais para a experiência, são apenas um dos departamentos de uma grande organização de entretenimento. Mais de 100 indivíduos altamente qualificados acompanham a banda em todas as turnês, noite após noite, mês após mês, continente após continente. Artistas de iluminação, equipe de estrada, técnicos de efeitos especiais, engenheiros de som — quando os membros do Metallica falam sobre reunir a banda, é disso que estão falando. Não é apenas uma banda, mas sim um batalhão.

É verdade que podem tocar as músicas "For Whom the Bell Tolls" ou "Nothing Else Matters" com seus instrumentos, alguns microfones e um amplificador, mas não serão o Metallica que conhecemos sem todos esses colaboradores, todos considerados os melhores do ramo à sua maneira.

Talvez você ainda não seja um deus do rock (ainda), mas somos todos seres sociais. Prosperamos com a conexão humana. Os criadores não estão isentos dessa necessidade. Seja você introvertido ou extrovertido, passará por momentos difíceis com o apoio e a inspiração das pessoas que "o entendem". A sua comunidade.

Pode ser difícil conciliar essa necessidade de apoio, colaboração e comunidade com a necessidade de seguir seu próprio caminho. O teste decisivo é o seguinte: se estiver seguindo o caminho sem chegar a lugar nenhum, procure encontrar comunidades de outros seres humanos apaixonados pelas mesmas coisas e faça parte delas. Arregace as mangas. Participe. Colabore. E não se reprima.

O princípio operacional aqui é a reciprocidade, mas é melhor encará-lo como um karma: tudo o que vai, volta. Faça pelos outros o que gostaria que fizessem por você. Isso não quer dizer que você deva fazer favores na expectativa de retribuição imediata, também conhecido como a abordagem transacional "Coce minhas costas, que eu coço as suas", porque não funciona assim. Apenas faça, doe-se, seja útil, seja visível. É assim que a mágica da colaboração começa, mesmo que não seja imediatamente óbvia.

Esse é mais um daqueles saltos de fé criativos que peço para você dar. Se você gostaria de ter mais comentários e curtidas nas suas redes sociais, comente e curta nas redes das pessoas que admira. Se gostaria que mais pessoas participassem de seus eventos, lessem seu livro ou ouvissem suas músicas, vá aos eventos, leia livros contemporâneos e ouça músicas novas — e comente sobre eles com todo mundo. *Seja o fã que gostaria de ter.*

A comunidade é de extremo valor no trabalho criativo. Vai muito além de se envolver com colegas e com o grande ecossistema criativo. Quando somos seletivos ao escolher os criadores para fazer parceria, podemos elevar o nível de habilidades, mas elevar ainda mais o nível de alinhamento criativo, estilo de trabalho e alegria na empresa. Não basta que o primeiro desenvolvedor de software, engenheiro de som ou coreógrafo que conhecer esteja disposto a unir forças com você; encontre um colaborador cujos talentos e habilidades sejam tão empolgantes para você quanto os seus para ele. É preciso esforço para encontrar um par criativo perfeito, imagine então vários pares, mas os benefícios de uma boa união compensam muito. A colaboração recíproca é uma forma poderosa e energética de trabalho criativo. A combinação certa se parecerá menos com ser um passeador de cães e mais com fazer parte de uma matilha de lobos.

Entendo que é assustador confiar nos outros dessa forma. Isso significa se abrir e revelar o seu trabalho antes de ele estar "perfeito". As pessoas ficam sem saber como agir nessa situação. Às vezes, elas têm medo de que alguém fuja com sua incrível ideia. Pois saiba que ninguém quer a sua ideia. Mesmo se houver uma chance em um milhão de isso acontecer, é a execução que importa, portanto, não há quase nada a temer. Vivemos em uma época em que os romancistas disponibilizam online e tornam público todo o seu processo de escrita e, mesmo assim, vendem milhões de cópias. As suas ideias têm valor para você, por ser o único que pode realizá-las da forma que as imagina. No caso de um número infinitamente pequeno de projetos, você pode se garantir com um acordo de confidencialidade, mas, em geral, não tenha medo de compartilhá-los com seus colaboradores. Será necessário ter o feedback e o apoio deles. Pedir um acordo de confidencialidade em um projeto pequeno é o mesmo que pedir um teste de DNA antes do primeiro encontro.

Sabe aquela ideia do criador independente que se enfurna em uma cabana na floresta por um mês e volta com uma obra-prima finalizada? É a mais pura miragem. Se isso for o que busca, ficará atolado na areia movediça tentando descobrir aonde foram parar aquelas belas palmeiras.

Os grandes artistas voltam de suas cabanas ansiosos para mostrar suas primeiras tentativas rudimentares a seus colaboradores e colegas de confiança. Precisamos desesperadamente nos conectar com os outros: pessoas de influências e interesses iguais e radicalmente diferentes, pessoas que amam o que fazemos, pessoas que nos darão uma opinião honesta. Acabamos nos tornando pessoas mais plenos quando estamos em uma comunidade com outros criadores.

Naturalmente, nem todo conhecido é uma fonte de incentivo e força. Algumas pessoas bloqueiam nossos esforços criativos ou nos sobrecarregam com cinismo e com suas próprias crenças limitantes. Para se tornar um criador, é necessário estar disposto a ter relacionamentos saudáveis e solidários com novas pessoas incríveis *e* rever todos os relacionamentos tóxicos existentes. O autor e palestrante motivacional Jim Rohn disse uma vez que você é a média das cinco pessoas com as quais passa mais tempo. Escolha com sabedoria.

Escolha seu acampamento base

Toda comunidade é diferente. Você se encaixará melhor em algumas do que em outras. Se não tiver uma recepção calorosa de início, não desista. Também não fique dando murro em ponta de faca em busca de aceitação. Em vez disso, continue de olho. Procure outra comunidade mais acolhedora para ser seu acampamento base, o lugar em que fincará suas estacas e armará sua barraca. Você sempre poderá atingir novos picos depois de estabelecer seu acampamento base, mas precisa começar em terra firme.

A primeira comunidade em que finquei minha bandeira criativa foi na dos esportes radicais. Desde que era um garoto praticante de skate, fui recebido calorosamente. Sempre houve muito incentivo e apoio nos esportes radicais, começando com a minha primeira ida a um parque de skate. Eu amava a pureza da cultura do skate, em meados dos anos 80: embora estivesse crescendo rapidamente, ainda era um movimento bastante alternativo e incomum. Estávamos lá por amor ao que fazíamos, e não porque queríamos patrocínio. Passávamos todos os dias de verão ligados no modo criativo — punk rock no café da manhã, almoço dando os retoques finais na rampa vertical com ferramentas emprestadas e a tarde toda treinando uma manobra nova, felizes em dividir as novidades com os amigos.

Uma das manobras fundamentais do skate é dar um *ollie*: você paira no ar com a prancha nos pés sem usar as mãos. Conseguir mandar um *ollie* é essencial para fazer manobras mais avançadas; portanto, se não conseguir aprender, ficará limitado. Para minha sorte, foi fácil pedir ajuda em uma comunidade como essa, já que foi construída com base em princípios de criatividade, crescimento, orientação e amor ao que se faz. Há uma sensação de que, quando uma pessoa obtém sucesso, toda a comunidade vence junto. Por isso, não foi só fácil encontrar garotos ou colegas mais velhos dispostos a me ajudar, como éramos incentivados a isso. Na época, o mundo do skate era um dos poucos lugares que encontrei na sociedade em que os garotos mais velhos e mais novos estavam todos juntos, descobrindo coisas e apoiando o desenvolvimento uns dos outros. E acredite, até hoje, se você for a qualquer parque de skate provavelmente verá uma faixa etária com uma diferença de 30 anos do mais novo ao mais velho.

Em uma comunidade como a do skate, aprendemos a estar presentes, fazer perguntas e não irritar as pessoas. Se você for irritante, será mais difícil ter o apoio dos outros, por isso, acabamos desenvolvendo a habilidade de construir uma comunidade ao longo do caminho. Isso não quer dizer que não haja regras e hierarquia. Nem que todo mundo tem o melhor comportamento sempre — foi duro e difícil, mas, para mim, tudo bem. No entanto, a estrutura social tinha uma base de inclusão e criatividade. Hoje percebo que o ambiente do skate teve um papel enorme em minha formação. Foi lá que aprendi que um acampamento base seguro e acolhedor, um local para desenvolver a comunidade e a camaradagem, é tão importante quanto as habilidades.

228 CHAMADO CRIATIVO

Anos depois, quando comecei a ir para as montanhas com minha câmera, os esportes de ação, como o snowboard, ainda eram incomuns também. O ambiente era aberto, descontraído e amistoso. Era possível fazer perguntas para qualquer um, e eles respondiam com um sorriso no rosto. As pessoas ficavam empolgadas pelo simples fato de fazer o que amavam em lugares incrivelmente belos, em meio a um crescente interesse global. Eu amava a energia. Os esportes radicais criavam um acampamento base dinâmico e encorajador para meus primeiros trabalhos como fotógrafo, para crescer em meu ofício e construir minha comunidade. Embora houvesse centenas de atletas famosos, havia apenas algumas dezenas de fotógrafos conhecidos, o que significava que não havia nenhum mentor para me proteger. Mas isso não importava, porque eu havia encontrado a minha tribo.

À medida que os esportes radicais foram se popularizando, o mesmo ocorreu com o meu trabalho. Passei a me dedicar para crescer dentro da comunidade da indústria fotográfica, pensando que seria outra grande oportunidade de aprendizado e inspiração. Ingenuamente, presumi que todas as comunidades baseadas em criatividade, autoexpressão e uma ética do faça você mesmo, eram como a de esportes radicais. Estava errado. Embora eu tivesse feito de tudo para ter o meu lugar ao sol, também esperava que a comunidade fotográfica me recebesse como um jovem profissional entusiasmado, disposto a estar presente, fazer meu trabalho e contribuir. Mas não foi bem isso o que aconteceu. Pelo contrário, as pessoas olhavam para mim como seu eu fosse um mendigo. Minhas perguntas sinceras e entusiasmo nos olhos eram rebatidos com indiferença, e até hostilidade.

Quando entrei, o mundo da fotografia profissional estava se fragmentando e encurralado pelo medo de mudar. As inúmeras ondas de inovação tecnológica ameaçavam o acolhedor *status quo*. Os eventos de que participei tinham uma sala ao lado da outra com homens brancos mais velhos e rabugentos discutindo o futuro. Infelizmente, encontrei muito poucas exceções em termos de gênero, raça, idade ou receptividade e simpatia a novos rostos ou novas ideias. Nós, novatos, representávamos a mudança que poucos veteranos estabelecidos queriam aceitar, apesar do respeito que estávamos dispostos a ter por eles devido ao mérito de seu trabalho.

Naquela época, a indústria era paranoica, reativa, apegada ao passado. Os profissionais mais antigos haviam decidido que o trabalho de fotografia estava limitado a um certo número de pessoas. A única solução seria acumular técnicas, contatos, conselhos, qualquer coisa que um oponente pudesse usar para derrubá-los. Eles haviam conseguido subir toda a escada profissional e agora estavam tirando a escada dali o mais rápido possível para ninguém mais subir.

Tudo parecia muito sem sentido para mim. Se as pessoas puderem roubar sua incrível técnica apenas ao olhar para uma de suas fotos, sua técnica estará condenada. Os clientes querem contratar *você* — o ser humano — e não um efeito de iluminação ou uma lente sofisticada. Se estiver tentando esconder os seus truques de mágica de todos, terá um problema ainda maior a enfrentar.

Sim, é verdade, fiz algumas críticas. E mais do que isso, compartilhei meu conhecimento sobre fotografia — e minhas opiniões — em painéis de feiras de negócios e online com aspirantes a fotógrafos. Podia ver para onde os ventos sopravam e queria fazer parte dessa mudança. Pouco tempo depois, esses profissionais estabelecidos passaram de ambivalentes a completamente hostis. Eu servi de exemplo à mudança que eles tanto temiam.

Tudo muda, e a indústria da fotografia não seria exceção. Depois que a onda da tecnologia digital chegou com tudo, à medida que as comunidades se formavam online e as informações ficaram mais difundidas, a comunidade se tornou um lugar mais caloroso, aberto e diversificado. Com o passar do tempo, desenvolvi um forte senso de empatia sobre como deve ter sido difícil para aqueles fotógrafos estabelecidos verem o mundo que conheciam há décadas mudar praticamente da noite para o dia. Para a maioria deles significava evoluir rapidamente ou ficar de fora. Apesar de nossas diferenças, acabei podendo chamar muitos desses fotógrafos veteranos de amigos. Aprendi a história do ofício com eles enquanto compartilhava o que pensava sobre o futuro da profissão.

A comunidade é uma fonte essencial de apoio para qualquer criador. Você pode participar de pelo menos duas de imediato: a sua Comunidade do Ofício (por exemplo, fotografia) e a área em que você *aplica* seu ofício, sua Comunidade de Foco (por exemplo, esportes radicais). No cruzamento dessas duas comunidades, fica a sua Comunidade Central (por exemplo, fotógrafos de esportes radicais, como meu amigo Jimmy Chin). É muito bom conhecer as pessoas da sua Comunidade Central, porque elas entendem o seu nicho de verdade.

Por exemplo, se você faz blusas infantis de tricô, poderá participar da comunidade de tricô ou da comunidade de empresários que vendem roupas infantis feitas à mão. Em vez de ver outros profissionais que fazem blusas infantis de tricô como concorrentes, reconheça-os como sua Comunidade Central e desenvolva relacionamentos sólidos com eles. Há muitas crianças que precisam de blusas por aí. Juntos, somos mais fortes.

Para entrar na comunidade de tricô é preciso participar de conferências e encontros sobre tricô, ler blogs sobre tricô e participar de comunidades de tricô online. De modo separado, para entrar na de empreendedores é preciso um conjunto paralelo, mas diferente, de eventos, blogs e comunidades online. As diferenças entre as comunidades em termos de atitude, demografia, popularidade e suporte podem ser enormes. Cada uma delas proporcionará vantagens diferenciadas.

Embora você acabe participando tanto da Comunidade do Ofício como da Comunidade de Foco, escolha a mais amistosa e acolhedora para ser seu acampamento base. Você precisará dele ainda mais quando estiver começando.

Seja sociável

Talvez você não seja sociável. Não posso dizer que, para mim, sempre foi fácil ser sociável. Mas vale a pena ser vulnerável e se mostrar lá fora. Todas as comunidades têm seus defeitos, e nenhuma delas é exatamente o que gostaríamos que fosse, mas também não são imutáveis. São feitas de pessoas como você, e as pessoas podem mudar assim como você muda. Toda comunidade tem seu próprio ciclo de vida, e o seu lugar em cada uma delas evoluirá com o tempo. Aliás, as suas comunidades evoluirão em parte por causa da sua contribuição. Uma citação comumente atribuída a Mahatma Gandhi explica isso muito bem: seja a mudança que gostaria de ver no mundo.

Depois de escolher a sua comunidade de acampamento base, é hora de participar dela. Ninguém lhe dará um crachá de associado ou um título, mas se você participar e agregar valor a essa comunidade semana após semana, mês após mês, começará a ganhar autoridade entre os participantes. Assim que aprender como tudo funciona e se estabelecer em seu acampamento base, considere se estender a outras comunidades. Fica muito mais fácil depois da primeira vez.

O seu papel em uma nova comunidade é estar presente, doar, apoiar, agregar valor de maneira autêntica e voluntariar-se da forma que puder. Frequente os eventos e conheça outros seres humanos. Paralelamente, ouça, questione, aumente a sua perspectiva. Se permanecer ativo, passará a conhecer colaboradores, colegas, conselheiros. É como entrar para uma banda por meio de audições abertas; você tem que conquistar o seu lugar como recém-chegado. Pode ser necessário aceitar algumas situações e ficar quieto, e provar que está disposto a aguentar o tranco com todas as outras pessoas, seja passando por mudanças tecnológicas, crises econômicas, o que for. Isso ajuda a criar uma conexão natural e autêntica que o recompensará por todo o esforço despendido.

Caso esteja dizendo a si mesmo que não tem tempo para isso, faça a seguinte pergunta: "Eu realmente quero isso?" Olhe, preciso dizer uma coisa a você, é essencial ter uma comunidade para ter a vida criativa que deseja. Nada acontece se estivermos isolados. Os atores não fazem filmes sozinhos, as startups não recebem *beta testers* sem amigos, e pessoas desconhecidas não irão aos seus shows de *stand-up* para dar feedback, porque não conhecem você e não se importam. Você não precisa de muitas pessoas, mas precisa *daquelas* que se importam, especialmente desde o início. Se optar por ignorar isso inicialmente, receberá uma dura dose de realidade pouco tempo depois, independentemente do seu nível de talento.

Quando ajudei a fundar a CreativeLive, era conhecido na fotografia e havia criado um aplicativo usado por mais de um milhão de pessoas. Porém, no mundo do aprendizado online, eu era novidade. Por experiência, sabia que era minha responsabilidade me estabelecer nessa comunidade. Embora houvesse um grande foco em "edtech", ou tecnologia educacional, e MOOCs, ou cursos online abertos e massivos, eu podia sentir que as intenções eram positivas. Era hora de uma nova perspectiva. Em vez de aulas e provas tradicionais, poderíamos usar toda essa tecnologia incrível e disponível para reimaginar uma educação melhor. Poderíamos incorporar comunidades, interatividade, demonstrações ao vivo e aprendizado rico e contextual. O que eu estava visualizando na comunidade de aprendizado online existente contrastava diretamente com a revolução que estávamos iniciando na CreativeLive. Eu sabia que essa indústria poderia ser muito mais.

Graças à minha experiência com as outras comunidades, eu sabia que poderia ajudar a moldar o futuro dessa comunidade *se* quisesse nela entrar, participar e agregar valor. Poderia ajudar meus colegas a entender que "ganhar um certificado" não é o único objetivo de um curso. Poderíamos ir mais longe usando a tecnologia para tornar o aprendizado mais profundo, holístico e imersivo. Queria que criássemos recursos valiosos para os alunos explorarem à sua maneira e em seu próprio ritmo.

Para promover mudanças e conscientização, eu precisava de autoridade e, para ter autoridade, eu precisava participar de maneira autêntica — por um longo período de tempo. Então, parei de evitar e mergulhei de cabeça, escrevendo artigos de opinião entre outros artigos, aparecendo na TV em rede nacional e em outras mídias e participando e proferindo as principais palestras em conferências no mundo todo. Se eu fosse palpitar estando do lado de fora, nenhuma daquelas pessoas que estavam construindo o futuro do aprendizado online jamais me ouviria. Se quisesse ajudar a definir essa visão, eu teria que arregaçar as mangas, participar e agregar valor de verdade.

Isso pode ser tanto humilhante como extremamente gratificante. Você precisará estar presente por um tempo antes de ser reconhecido, mas gradualmente encontrará o seu lugar. E, depois de ser reconhecido, ficará muito mais fácil ajudar a moldar o cenário incluindo a sua visão.

Participe

Seja você empreendedor, pintor, construtor de modelos de avião ou qualquer outra coisa, existe um encontro, um clube ou um grupo comercial para você. Os seres humanos se organizam em torno dos mesmos interesses e paixões. Confira essas oportunidades, encontre as que mais gosta e — o mais importante — converse com muitas pessoas que conhecer por lá. Ficar em um canto pode ser menos assustador, mas não o integrará em uma comunidade de maneira significativa. E há algo extremamente poderoso em encontros pessoais, face a face. Se você sofre de ansiedade social e precisa de uma ajudinha para sair da toca em situações de grupo, tudo bem. Faz parte do processo. Mas não é uma licença para ignorar essa sugestão. Em vez disso, use toda essa consciência para desenvolver novas habilidades que o ajudem a enfrentar, contornar ou superar esse obstáculo. Mais uma vez, a participação na vida real não é apenas útil, é fundamental.

É claro que você também se envolverá no lado virtual da comunidade; só não use isso como artifício para evitar a interação social. Use as redes sociais para seguir os principais nomes da sua área e seus colegas e, então, entre nessa e participe da conversa online. Um comentário ou pergunta pertinente que agrega à conversa sempre vai mais longe do que uma simples curtida ou um emoji. Essa é uma forma de vencer fácil, uma enorme oportunidade de expandir a sua rede sem nenhum custo além de alguns minutos do seu tempo todos os dias. Pode parecer que você seja um pontinho insignificante entre muitos, mas a grande maioria das pessoas não contribui. Os comentários úteis e bem-pensados são notados, mesmo que o tempo não permita à pessoa responder a todos eles. O segredo está em continuar agregando valor ao longo do tempo. A sua participação não apenas agrega valor à comunidade, mas também dará valor a você ao acompanhar de perto a conversa de jogadores inteligentes naquele espaço.

Conheci centenas de pessoas dessa maneira, incluindo algumas que considero meus amigos agora. Cada uma delas estava exatamente onde você está agora. Começaram fazendo comentários nas minhas postagens e as compartilhando. Contribuíam para a discussão com regularidade. Mesmo sem tê-las conhecido, era como se as conhecesse. Acabei encontrando uma delas em um evento presencial em algum lugar, e essa pessoa veio me dizer oi. "Eu sou o fulano da internet. Prazer em finalmente conhecê-lo pessoalmente". Toda vez que ouço um nome de usuário familiar, sei exatamente quem é e fico extremamente entusiasmado em finalmente conhecer essas pessoas cara a cara.

ENCONTRE SUA TURMA   235

Esse é um quebra-gelo imbatível para mim, porque sei quem participa e agrega valor à minha comunidade há tempos. Aliás, já fiz a mesma coisa com outras pessoas que admiro, e é incrível como isso é eficaz. Tem sido o começo de muitas amizades interessantes e colaborações inspiradoras ao longo dos anos. O esforço constante ao longo do tempo é fundamental.

É simples assim, mesmo: para ser interessante, seja interessado. Se quiser participar de alguma coisa, descubra onde é, online e offline, e marque presença o máximo que puder.

Se você tivesse sido escritor, artista ou intelectual nos anos 1950, teria se mudado para Paris e passado todo o seu tempo livre no Les Deux Magots, o lendário café em Saint-Germain-des-Prés. Lá, esbarraria com Simone de Beauvoir e Jean-Paul Sartre. Talvez eles não lhe concedessem um lugar no início, mas se continuasse aparecendo lá por mais tempo, acabaria se tornando parte daquele cenário.

A comunidade não é um bicho de sete cabeças, ela apenas muda com o tempo. Não adianta romantizar e passar seu tempo onde seus heróis artísticos iam quando estavam começando. É preciso ir aonde as coisas acontecem *agora*. E, embora a geografia não seja tão importante quanto antes graças à internet, ainda não há nada melhor do que encontrar outros criadores pessoalmente. Até mesmo as cidades de médio porte podem ter comunidades artísticas interessantes. Seja qual for o tamanho da sua, ajude-a a crescer. Se ainda não existir uma comunidade na sua região, crie uma. Comece ajudando outras pessoas a criar coisas. Ofereça suas habilidades, esteja disposto a fazer o que for preciso e faça com que aquele karma flua. Você aprenderá bem rápido dessa maneira e acabará ajudando a construir a base de um ecossistema criativo mais vibrante para apoiar seu próprio trabalho.

Criar uma comunidade já é um ato criativo em si. Não se pode sustentar o sucesso a longo prazo sem uma comunidade saudável e solidária que defenderá seu trabalho e o apoiará quando enfrentar os obstáculos que todos nós temos de enfrentar como criadores.

Colabore

Entrar em uma comunidade e encontrar seu lugar nela é apenas o primeiro passo. Um de seus dividendos mais valiosos é a oportunidade de conhecer outras pessoas e colaborar com elas.

Um segredo que não deveria ser pouco conhecido, mas é: grande parte da criatividade tem a ver com a colaboração. Meu primeiro esforço criativo, os *Filhos de Zorro*, não teria chegado a lugar nenhum sem a ajuda das outras crianças do bairro. Eu teria acabado como o adolescente do filme *Beleza Americana* — dez minutos filmando uma sacola plástica. Eu precisava de colaboradores para realizar minha visão criativa, e você também precisa.

A colaboração ainda é uma parte significativa do meu trabalho e uma das minhas formas favoritas de ter mais alcance como artista. Seja no meu estúdio fotográfico, ou na CreativeLive, todos trazem diferentes tipos de conhecimento ao jogo. Designer, desenvolvedor, retocador — todos os profissionais da equipe contribuem com a visão de diferentes maneiras. Eu literalmente não conseguiria fazer o trabalho que faço sem colaboradores.

Até agora, enquanto estou escrevendo, minha esposa Kate, uma força criativa brilhante e minha colaboradora de longa data, está me ajudando a navegar por este manuscrito, sugerindo saídas inteligentes quando estou preso em alguma coisa e me ajudando a editar as divagações.

Também procuro modos de colaborar fora de minhas áreas de conhecimento. Em um dado momento, curioso em ir além das experiências vagas que tive com as primeiras câmeras DSLR para gravar vídeo, propus uma parceria com o talentoso e fantástico diretor comercial Will Hyde e seu estúdio. Que tal fazer um videoclipe juntos? Will tinha a ambição de buscar um trabalho mais criativo e menos comercial para inserir em seu portfólio. Essa seria a sua chance. Decidimos dirigir e produzir um vídeo juntos para uma banda alternativa emergente de Seattle chamada The Blakes. Essa seria a maneira perfeita e menos arriscada de experimentar um novo ofício: a banda ficou extremamente feliz por ganhar um videoclipe e não criou nenhuma expectativa. Isso foi bom, porque na época eu não sabia nada sobre o assunto. Acima de tudo, eu estava lá para aprender.

É assustador colaborar fora da sua zona de conforto, mas também é fortalecedor. Aprendi a admitir quando não sei alguma coisa tão bem quanto o meu colaborador, porque assim terei a oportunidade de aprender. Tudo o que posso oferecer é o que sei. Nesse trabalho, estávamos seguindo um cronograma de filmagem ousado e estressante por causa do orçamento limitado. Sem ninguém pagando, precisávamos manter os custos baixos.

Com uma programação tão ambiciosa, Will e eu logo percebemos que precisávamos que as nossas equipes colaborassem de outro jeito. Na época, a produção de vídeo era feita de maneira muito diferente do mundo da fotografia. Era segmentada e especializada, uma transição da cultura hardcore da produção sindicalizada de longas-metragens. Como resultado, o ritmo ficou muito lento para cumprir nossos propósitos. Minha equipe vinha do mundo da fotografia de localização, que exigia sempre rapidez e leveza. Mas não tínhamos experiência com áudio e vídeo. Todos nós acabamos reconhecendo que precisaríamos ser flexíveis sobre o modo de trabalho, se quiséssemos compensar nossos pontos fracos e melhorar nossos pontos fortes. Cada um se dispôs a fazer o seu trabalho e até parte do trabalho de outra pessoa caso fosse necessário. Se estivessem usando equipamentos caros ou trabalhando com equipamentos de alta tensão, protegiam quem estivesse nessa função, mas, caso contrário, todo mundo tinha de levantar e ajudar. Em vez de uma equipe isolada paga pelo ego, nós nos tornamos uma máquina leve e eficiente, adequada à missão, com todas as mãos na massa para fazer tudo dar certo.

Foi suado, mas fizemos o vídeo dentro do prazo e abaixo do orçamento. A banda ficou encantada — um vídeo desses estava muito além do que podiam ter. Embora a banda nunca tenha ficado famosa, as duas equipes aprenderam muito com a experiência. Will dividiu comigo que aprendeu as virtudes de uma equipe simplificada trabalhando com um orçamento apertado. No meu caso, aprendi a estrutura e o fluxo de trabalho de um set de filmagem. Como um dos diretores, pude praticar minhas habilidades de vídeo em tempo real, muitas vezes logo após tê-las aprendido. Prova de fogo. Também tive a oportunidade de filmar em câmera lenta com as câmeras de US$250 mil de Will. Na época, ele estava muito à frente com essa técnica e equipamentos necessários. Todo esse conhecimento me ajudou a conseguir inúmeros trabalhos de direção comercial milionários.

Mexa-se e colabore. Trabalhe com pessoas reais do mundo real como puder e aprenda com cada detalhe. Procure os melhores que puder encontrar, pessoas que, na sua opinião, fizeram os melhores e mais empolgantes trabalhos já vistos. Aprenda a organizar, comunicar e delegar tarefas para que cada um possa se concentrar em seus pontos fortes. Tire o que puder de cada experiência, mas tenha como prioridade agregar mais valor ao projeto.

Pode ser intimidador ficar cercado de pessoas tão boas como você, ou ainda melhores, que se importam tanto quanto você, ou mais, mas lembre--se: série A trabalha com série A, série B trabalha com série C. Se quiser ser ótimo, esteja rodeado de pessoas incríveis fazendo o que *elas* sabem de melhor, mesmo que isso seja mais puxado do que gostaria. A melhor forma de subir de nível é subindo o nível da sua equipe.

Aquele descontinho para amigos e familiares

É óbvio que toda essa discussão sobre encontrar uma comunidade deixa de fora algo muito importante. A maioria de nós já tem uma comunidade ou duas, incluindo aquela que mora em casa. É hora de falar do seu relacionamento com as comunidades em que nasceu e cresceu.

Vamos falar dos seus amigos. Você sabe tão bem quanto eu que algumas pessoas em nossas vidas nos desencorajam e nos sobrecarregam com dúvidas e ceticismo. Se tem uma coisa que eu não suporto é o ceticismo. O ceticismo é um veneno; não o admito mais na minha vida. Os céticos esperam o pior para todo mundo e preveem um fracasso a cada esquina. Isso acaba virando uma profecia autorrealizável. Se precisamos de combustível de foguete para que nossos sonhos alcancem a velocidade de escape, os céticos em nossas vidas ligam os sistemas de supressão de fogo e nos mantêm presos pela gravidade da Terra. É ultrajante que muitos de nós ainda tolerem tanta hostilidade e negatividade em nossas vidas pessoais, chamando isso de "honestidade".

Pare de tolerar o ceticismo e a dúvida de seus supostos amigos. Diga na cara deles: "Esta é a minha nova versão. Sou um criador em uma missão. Vou cair e cometer erros ao longo do caminho, mas vou me levantar novamente, quantas vezes for necessário, até tornar minha visão realidade. E, quando terminar, vou para a próxima missão. Na minha vida, tenho espaço para pessoas que me apoiam, que torcem por mim e acreditam no meu potencial. Se você souber fazer esse papel, ótimo, pegue seus pompons de torcida. E os pessimistas que voltem para a sua caverna e apodreçam por lá."

Se eles não entenderem, faça novos amigos.

Para atingir todo o seu potencial como criador, você deve estar disposto a dar a cara a tapa, ficar vulnerável e explorar a vida por mais complicada que seja. Os relacionamentos tóxicos tornam esse tipo de exploração pessoal quase impossível. São traiçoeiros. Lembre-se de que a resistência dos outros é diretamente proporcional ao quanto eles deixaram apagar suas próprias faíscas criativas. Quanto mais você tentar mudar, mais eles rechaçarão, porque os estará lembrando de tudo o que deixaram de fazer por suas próprias crenças limitantes. O negócio é o seguinte: você não tem que encontrar tempo ou energia para despertar a criatividade de mais ninguém; agora, você está no seu próprio caminho.

Esse é um desafio enorme para a maioria dos novos criadores. Assim que começamos a entrar no campo da vulnerabilidade, passamos a ver com uma clareza sem precedentes como as pessoas que escolhemos como amigos estão tentando nos mandar para o banco de reserva. Você *realmente* quer viver de acordo com um novo conjunto de padrões? Faça amizade com as pessoas que já vivem dessa nova forma.

240 CHAMADO CRIATIVO

Tudo bem, então você pode escolher novos amigos e conhecer novos colegas da sua comunidade criativa, mas como lidar com a sua família? No mundo ideal, todos os nossos familiares deveriam conhecer, aprovar e apoiar nossos novos (ou renovados) interesses criativos com todo carinho e entusiasmo. No entanto, se alguns ou todos eles não subirem a bordo, não seria uma opção cortá-los da sua vida — pelo menos não uma opção saudável.

As pessoas da sua família são uma parte importante da sua jornada e você não deveria deixá-las para trás. Então, faça o que puder para trazê-las para perto. Vou dizer como. Em vez de contar a elas sobre o que criará e como será ótimo, procure mostrar. Vá em frente e faça o trabalho, mesmo se não o apoiarem. Levante-se antes de sua família acordar e vá para sua mesa trabalhar. Quando acordarem, verão você dia após dia fazendo aquele trabalho. Demonstre sua paixão e compromisso. Alcance progressos. Na linguagem dos escritores, "mostre, não conte". É muito mais provável que as pessoas que o amam fiquem convencidas pelos novos comportamentos do que por novas declarações de intenção.

Logo que seus familiares perceberem o efeito positivo que a sua criatividade liberada exerce em seu bem-estar mental, emocional e físico, provavelmente entrarão no seu mundo ideal. Caso contrário, será a hora de ter uma conversa difícil. Fale com amor e humildade e, acima de tudo, seja franco: "É o que preciso fazer para ser feliz. Estou seguindo meu chamado criativo. E gostaria do seu apoio."

Os colaboradores e colegas são uma fonte milagrosa de força e apoio. Devemos aceitar que o apoio não é um sinal de fraqueza, e sim uma força humana profunda. Depois de entrar em suas comunidades criativas e estabelecer relacionamentos saudáveis com pessoas que o apoiarão em sua jornada, é hora de começar a pensar em outra comunidade crucial: o público que construirá em torno de seu próprio trabalho.

11

Construa seu Público

É você quem escolhe a tribo que irá liderar. Por meio de suas
ações como líder, atrairá a tribo disposta a seguir você.

— SETH GODIN

Será que você se identifica com o que vou descrever? Depois de passar inúmeras horas criando algo — um produto, um site novo, uma obra de arte, uma apresentação para o trabalho — você o lança ao mundo, compartilhando-o com o público-alvo, do jeito que deve ser. Prende a respiração e... nada. Cri... cri... cri... Um deserto silencioso. Ninguém se importa.

E você começa a olhar para os outros criadores com certa inveja, tentando entender como *eles* conseguem fazer seu trabalho decolar tão bem enquanto o seu — que é tão bom ou mesmo melhor — está lutando para conseguir ter um pouco de atenção.

Você rebobina a fita para descobrir onde errou, mas não encontra nada óbvio. Você fez tudo o que deveria fazer de acordo com todos os especialistas, livros e gurus do ramo. Você Imaginou, Desenvolveu e Executou bem os seus planos. Divulgou seu trabalho o máximo que pôde, criou uma conta em todas as redes sociais do planeta, usou todas as hashtags certas, todas elas — e ninguém deu nenhuma espiadinha ainda. Então o que pode ter acontecido? Por que todo mundo está decolando e você não?

É tentador inventar desculpas sobre orçamentos mais altos, equipes maiores ou outros recursos que parecem ser inadequados, mas essa não é a resposta. É claro que essas coisas podem contribuir, mas o ingrediente mágico para decolar é simples: o público.

No capítulo anterior, falamos sobre encontrar as comunidades que já existem em suas áreas de interesse e recorrer a elas para camaradagem e apoio, para crescer em meio a um grupo de colegas. Essas comunidades são fundamentais para nutrir o criador emergente dentro de você, mas não são a única resposta para causar impacto no mundo. O que está faltando é seu próprio público, que está interessado especificamente no *seu* trabalho, nos *seus* valores e na *sua* criatividade.

O seu público pessoal exclusivo pode e deve ser tão único e dinâmico quanto você. Este capítulo fala exatamente de como construir esse público e liderá-lo por meio de contribuições e serviços. É assim que você forma a sua tribo. Ela surgirá de suas outras comunidades, mas assumirá um papel próprio com você no comando.

Não se preocupe se ninguém souber quem você é ainda. A beleza de começar é que não se tem para aonde ir, exceto subir. O seu segundo seguidor representa uma melhoria de 100% em relação ao primeiro (é provável que você nunca mais veja um pico de crescimento como esse de novo).

Chame isso de público, comunidade, tribo ou seguidores — não importa. Para encontrar um lar para suas ideias e seu trabalho criativo, é preciso cultivar e inspirar um grupo de pessoas distintas, mas que pensem da mesma forma para receber o seu trabalho e, por fim, ampliá-lo. O público de um criador é seu único e maior patrimônio para gerar impacto. Ele dará tanta cor ao seu mundo quanto a criatividade dá à sua vida.

Os outros 50%

Desde o início, o seu trabalho é criar coisas usando todo o tempo e energia que puder. Aprender o seu ofício e aperfeiçoar a sua voz são atitudes inegociáveis. Mas pouco tempo depois de desenvolver uma prática criativa resiliente e produtiva, as coisas começam a mudar. À medida que o seu trabalho melhora em qualidade e quantidade, você começa a sentir vontade de compartilhar esse valor com outras pessoas. Não basta apenas apresentar a sua ideia ao chefe, fazer um novo post no blog para seus pais lerem ou compartilhar o que escreveu com seu acampamento base; você precisará que um número maior de pessoas ouça e entenda a sua mensagem.

Isso também não é apenas divulgar o seu trabalho. A divulgação exige esforço e é importante se quiser alcançar as pessoas e causar impacto, mas esse conceito bastante mal compreendido de público vai além do ciclo de criação e divulgação para uma lista de nomes em um banco de dados. Na verdade, o maior erro que vejo criadores emergentes cometerem é pensar que seu trabalho é apenas criar algo e promovê-lo imediatamente. Às vezes, eles até pulam toda a parte da criação e vão direto à autopromoção com o objetivo de serem "influenciadores". Assim que você se torna um influenciador — ou pelo menos *influente* — as pessoas vão ler, assistir ou ouvir o que você fizer, certo?

Errado. A promoção deve acontecer apenas depois de estabelecer uma base real. Ninguém sabe quem você é ainda. Por que deveriam saber?

Para que o seu trabalho tenha impacto, a criação e a divulgação juntas devem representar metade da energia dedicada ao seu objetivo. Os outros 50% devem ser destinados à construção do seu público. Para se ter sucesso, é necessário um exército de pessoas — não se prenda ao tamanho desse exército ainda — que amam o que você faz. Para construí-lo, será preciso se envolver com as pessoas de maneira atenciosa e contribuir de modo significativo ao longo do tempo.

Não desenvolva o seu trabalho baseado na criatividade, na autenticidade e no coração apenas para "agregar" uma "lista" superficial de seguidores usando truques e esquemas. Construa um público genuíno que ama o que, como e *por que* você faz o seu trabalho. Tudo isso deve acontecer antes, durante e depois de criar seu novo produto, site, obra de arte ou apresentação. A criação da comunidade segue paralelamente ao seu trabalho criativo e requer o mesmo grau de consistência.

Ficou sobrecarregado? Respire fundo. A paciência é tudo nesse processo. É preciso estar engajado a longo prazo, portanto, controle o seu ritmo. Se estiver se perguntando onde os criadores de sucesso encontraram comunidades prósperas, estará fazendo a pergunta errada. Eles não *encontraram* as comunidades, mas sim as criaram. Aliás, se os considera bem-sucedidos, é provável que venham criando essas comunidades há cinco anos ou mais. *Isso se aplica até mesmo se você apenas ouviu falar deles.* Todos aqueles sucessos criativos descontrolados parecem ter surgido do nada, mas sempre representam anos de esforços meticulosos por parte do criador. A comunidade deles ficou sabendo deles e de seu trabalho há muito mais tempo do que o resto de nós aqui no mundo convencional. A expectativa de seu grande lançamento vem sendo criada há anos. A comunidade deles foi a alavanca que impulsionou o grande sucesso que você está testemunhando agora.

Acima de tudo, os criadores criam, mas, se quiserem que alguém se importe, devem estabelecer as bases para o sucesso futuro enquanto trabalham. Pense nos artistas e empresários que parecem estar arrasando agora. Houve um tempo em que ninguém prestava atenção ao que criavam. Passaram anos participando de outras comunidades, estabelecendo um acampamento base e agregando valor com muita paciência até as pessoas darem atenção a eles e suas contribuições únicas. Lentamente, fizeram conexões diretas com essas pessoas. Por fim, chegou o momento decisivo, e esse criador "de repente" teve sua própria comunidade próspera, ansiosa para se engajar com o que ele tinha para compartilhar.

Mas não é só isso. Mesmo depois de conseguir construir um público em torno de si mesmo e do seu trabalho, essa tarefa não "termina" nunca.

Uma faísca não é igual a uma chama. O sucesso mostra apenas que a sua atividade de construir um público está funcionando — portanto, *continue o que está fazendo*. Se ficar sentado, esperando ganhar dinheiro e elogios, ou tentar alavancar os fãs e seguidores do seu trabalho assim que perceber que estão surgindo, você desaparecerá de vista rapidamente. A sua comunidade se dispersará. Tenha vontade, tenha humildade. Continue fazendo o seu trabalho.

Seth Godin publica em seu blog todos os dias. As pessoas tiram uma lição errada disso. Elas acham que Seth é a prova viva de que, se continuarmos compartilhando um bom trabalho de forma consistente por tempo suficiente, inevitavelmente, ele terá notoriedade e sucesso. Mas isso não é verdade. Pergunte a Seth. Ele conhece o valor da comunidade melhor do que qualquer outra pessoa. Desde seus primeiros dias como empacotador de livros, passando por sua época no Yahoo!, até os dias de hoje, ele sempre envidou esforços na construção de sua tribo. Ele agregou valor a outras comunidades e acabou reunindo uma em torno de seu próprio trabalho. Ele nunca se dá por satisfeito. Até hoje, responde a todos os e-mails que recebe. Dá palestras com frequência e lança projetos para apoiar a sua comunidade, como seu workshop altMBA. É verdade, ele escreve no blog todos os dias e escreve um livro atrás do outro, mas toda essa criação e divulgação representa apenas metade de um todo ou até menos.

Embora tenha evoluído, o meu podcast nasceu originalmente do desejo de agregar valor à comunidade da fotografia. Ninguém mais estava trazendo empreendedores de sucesso e artistas de alto desempenho de outras comunidades para ajudar os fotógrafos a entender o sucesso, o desenvolvimento pessoal e a criatividade. Eu sabia que poderia agregar esse valor, então comecei a fazer entrevistas com autores best-seller do *New York Times*, além de artistas vencedores dos prêmios Pulitzer, Grammy e Oscar e empresários renomados, e fazia o tipo de perguntas que as pessoas da minha comunidade fariam.

Só para deixar claro, ter um público não significa ser famoso. O tamanho da sua comunidade — público, base de clientes, tribo, seguidores — é importante apenas em relação à natureza do seu chamado. Se você for um ferreiro e todos os chefs locais bons o procuram pelas facas que produz, você valerá ouro. Cada golpe do seu martelo tem um propósito. Se tiver um público receptivo para o seu trabalho e estiver totalmente satisfeito com a troca de valor — mesmo que receba apenas atenção em troca —, seus esforços estão funcionando. Continue fazendo o que está fazendo.

Todo criador relevante que você conhece — mesmo aqueles freneticamente focados em seu produto ou ofício — investe no cultivo da comunidade de maneira desproporcional. Nenhum deles apenas publica alguma coisa e espera que tudo dê certo. Eles sabem o *porquê* por trás de seu trabalho e *fazem* bastante trabalho de qualidade, mas também estão sintonizados com *quem* se identifica com o seu trabalho, *onde* essa comunidade passa o tempo, para *o que* dar atenção e *como* colocar o seu trabalho nesses espaços.

Se você preparou um banquete épico, o X da questão é: *quem vai apreciar toda essa fartura?*

Estabeleça o seu ponto de vista

Como vimos no capítulo 3, o primeiro passo para se destacar é ser você mesmo sem nenhum remorso. Uma coisa é entender esse conceito, outra é se colocar na esfera pública de verdade como (insira o seu chamado aqui). Assim que fizer isso e se estabelecer em algumas comunidades preexistentes como seu acampamento base, é hora de se tornar o local de uma comunidade totalmente nova, sustentada e movida por *você*. Ela precisa que você *lidere*.

Isso é desconfortável. Mencionei meu hábito de mergulhar em água fria no capítulo 4. Se você construiu seu próprio hábito de banhos frios, estará bem-preparado para dar esse mergulho e realmente dizer o que quer. Mais uma vez, não se pode entrar devagarinho e se destacar. É necessário coragem, pelo menos *um pouco* de confiança e um mínimo de entusiasmo.

Por volta de 2004, criei uma conta no Blogger para compartilhar minha jornada criativa. Sobreviver a uma avalanche me ensinou que queria usar o tempo que tivesse na Terra para fazer mais; queria ajudar as outras pessoas em sua jornada criativa da maneira que sempre desejei que alguém tivesse me ajudado. O blog também seria uma oportunidade de praticar como expor meu ponto de vista. Mesmo assim, entendi que um ponto de vista — não uma técnica — seria a base do meu sucesso criativo. O blog serviria de lugar para exercitar meu ponto de vista como artista, por mais que minhas palavras tivessem um papel mais importante do que minhas fotos. Eu precisava me sentir à vontade contando a minha verdade.

O site não era bonito, não era adequado para fotografia, mas atendeu ao seu propósito. Eu não precisava da ferramenta perfeita, apenas de uma que estivesse disponível.

Eu já tinha escrito vários textos acadêmicos no doutorado, mas precisava aprender como comunicar as minhas crenças com uma linguagem simples, sem rodeios. Não foi fácil. No começo, não sabia bem sobre o que ou como escrever. Tudo parecia esquisito e artificial. Finalmente comecei discutindo problemas específicos que encontrava: um mal-entendido no set, dificuldades técnicas com uma cena em particular, uma lição de gerenciamento de clientes que aprendi da maneira mais difícil.

Com o passar do tempo, minha escrita melhorou. Comecei a compartilhar todas as minhas experiências como fotógrafo. Escrevi sobre minhas frustrações com a então sufocante indústria fotográfica — todos os dias procurava profissionais que admirava para fazer contato e parceria, mas nunca recebia nenhuma resposta. Escrevi sobre a relutância de toda a indústria em compartilhar os "segredos comerciais" e como eu contava com o catálogo de fichas da biblioteca local para desenterrar livros de fotografia esgotados apenas para aprender o meu ofício.

O meu ponto de vista foi tomando forma lentamente. Por meio da escrita, comecei a descobrir quem eu era e o que queria da vida. Eu acreditava que as indústrias criativas não estavam cumprindo o seu papel de apoiar os criadores, e eu gostava de ajudar outros criadores a ter sucesso. Eu acreditava em descobrir as coisas por si mesmo e aprender na prática. As coisas na indústria eram muito claustrofóbicas, e eu queria ser o mais aberto e transparente possível.

Descobri tudo isso por meio do processo de escrita e compartilhamento, muitas vezes de maneira esquisita, esotérica e imprecisa. Não fiquei enclausurado em uma caverna qualquer criando ideias para depois voltar ao mundo e espalhá-las. Formei meu ponto de vista fazendo o meu trabalho e, o mais importante, fazendo conexões com outras pessoas através do que eu estava pensando e sentindo.

Minha intenção nunca foi promover o meu estúdio de fotografia. Mesmo com o crescimento de meu público, eu não tinha a ilusão de que os clientes em potencial estavam lendo minhas matérias. Eu me concentrava em agregar valor e ser útil às pessoas que precisavam — a minha turma. O que eu sabia que as outras pessoas poderiam achar útil? Compartilhava sobre levar a fotografia digital ao campo, levar câmeras de última geração aos picos das montanhas. Todos usavam câmeras digitais no estúdio, mas demonstrei como era possível levar essas ferramentas delicadas para a estrada de maneiras únicas e, naquela época, inesperadas. Os fabricantes de equipamentos perceberam que eu estava inovando e expandindo o mercado de novos produtos, de câmeras digitais de formato médio a cartões de memória duráveis e capas rígidas para laptop. Foi tudo um experimento para mim, mas ao documentar e compartilhar essa jornada — apresentando os momentos de glória e os momentos de aprendizado ao longo do caminho — o meu pequeno laboratório se tornou um local para colegas criadores se unirem virtualmente, criando laços uns com os outros.

Enquanto isso, a tecnologia evoluía. Logo, eu estava compartilhando vídeos com instruções no Google Video, no Viddler e em outras ferramentas antigas (o YouTube ainda não tinha papel de destaque). À medida que o escopo do meu trabalho criativo se expandia, eu conseguia compartilhar informações que não se podia encontrar em nenhum outro lugar. Por exemplo, mostrei ao meu público o kit de fotografia de viagens que usava para sessões internacionais. Se você se esquecer de levar um equipamento importante para um trabalho no Himalaia, não vai se dar bem.

Eu também compartilhava um pouco do meu estilo de vida como fotógrafo, tentando aprender, crescer e experimentar tudo o que a vida tinha para oferecer — enquanto continuava construindo meu negócio. Em 2005, eu tinha uma equipe pequena, mas poderosa, com um cinegrafista em tempo integral apenas para capturar os altos e baixos do nosso trabalho. Viajamos para locais exóticos, dormimos no carro, acampamos e andamos de helicóptero fretado rumo a um ponto estratégico extraordinário. Gravamos e compartilhamos muitos desses momentos, que começaram a ter um grande impacto entre os colegas criadores e as pessoas que os contratavam.

Naquela época, havia poucas fontes de estilo de vida, aventura e conselhos como essa. E à medida que o YouTube, o Facebook e outras ferramentas começaram a surgir, passei a usar todas elas — o que fosse necessário para espalhar a mensagem amplamente.

Se tivesse mantido o foco apenas no trabalho do cliente, como a maioria dos outros fotógrafos da época, provavelmente ainda seria um fotógrafo atuante, mas nunca teria ido além do meu potencial criativo. Compartilhar meu trabalho me ensinou a receber críticas. Levou a futuras parcerias com empresas do mundo inteiro. Graças ao blog, recebi todos os tipos de ofertas interessantes. "Podemos levá-lo a Hong Kong para participar do nosso vídeo?" CLARO que podem. Lentamente, a minha própria comunidade crescia em torno do meu ponto de vista, atraída pelo valor que eu oferecia. Esse público se tornou o pilar central de tudo o que eu construiria posteriormente, desde o Best Camera à CreativeLive e além. Alguns anos depois, o cofundador da revista *Wired*, Kevin Kelly, afirmou que é preciso apenas mil fãs verdadeiros para ser um criador de sucesso hoje. Muitas pessoas zombaram, mas eu já tinha passado por essa experiência e sabia que era verdade.

Enquanto trabalhava em projetos maiores com clientes de grande porte, continuei procurando maneiras de trazer essas marcas e seus produtos para perto do meu público, o que era mais importante para mim do que qualquer outro trabalho. Tratei essa meta com integridade absoluta, mostrando aos meus seguidores somente produtos e serviços que eu pudesse apoiar de verdade.

O lançamento da Nikon D90 é um exemplo disso: depois que percebi o valor de uma câmera DSLR com a capacidade inovadora de criar vídeos, fiquei louco para compartilhar minha experiência com o meu público. Aliás, foi emocionante ser o primeiro fotógrafo profissional do mundo a usar essa tecnologia e eles sentiram a minha emoção também. O produto era genuinamente interessante e valioso para eles, e meus vídeos e histórias os levavam aos bastidores de uma nova maneira. Eles ficaram mais do que felizes em ajudar a espalhar a notícia.

Para mim, a minha comunidade era uma festa importante e eu queria trazer os convidados mais fascinantes e adoráveis à minha mesa para conhecer quem já estava lá. Sem tédio. Sem tensão. Só conhecimento e entretenimento. Naturalmente, isso significava recusar muitas marcas que pediam um convite. Mas, como resultado, a minha comunidade pôde ver o quanto eu trabalhei para agregar valor a ela, e as marcas convidadas viram com que entusiasmo minha comunidade respondeu a parcerias e colaborações autênticas. Foi uma situação clássica em que todos saem ganhando.

Uma combinação de autenticidade, autoridade e vulnerabilidade criou minha marca e aumentou minha tribo. Essa tribo me deu oportunidades únicas e valiosas com minha base de clientes. Aliás, ela se tornou um meio de não precisar de clientes. Alcancei o poder de dizer não. Quando não precisamos de nossos clientes, eles ficam muito mais animados em trabalhar conosco. É possível ser bem seletivo. Eu podia dizer não aos trabalhos que talvez antes teria aceitado, o que significava que poderia me dedicar mais a fazer o que amava e fazer coisas para o benefício do meu público — um poderoso ciclo virtuoso.

A bateria de confiança

Nada é mais valioso do que a confiança que a sua comunidade deposita em você. É preciso conquistá-la e depois protegê-la com todas as suas forças.

Tobias Lütke, fundador e CEO da Shopify, compara a confiança a uma bateria. Quando novas pessoas entram na sua comunidade, a confiança delas em você, a bateria de confiança delas, está com 50% de carga. Todos sabem que um telefone com bateria pela metade não dura o dia todo. É preciso carregá-lo logo ou ficará sem bateria quando mais precisar. Como Tobi descreve, cada interação com as pessoas da sua comunidade carrega ou acaba com a bateria delas. Como carregar essa bateria de confiança então? No livro *Mais Forte do que Nunca*, Brené Brown aponta vários fatores-chave que geram confiança, incluindo a credibilidade, a responsabilidade, a integridade e a generosidade. Todas as ações realizadas em sua comunidade são uma oportunidade de gerar essa confiança ou perdê-la.

Mas o que isso significa para um criador? Antes de mais nada, diga a verdade. Diga. A. Verdade. Se estiver contando à comunidade algo relacionado, mesmo que remotamente, a um cliente, informe-o desse detalhe, mesmo se o que estiver dizendo venha de um local genuíno de oferta de valor.

Significa aparecer e ser visto. As pessoas da sua comunidade aparecem para fazer parte do seu mundo porque os seus valores estão alinhados com os delas. Mantenha-se fiel a quem você é em todas as interações, assim como faria com um amigo próximo.

Significa manter suas promessas. Se disser que fará algo pela comunidade, faça. Se não conseguir fazer, responsabilize-se.

Significa doar, doar e doar mais um pouco. O seu público não deve ser influenciado, e sim *cultivado*, *nutrido* e *sustentado*. Como você sustenta o seu público? Com valor. Hoje em dia, as pessoas têm 100 seguidores no Instagram e de cara tentam vender alguma coisa ou se tornar um influenciador patrocinado. Escrevi mais de mil publicações no blog e acumulei milhões de visualizações de páginas antes mesmo de pensar em "empurrar" ou "vender" alguma coisa. O Best Camera — aplicativo de fotos que custa US$3 — foi a primeira vez em que "monetizei" o meu público. Ao mesmo tempo, sempre comentava nos blogs de outras pessoas e participava das redes sociais sem nenhum link para vender minhas próprias coisas. Apenas agregava valor — com paciência e constância — à minha pequena, mas crescente comunidade, por um bom tempo.

Os detalhes da execução estão sempre mudando à medida que novas ferramentas surgem e desaparecem, mas a filosofia da construção da comunidade permanece a mesma: doar. A CreativeLive sempre ofereceu uma quantidade incrível de valor à sua comunidade. Transmitimos as melhores aulas criativas com fotógrafos, designers e empresários do mundo todo. Qualquer pessoa no mundo pode assistir à maioria delas, do começo ao fim, de graça. Não é exatamente "você ganhou um carro, você também ganhou um carro, *todo mundo* ganhou um carro", como no programa da Oprah —, mas ainda assim é incrível. Não foi por acaso que a CreativeLive conquistou uma comunidade tão grande e engajada.

Não importa se seu ofício é cantar, dançar, tricotar ou cozinhar. O que você doa não precisa ser educacional, mas precisa agregar valor aos outros. Doar desse jeito não é fácil, mas assim que vemos que dá certo, ficamos motivados a continuar. A melhor maneira de aumentar a eficácia de seus esforços de criação da comunidade é analisando as pessoas que estão tendo sucesso e, em seguida, usando a sigla DIAR: desconstruir, imitar, analisar e repetir (consulte o capítulo 2). Quais táticas os melhores profissionais da sua área têm em comum? Isso não tem nada a ver com o seu valor como ser humano. É apenas aprender com as pessoas que estão mais adiante no caminho do que você. Mantenha a sua própria voz. Não seja a próxima Rihanna, seja a primeira você. Não imite a mensagem ou o ponto de vista de ninguém. Apenas estude os mecanismos e as táticas que podem tornar os seus esforços mais fáceis e eficazes.

Como é necessário agregar valor para sustentar o seu público, procuro ver essa situação como uma oportunidade para o meu próprio aprendizado e crescimento. Eu sempre busco um equilíbrio entre trabalho comercial e pessoal. O trabalho pessoal se torna um *playground* para ver quais ideias decolam, e o trabalho comercial paga para eu poder me divertir no domínio desejado. Em outras palavras: *não crio arte para obter projetos comerciais que pagam bem, faço projetos que pagam bem para poder criar mais arte.* Quando faço alguma coisa por curiosidade, ou para a comunidade, posso me divertir sem ter que me preocupar com clientes e prazos e apenas ver para aonde as coisas vão. Se algo não acende a chama no meu coração ou não desperta interesse em minha comunidade, mudo para outra coisa que possa exercer esse efeito.

Criar trabalho para a comunidade também ajuda a construir o seu portfólio. Se quiser conseguir qualquer tipo de trabalho pago, provavelmente terá que demonstrar a sua capacidade primeiro. Os clientes de qualquer setor raramente gostam de fazer grandes apostas no desconhecido. Fiz centenas de vídeos e curtas-metragens autodirigidos antes de ser pago para fazê-los para clientes. Isso exigiu bastante tempo, investimento e atenção, mas abriu possibilidades totalmente novas para mim como criador. Trabalhos pessoais como esses me levaram a todos os meus maiores avanços profissionais. Não espere que alguém se arrisque por você apenas por ter manifestado seu interesse ou porque você acrescentou um item novo na aba "Serviços" do seu site. Se você fotografa retratos e deseja fotografar automóveis, vá fotografar automóveis primeiro. É assim que se investe em seus negócios hoje. Mostre ao mundo o que você pode fazer. A sua comunidade será o seu laboratório.

O melhor momento para chamar a atenção do seu público é agora. Lembre-se disso sempre que se pegar dizendo que começará a criar um público amanhã. Todos os dias surgem mais coisas para fazer. É claro que você saberá quando é a hora certa e sempre haverá um público para o seu trabalho, mesmo que seja pequeno. Mas provavelmente é verdade que a melhor hora para começar é agora.

A sua comunidade é um bem extremamente valioso. Trate-a bem, com máxima integridade. Eu trago meus clientes para conhecer o meu público, e não o contrário. Você tem que ter cuidado. A maioria das empresas é criptonita para as comunidades. Isso não é proposital, mas sim um subproduto da maneira como operam para obter margens de lucro e exploração de recursos. A ironia é que as comunidades são o que procuram. Algumas empresas excepcionais entendem isso e construíram comunidades prósperas em torno de seus produtos.

Continue carregando essas baterias de confiança. Você nunca se arrependerá de carregar a bateria de confiança da sua comunidade. Mas *sem-*

pre se arrependerá de deixá-la acabar — confie em mim. A minha equipe usa uma expressão quando um trabalho em potencial exige mais cuidados: "Não esmague o filhotinho!" O filhotinho aqui é a bela ideia, o conceito criativo, a autenticidade com que nossa tribo de milhões se identifica. Se você já leu *Ratos e Homens*, saberá que nem todos que querem acariciar o filhotinho têm permissão para fazê-lo, mesmo que queiram muito, muito *mesmo*. Com muita frequência, fecho negócios com empresas que me garantem controle criativo e, no meio do processo, começam a adentrar o meu território. Chamo o cliente imediatamente para uma conversa: "Você me contratou para fazer algo único. Se não me deixar fazer algo único, não terá o produto pelo qual pagou, não obterá os resultados que deseja e a minha comunidade não fará parte disso."

Não esmague o filhotinho.

Determine a sua menor tribo viável

Quando estiver começando com o seu público, pense pequeno. Muito pequeno. Pergunte-se: qual é a tribo mais limitada e centrada que eu poderia criar em torno do meu trabalho? Como posso me envolver com essa tribo de maneira consistente, todos os dias, se possível? Faça apenas aquilo com que conseguir se comprometer a fazer regularmente. Ao sustentar a sua comunidade, mantenha-a sustentável. Concentre-se só em estabelecer autoridade e autenticidade com um pequeno grupo de pessoas que amam o que você faz. Faça isso direito e mais coisas serão atraídas para você e para o seu trabalho ao longo do tempo.

Tudo bem anunciar? Olhe, não deve haver constrangimento em um anúncio ou em uma publicação patrocinada. Podemos fazer coisas incríveis com a segmentação e, se você souber exatamente o tipo de pessoas dispostas a obter o que tem a oferecer, pode ser uma maneira muito útil de passar a mensagem diretamente a elas. Dito isso, os anúncios são uma atividade paralela que não pertence ao seu pensamento sobre a comunidade. A maioria das pessoas recorre a anúncios muito cedo no processo, como se pudesse, de alguma forma, *comprar* uma comunidade. Não se pode. Pode-se comprar atenção temporária, mas não se pode comprar o membro de uma comunidade. Se não tiver certeza se deve ou não anunciar, a resposta provavelmente é não.

Confie na sua intuição. Se estiver pensando em exibir um anúncio, informar a sua comunidade sobre um produto ou monetizar as coisas de alguma forma, e a sua intuição mandar um alerta: NÃO FAÇA ISSO.

E se as coisas começarem a dar certo, não deixe seu ego tomar as rédeas. Se nunca teve a experiência de receber bastante atenção antes, ela pode ser inebriante. Fique de olho no que importa: sua autenticidade e integridade. Isso significa que você deve permanecer fiel à sua visão, mesmo que signifique se afastar da sua comunidade. *Você precisa permanecer no seu caminho*. Ou seja, inevitavelmente, alguns de seus seguidores não virão com você. Ficarão presos ao seu antigo eu, à versão que os atraiu inicialmente, apesar de você estar crescendo. Tudo bem. Você é criador, e não influenciador. Os influenciadores se tornam qualquer coisa que for necessário para manter seu público. Os criadores mantêm o seu caminho, e as pessoas certas acompanham essa jornada.

Mesmo com a sua comunidade crescendo, não se esqueça de seu acampamento base. As suas outras comunidades ainda são importantes, você não deve abandoná-las. Continue aparecendo, continue encontrando novas maneiras de contribuir e colaborar com os outros, e essas comunidades continuarão alimentando o seu sucesso e o seu futuro.

Na vida real

As pessoas dirão que, com a estratégia correta, as redes sociais possibilitam a criação de toda a comunidade a partir do conforto da sua sala de estar. Isso não é verdade. Vimos muitos políticos aprendendo essa lição da maneira mais difícil. É necessário sair e ficar frente a frente com as pessoas no mundo real. É necessário subir ao palco. Não há nada melhor.

Depois que a REI comprou minhas fotos para decorar sua principal loja em Seattle, os gerentes me pediram para falar com a comunidade que estavam criando em torno da loja. Eles sabiam o quanto eu estava engajado em esportes radicais ao ar livre. Foi por isso que trabalhei em uma loja de esqui, para estar perto de pessoas que praticam esqui e snowboard o dia todo! Eu queria ser uma parte viva dessa comunidade.

Aceitei o trabalho, e eu e minha equipe criamos um evento divertido para arrecadar fundos para o Centro de Avalanche de Northwest para ajudar a trazer conscientização sobre o perigo de avalanches. Todo ano, eu apresentava slides do meu trabalho, compilando as melhores imagens de todas as atividades como pesca com mosca, escalada, esqui e snowboard que eu e Kate tínhamos feito durante o ano anterior. Para promover cada evento, eu colocava panfletos em todos os lugares; enchíamos a casa com pura agitação. Eu contava histórias de nossas aventuras e depois mostrava as fotos enquanto um DJ tocava ao vivo em segundo plano. Acabamos nos divertindo muito, fazendo conexões pessoais com algumas centenas de amigos e arrecadando dinheiro para uma causa muito importante.

Fique frente a frente com as pessoas da sua comunidade da maneira que puder. Vá a eventos, de grandes conferências a encontros em cafeterias. Se você se conectar com alguém online em sua região, convide essa pessoa para um encontro presencial. Aprimore sua habilidade de oratória fazendo um curso como o da ONG Toastmasters International. Entre em contato com empresários locais. Crie seus próprios eventos e ajude a unir as pessoas.

Compareça. Converse. Faça e responda perguntas. Agregue valor. Devagar e sempre, a sua comunidade passará a tomar forma.

Crie o seu próprio mentor

Há mais um benefício para o público que você cria em torno de si mesmo e de suas ideias: ele se torna uma fonte inestimável de aconselhamento e apoio.

Depois de encerrarmos nosso quinto ou sexto workshop da CreativeLive, levei a equipe para comer pizza. Ficamos todos empolgados, cumprimentando uns aos outros por mais uma transmissão ao vivo de sucesso.

"Vamos falar sobre a nossa visão. Qual é o futuro da CreativeLive?" perguntei a eles. "Para aonde podemos ir agora? Quem seria um instrutor dos sonhos?" As primeiras sugestões foram fotógrafos de estrelas como Annie Leibovitz e Anne Geddes.

"Sim, com certeza queremos instrutores como elas na plataforma", comentei. "Somos a CreativeLive. A criatividade é um enorme coração de mãe. E pense maior." Alguém disse Richard Branson. "*Aí* sim." Ele já tinha sido uma grande inspiração para mim como empreendedor. Rebelde desde o início, lançou a Virgin Records como um completo estranho da indústria e a construiu contratando bandas polêmicas, mas promissoras, que eu amava, aquelas com quem as gravadoras estabelecidas não se envolveriam, como Sex Pistols.

Alguns anos depois, como parte do meu esforço contínuo para criar minha comunidade, eu aceitei um convite para uma reunião de criadores e empreendedores em Londres. Não sabia muito sobre o evento previamente, então, fiquei um pouco chocado ao me encontrar sentado entre Peter Gabriel e Richard Branson. Não conversei de imediato. Eles já se conheciam, portanto, eu ficava ouvindo na maior parte do tempo. Mais tarde no evento, conversei com Peter sobre fotografia, e Richard, sempre curioso, começou a fazer perguntas. Antes que eu percebesse, estava em contato com a pessoa que supervisionava seus investimentos. Richard acabou se tornando investidor da CreativeLive e consultor de confiança. Até hoje, sei que posso contar com ele e sua equipe para ter ideias e apoio.

Todo mundo quer um mentor, aquela pequena criatura verde e sábia que nos ensinará a balançar um sabre de luz e usar a Força. Não fui exceção quando comecei na fotografia. Pensava que alguém pegaria a minha mão estendida e me guiaria pelo caminho da grandeza. Diria para mim o que aprender, como aprender e o que fazer depois disso tudo.

À medida que progredi no meu caminho criativo e me tornei uma pessoa a quem outros aspirantes a fotógrafos pedem para servir como seu próprio mentor, percebi que a orientação, da forma como pensamos nela, é um conto de fadas pernicioso.

258 CHAMADO CRIATIVO

Quando percebi que ninguém me orientaria da maneira que sempre imaginei, recorri aos livros. Na verdade, era bem simples. Para aprender a administrar meu negócio de fotografia, li *O Guia de Negócios em Fotografia*. Eis que encontrei as respostas para a maioria das minhas perguntas. Não precisava ficar em cima de um fotógrafo de celebridades durante uma festa e pedir ajuda. Os livros são um programa de mentoria em grande escala. A melhor parte é que, se você estiver disposto a ler todas as páginas de um livro, pode ser orientado pelas melhores mentes da história. Ao longo dos anos, montei uma espécie de Franken-mentor-stein composto não apenas por livros, mas também pelos conselhos de muitas pessoas diferentes que conheci ao longo do caminho. Essa não é a noção romantizada que se pode ter sobre mentoria, mas é como ela existe no mundo real.

Quando eu estava sentado ao lado de Richard Branson, todo o meu instinto me dizia para puxar conversa logo. *Ele quer ajudar a próxima geração de empreendedores, não quer?* Em vez disso, fui paciente e o encontrei novamente no evento mais tarde, o que me fez acabar conhecendo a sua equipe. Quando chegou a hora certa e tive uma oportunidade de investimento atrativa, mas competitiva, para a rodada de capital de risco da Série B da CreativeLive, pude *oferecê-la* a Richard. Naquele momento, eu estava agregando valor e sendo útil à equipe da Virgin, deixando que participasse de uma oportunidade exclusiva, análoga ao que fazia há anos com minha própria comunidade em torno da fotografia.

Aprendi a ter uma conexão com as pessoas que respeito, primeiro oferecendo valor, seja por meio da criação de conexões, oferecendo ideias criativas ou simplesmente tendo interesse e prestando ajuda no que alguém estivesse criando. Conheci meus primeiros conselheiros escrevendo cuidadosamente sobre suas ideias no meu blog. Todo esse cuidado chamou a atenção deles em troca. Essa ainda é uma maneira fenomenal de criar uma comunidade. Posso mencionar de cor dez pessoas que nunca conheci, mas que participam quase todos os dias. Eles estão lá fora, oferecendo apoio para mim e agregando valor. Eu noto. (Se um de vocês estiver lendo isso agora e compartilhando em suas redes sociais mais uma vez, obrigado pelo apoio).

Mesmo se você estiver de moletom no aconchego da sua casa, fique online e compartilhe o Tweet do criador cujo negócio você admira. Deixe um comentário atencioso e compartilhe a mensagem desse criador todos os dias por dois anos. Não de uma maneira assustadora, mas de uma maneira atenciosa. Depois disso, não importa quem ele seja, o que importa é que ele saberá quem você é. E, se um dia acontecer de vocês se cruzarem na vida real, você terá algo autêntico para falar. Poderá fazer referência a momentos específicos no arco de sua carreira criativa que admirou ou com que aprendeu. Isso criará uma conexão entre vocês dois, mesmo que seja breve, de maneira simples, porém significativa. E é disso que estou falando.

Eu não tenho um Yoda, mas sim uma rede de consultores na minha comunidade. Uso conselhos de todos os tipos de pessoas, cada uma com uma perspectiva distinta e valiosa. Criei e cultivei esses relacionamentos por anos, assim como criei o resto da minha comunidade. Mesmo quando não tenho um relacionamento com uma pessoa, posso apenas segui-la nas redes sociais ou ler seus livros. É bonito ver que tantos profissionais de alto desempenho compartilham seus conselhos, ideias e inspirações tão livremente. É inacreditável quantas pessoas conheço que não aproveitam o que um livro ou um post de blog tem a oferecer, mas ficam aborrecidos, se perguntando por que fulano não está respondendo aos seus e-mails. Sabe por quê? Porque o Fulano está ocupado escrevendo um post para o blog ou o próximo livro.

Seria maravilhoso se um mentor da vida real, superdedicado, caísse no seu colo, não é mesmo? Mas não fique esperando sentado. Esse é exatamente o tipo de mentalidade gananciosa de quem pega para si antes de dar aos outros que envenena uma nova comunidade. Hoje, os melhores profissionais da Terra divulgam seus conhecimentos e conselhos a todos, geralmente de graça. E é possível obter mais se estiver disposto a ir mais longe. Por exemplo, quando um aluno se voluntaria para participar de um curso da CreativeLive, ele passa dois ou três dias em estreita proximidade com o instrutor e apenas alguns outros alunos. Laços se formam, acredite em mim. Embora nossos cursos sempre sejam gratuitos, existem muitas oportunidades semelhantes que são pagas, como cursos, seminários e reti-

260 CHAMADO CRIATIVO

ros. Você não encontrará uma oportunidade melhor para criar relacionamentos duradouros com as pessoas que mais admira.

Outro aspecto da ilusão do mentor é a ideia de que alguém vai aparecer do nada para fornecer estrutura e responsabilização ao seu trabalho. Se estiver esperando um mentor fazer isso por você, volte e leia o Passo II novamente. Estamos sempre procurando uma oportunidade de passar a responsabilidade para os outros. Esse é um bilhete só de ida para onde começou. Você está seguindo seu próprio caminho agora. Não há como escapar de fazer o trabalho e gerenciar a sua carreira, decidir aonde quer chegar e depois ir atrás desse plano.

Seja inteligente. Crie o seu próprio mentor. Leia, ouça e aprenda — os recursos são ilimitados. Depois, seja útil, agregue valor e forme conexões com as pessoas que admira. Em vez de depositar toda a sua fé em uma pessoa que você ainda não conheceu, crie uma rede de conselhos e conselheiros que o sustentarão no futuro.

Construir o seu público e depois cultivá-lo — não importa o tamanho dele e o alcance da sua própria estrela — é o ingrediente que falta para 99% dos criadores que conheço que acham que não estão conseguindo alcançar o sucesso.

Somente depois de criar sua própria comunidade vibrante, você estará pronto para levar o seu trabalho criativo para o próximo estágio, para sair e não apenas compartilhar, mas *lançar*. Isso vai além de mostrar o que faz. Trata-se de subir ao palco e aparecer para todo mundo ver. Com a sua comunidade mantendo-o no topo, há grandes chances de você ser visto acima da multidão.

É hora de aparecer.

12

Lançar!

Você tem algo importante a contribuir e precisa se arriscar fazendo essa contribuição.

— MAE JEMISON

É hora de subir ao palco de maneira grandiosa. Não se trata de fazer outro post no blog, compor outra música ou escrever outra história. Trata-se de criar algo transformacional, de extrema importância para você, para a sua comunidade e para o seu caminho criativo: um novo romance, álbum ou negócio. Uma grande guinada. Um projeto que representa meses ou mesmo anos de dedicação e esforço.

Para ser claro, *não importa* o que você fizer com os resultados de seus esforços criativos, fazer o trabalho em si é intrinsecamente valioso e gratificante. Pendure a sua pintura na parede de uma vez por todas. É uma tremenda alegria estar cercado de coisas que você criou. Sendo assim, se estiver disposto a dar o próximo passo, as possibilidades serão verdadeiramente infinitas.

Quando chegou a hora de lançar a CreativeLive, eu já dominava o processo. Havia mostrado coisas importantes para a minha comunidade tantas vezes que meus calos de lançamento estavam calejados. Mas eu ainda tremia de nervoso. Ainda tenho as fotos daquele período: xícaras de café vazias por todos os cantos, todo mundo com os cabelos em pé, quadros brancos com listas que diziam: "Merda, isso vai estourar." Estávamos todos frenéticos, com olhos vermelhos de tão exaustos. Essa é a natureza de qualquer grande empurrão. Acho que ajuda saber que é normal durante os tempos de crise criativa.

Este capítulo é sobre lançar coisas grandiosas que importam. Melhoramos com a prática, mas esse nervosismo nunca desaparece completamente. Como Kelly McGonigal explicou em seu livro *The Upside of Stress: Why Stress is Good and How to Get Good at it* [*O Lado Bom do Estresse: Por que o Estresse é Bom e Como ser Bom Nisso*, em tradução livre], ficamos nervosos em momentos como esses porque investimos nosso tempo e esforço neles. Nós nos importamos com o resultado e nosso corpo tenta nos ajudar a alcançar nossa meta, entrando em um modo de alerta máximo. Se eu não sentir esse nervosismo antes do lançamento é um sinal de que o trabalho não está pronto, porque ainda não investi tudo o que tinha para investir nele. Se eu tiver a expectativa de que qualquer outra pessoa dê atenção ao meu projeto, tenho que acreditar no que estou lançando.

Esse capítulo é o ápice do Passo IV. Você já encontrou seus colegas e colaboradores. Criou uma comunidade própria, uma tribo que conhece o seu trabalho. Agora é hora de encontrar a coragem de apertar "enviar" em algum projeto que o trouxe ao seu limite criativo. O trabalho não estará feito até você parar de investir seu tempo nele — ou, muito melhor, compartilhá-lo com o mundo.

Mas aqui está o segredo que ninguém se deu ao trabalho de contar: esse passo não é o fim. É apenas o começo de outro capítulo emocionante da sua vida como criador. Essa é a parte em que a sua criação dá certo no mundo e o impacto da sua criatividade começa a se tornar mais amplamente conhecido.

Compartilhamento e constrangimento

Se estamos orgulhosos do trabalho que fizemos e criamos um público em sintonia com nossas ideias e crenças, qual é o problema em compartilhá-lo? Eles vão amar o que temos para oferecer, certo? Mesmo assim, muitas vezes ainda sentimos um desejo dominante de escondê-lo. Podemos até, hesitantemente, deixar nosso trabalho cair no chão e nos esquivarmos, em vez de segurá-lo bem no alto para todo mundo ver.

Quando resistimos ao compartilhamento com orgulho, estamos dando ouvidos ao constrangimento. O constrangimento é uma voz traiçoeira dizendo que você não é bom o suficiente. Que, se cometer um erro, isso significa que você é um erro. Que, se as pessoas não gostarem do seu trabalho, não gostam de você. O constrangimento pode ser incapacitante para qualquer criador. Alguns de nós enfrentam sentimentos mais profundos de constrangimento do que outros, mas ninguém está completamente imune. Ninguém nasceu com esse sentimento. O constrangimento é algo que vestimos no início da vida e depois ele fica lá, *grudado*, como uma camiseta suada. Sem ser investigado, ele asfixiará as suas ambições e sufocará a sua criatividade até a morte.

Uma lembrança antiga me veio à mente: estávamos em um casamento da família. Eu tinha uns oito anos e estava me divertindo muito. Fiquei maravilhado durante o corte do bolo, a dança dos noivos, todos aqueles rituais de casamento — sou fascinado por tudo isso até agora. Eis que chegou a hora de a noiva jogar o buquê de flores. Uma multidão se reunia atrás dela (não presto muita atenção a esse tipo de composição). Todas estavam muito empolgadas. Que *divertido*. A noiva olhava para trás, fingindo que ia jogá-lo a qualquer segundo. A multidão foi para a frente ansiosamente.

Entendi — é um jogo! Este é o meu momento! Como praticava esportes, essa era a oportunidade perfeita para receber um pouco dessa atenção e dos elogios de que gosto tanto. Ninguém nunca acreditaria em como eu podia ser rápido e como podia pular alto. Correndo a seis metros do palco à esquerda, dou um salto, perfeitamente cronometrado, e agarro as flores no ar, pouso deslizando na pista de dança até parar, para a grande decepção de todas as mulheres solteiras e centenas de espectadores.

Triunfante, eu me recompus, levantei na frente dos convidados do casamento e segurei o buquê como se fosse um troféu, sorrindo de orelha a orelha.

Cri... cri... cri... Depois risos. Apontando para mim.

Meu rosto ficou vermelho. Depois de apenas alguns segundo que pareceram uma eternidade, meu pai se aproximou de mim, pegou o buquê e o devolveu à noiva com um sorriso no rosto, acenando com a cabeça. Enquanto a festa no salão voltou a se animar por causa do buquê que seria jogado novamente, meu pai me levou para um canto do salão, lágrimas se formando em meus olhos. Eu não tinha entendido direito o que acontecera, mas sabia que tinha feito algo errado.

Meu pai poderia ter sido duro comigo — o que não seria muito incomum. Mas não foi isso o que ele fez. Em vez disso, ele se ajoelhou, olhou bem nos meus olhos e elogiou a minha pegada. Isso ajudou. Em seguida, explicou onde errei e o que era toda aquela tradição do buquê. Ainda me sentia envergonhado, mas o sentimento por trás daquilo era culpa, e não constrangimento. Eu tinha feito algo errado, mas *eu* não estava errado. Estava tudo bem. Eu só tinha cometido um erro.

Mas nem sempre as coisas se resolviam dessa forma. Passei por constrangimentos muitas vezes, assim como você. Mas, se não fosse pela maneira que meu pai lidou com essa situação, provavelmente não teria me oferecido para dar uns passos de *breakdance* na frente de dois mil estranhos em uma viagem em família alguns anos depois. Sou grato.

Se você mostra alguma coisa ao mundo e as pessoas não gostam ou ignoram, o constrangimento que carregamos diz: "você é ruim." Mas o negócio é o seguinte: *você não é o seu trabalho*. É difícil se conformar com isso, porque o seu trabalho reflete a sua pessoa, suas habilidades, seus gostos, seus valores e suas crenças. É preciso se tornar vulnerável para criar e ainda mais vulnerável para compartilhar suas criações com os outros.

Mas a situação fica mais fácil com a prática. E toda vez que compartilhar enquanto enfrenta o medo, o seu trabalho tem a chance de se tornar exponencialmente mais valioso.

Encarei o constrangimento muitas vezes. Eu fiquei constrangido de contar aos meus pais que estava desistindo do futebol profissional; mais tarde, da faculdade de medicina e, de novo, do doutorado. Tanto Kate quanto minha família apoiaram as minhas decisões, o que ajudou, mas não fez os sentimentos desaparecerem por completo. Eu mesmo tive que lidar com esse constrangimento, arremessá-lo para longe e deixá-lo se acalmar, tarefa na qual me tornei cada vez melhor com a prática.

Como criadores, cada um de nós precisa aprender a ter cuidado e carinho por nós mesmos, principalmente no que diz respeito à criatividade. Eu adoraria que você considerasse este livro inteiro como um manual para atingir esse objetivo. As ferramentas disponibilizadas aqui são destinadas a fazer por você o que meu pai fez por mim naquele casamento: confortá-lo, mostrar o que fazer diferente e mandá-lo de volta à pista de dança, onde há toda uma nova camada de vantagens para realizar o trabalho criativo que você nasceu para fazer.

Quando operamos no modo constrangimento, acreditamos facilmente nos pensamentos terríveis sobre nós mesmos que ouvimos em nossa cabeça. Mas eles não são quem nós somos. A meditação me ensinou que não sou os meus pensamentos. A prática da meditação ao longo dos anos tornou muito mais fácil para mim observar e identificar a voz do constrangimento e confrontá-la pela fraude que é.

Existem muitas maneiras diferentes de lidar com a vulnerabilidade do compartilhamento e o constrangimento que às vezes pode vir como resultado. Em uma conversa no podcast, Brené Brown dividiu comigo que possui uma pequena lista na carteira com o nome de algumas pessoas que mais importam para ela. Sempre que sente muito o peso da opinião de outras pessoas, consulta a tal lista. "Eu decepcionei alguma dessas pessoas? Não? Então eu vou ficar bem".

Você nunca terá o consentimento de todos que conhece (muito menos dessas pessoas aleatórias das redes sociais) sobre a sua decisão de ir em busca da criatividade. É certo que nunca terá um feedback positivo unânime em tudo o que fizer. Aliás, se o trabalho que fizer receber *apenas* elogios, tome cuidado. O seu melhor trabalho provocará uma reação forte, positiva *e* negativa. Como diz Esopo, quem tenta agradar a todos não agrada a ninguém — especialmente a você.

Dependendo do que faz e do quanto cobra, você pode construir uma carreira lucrativa desempenhando um trabalho que agrada apenas uma pequena parcela das pessoas que o veem. Depois de encontrar seus verdadeiros fãs, esqueça o resto da internet e todos os invejosos. Concentre-se em fazer o trabalho que ama e em colocá-lo nos canais certos, onde o seu público o encontrará. Obviamente, é preciso muito trabalho para isso acontecer — falarei mais sobre isso em um minuto —, mas esse não é o ponto aqui. A solução está em desenvolver uma mentalidade de compartilhamento, independentemente da resposta de todas as outras pessoas.

Depois de cultivar uma mentalidade de vulnerabilidade e compartilhamento e mostrar seu trabalho para o mundo, o resto — o retorno de quem receber o seu trabalho — é resto. Hoje está entre nós, amanhã desaparece. Mas o seu trabalho permanecerá lá.

Crie uma mentalidade de compartilhamento

No capítulo 4, aprendemos a cultivar a mentalidade criativa, enfrentar nossas inseguranças, evitar a síndrome do impostor e seguir o impulso de nossas paixões, em vez de nos forçarmos a estar onde achamos que deveríamos estar. Se por acaso você ainda não leu o capítulo 4 por estar ansioso para chegar a esta parte do livro, volte lá, leia-o e coloque as recomendações em prática. A sua cabeça precisa estar preparada para essa tarefa.

Compartilhar nosso trabalho requer a mesma resiliência, a mesma disciplina e a mesma atenção ao autocuidado que a criação para início de conversa. O legal é que você já vem construindo essa capacidade como um músculo, praticando o seu ofício. Agora é hora de desenvolver a próxima camada de resiliência. Desenvolvemos a mentalidade de compartilhamento com a prática e começando pequeno. Se você quiser dar uma palestra no principal palco do TED, não vá direto para a parte de enviar o formulário. Participe de um grupo de improvisação local para trabalhar as suas habilidades de oratória. Encontre oportunidades de dar palestras curtas e não remuneradas em conferências menores em sua comunidade. Faça uma noite de apresentação ao vivo — qualquer coisa para estar na frente de um monte de estranhos e acumular experiência.

É natural ter medo quando começamos a cultivar o hábito de compartilhar o nosso trabalho criativo, mesmo que seja com seu cônjuge ou colegas de trabalho. Comece pequeno e seja consistente. Se quiser publicar um livro, não fique trancado em um cômodo por seis meses escrevendo. Comece compartilhando as suas ideias iniciais com amigos e mentores ou nas redes sociais. Depois, passe para contos ou longos posts no blog. É como levantar peso: aumente-os aos poucos, ou você corre o risco de distender um músculo. Quando enviamos algo pequeno com regularidade, não apenas flexionamos os músculos criativos, como ficamos cada vez melhores em compartilhar e lidar com as coisas mais complexas, o trabalho mais arriscado, porém mais gratificante que fará na vida.

O sucesso é passageiro, o fracasso nunca é permanente. Qualquer que seja o retorno recebido por seu trabalho, mesmo que seja um sucesso estrondoso, lembre-se: ele também passará.

Ao desenvolver uma mentalidade de compartilhamento, passe a pensar em autenticidade e vulnerabilidade. Aprender a usá-las leva tempo e prática. O sucesso não acontece do nada. Nem para qualquer um. Quem pensa que o sucesso é como ganhar na loteria não faz ideia de quanto trabalho está envolvido *antes* de alguém se tornar vastamente reconhecido por seu ofício. Brené Brown estava praticando o seu ofício e criando sua própria comunidade muito antes da palestra do TED que a levou à fama "viral" (Há milhares de palestras de TED e TEDx; no entanto, quantos desses palestrantes tiveram o mesmo destino de Brené?). Tim Ferriss planeja cada etapa do lançamento de cada livro com meses de antecedência, alinhando dezenas de entrevistas em podcasts, planejando cada fase de sua estratégia e fazendo tudo o que estiver ao seu alcance para sustentar os frutos de seu trabalho. Ele acaba se tornando seu melhor aliado.

E assim você também deve ser. O sucesso que vemos é sempre apenas a ponta do iceberg e este capítulo é sobre o que acontece debaixo da superfície.

Cultive o apoio

Quando chegamos ao topo de uma montanha, estamos apenas na metade do caminho.

Esse não é apenas mais um clichê. Subi o Monte Kilimanjaro, o pico mais alto da África, com Melissa Arnot Reid, a primeira mulher americana a escalar o Monte Everest e sobreviver à descida sem oxigênio suplementar. Por mais empolgante que seja chegar ao topo, assim que chegamos ao pico ela me lembrou que eu ainda enfrentaria um tremendo desafio.

Talvez fosse o ar rarefeito que estava respirando, mas eu simplesmente não tinha me dado conta de que ainda tinha metade da jornada a seguir. Da mesma forma, você pode criar a sua arte por conta própria, mas compartilhá-la requer outro nível de esforço raramente visto pelo observador casual. Se você deseja causar um impacto no mundo com a sua criação, precisará se promover e criar uma comunidade de apoio — um trampolim — para ajudar seu trabalho a causar esse impacto.

Meu conselho? Seja leve e vulnerável na criação e intenso e ousado no compartilhamento.

Já falamos sobre o que fazer se seus familiares e amigos não o apoiarem no seu caminho criativo. Você pode até achar que as suas comunidades existentes não apostam tudo na sua criação ou não o apoiam como você gostaria. E tudo bem. Um dos maiores erros que cometemos é tentar conquistar os inimigos. Esqueça-se deles! O nome deste jogo é concentre-se nas pessoas que respondem positivamente ao que faz. Cultive essas conexões. Mesmo se apenas um punhado de pessoas torcer por você, já estará valendo. Você se lembra de Brandon Stanton, do Humans of New York? Hoje ele tem mais de 20 milhões de seguidores, mas o primeiro retrato que postou não teve nenhuma curtida e apenas um único comentário de um amigo da faculdade. É sempre bom lembrar que, se considerar a visão de longo prazo, essas são apenas as primeiras sementes plantadas na sua comunidade. Você aprenderá mais dando atenção às poucas luzes positivas no seu caminho do que se preocupando com as milhões de outras que ainda não o conhecem — sem mencionar os invejosos.

É claro que isso não é fácil. É preciso uma bússola interna resistente.

Lembro-me, então, da minha experiência no lançamento do Best Camera. Acho que nunca me senti tão sozinho como naqueles primeiros meses. Não por causa da minha equipe ou da nossa comunidade — tivemos muitos fãs alucinados quase que imediatamente —, mas porque meus colaboradores no projeto basicamente me abandonaram desde o início. Teria sido muito fácil focar a falta de suporte dos desenvolvedores e deixar que isso me desestabilizasse completamente, me levasse à autopiedade e à rendição. Enfrentei dificuldades, mas ainda me expunha, repetidas vezes, na mídia, na TV, online — onde eu pudesse defender um projeto em que acreditava com paixão. O resultado final teria sido o mesmo se eu não tivesse feito isso, mas eu estava ali de corpo e alma para mim mesmo e para o meu trabalho quando foi necessário. Toda vez que aparecemos para o nosso trabalho, deixamos tudo mais fácil para nós mesmos para a próxima vez.

O ciclo de compartilhamento

Alguns dirão que basta fazer o trabalho, mas acredito que compartilhar e divulgar o seu trabalho não é uma simples estratégia de "marketing". São funções profundamente gratificantes e necessárias da sua criatividade. São uma maneira de mostrar a si mesmo que você valoriza o seu próprio trabalho. Aliás, existe um fluxo circular na vida de qualquer pessoa criativa saudável e produtiva: Crie> Compartilhe> Divulgue> Cultive a Comunidade> Crie (novamente). Os criadores profissionais mais prolíficos, bem-sucedidos e proeminentes estão sempre seguindo esse ciclo, às vezes dando várias voltas diferentes para projetos diferentes ao mesmo tempo.

Há muito mais no compartilhamento do que apenas apertar a tecla "enviar". Promover e cultivar a comunidade são dois processos ativos e práticos que consomem tanto tempo quanto fazer o trabalho em si. Você pode passar anos elaborando uma obra-prima, mas o esforço promocional precisa ser programado com cuidado, se quiser ganhar impulso. Com o tempo, você aprenderá a fazer a transição mental e emocional para a promoção, mas isso requer prática. O bom é que, assim que estiver promovendo, passará a pensar em si mesmo como um auxílio para as pessoas que podem ser ajudadas ou inspiradas pelo seu trabalho. Em vez de vender um produto, você será um guia para essa pessoa. Você será muito mais eficaz se não se sentir tão envolvido em seu trabalho.

Todo mundo faz isso. Ninguém, por mais famoso ou bem-sucedido que seja, consegue pular a fase de compartilhamento e ficar apenas criando o dia todo. Um longa-metragem não fica "pronto" na noite de estreia. Observe aqueles atores famosos. Por mais encantadoras que sejam suas vidas, eles trabalham. Passam meses antes das filmagens preparando as condições físicas perfeitas para HD. Passam meses filmando exaustivamente. Então você os verá de volta ao trabalho, preparando-se para a noite de estreia: fazendo uma turnê internacional, usando suas redes sociais para promover o engajamento, gravando entrevistas especiais e outros recursos para o lançamento, o que for necessário para servir de apoio a todo o trabalho árduo que investiram no próprio filme. Isso honra o trabalho. É possível realizar o trabalho e, ao mesmo tempo, permanecer autêntico à sua identidade como criador.

Pense na sua banda favorita. O show que fizeram na sua cidade natal no verão passado? Isso é uma divulgação para vender cópias do último álbum. Quando visto por esse lado, é interessante perceber como a divulgação é simples e aceitável. Amamos nossas estrelas do rock. Lá do palco, estão mostrando o amor pela própria arte e compartilhando esse amor com você. Independentemente da área, sempre existe o mesmo tipo de oportunidade para você compartilhar o *seu* trabalho. Sei que é conveniente a música ter um elemento de performance não tão óbvio em outros ofícios criativos —, mas não há motivos para você não adotar a mesma mentalidade quando chegar a hora de compartilhar o que criou.

Tudo bem se você for um criador que consegue todo o valor que deseja ao criar em seu estúdio, se o processo criativo por si só for suficiente para você, então, sim, esse ciclo de compartilhamento pode não ser para você. Não julgo. Mas, fora essa rara exceção, celebrar o seu trabalho publicamente é uma parte animada, útil e benéfica do processo criativo em todas as áreas. Aliás, eu diria que os grandes artistas alcançaram essa grandeza em parte porque despenderam tempo e energia convidando você para conhecer o trabalho deles. O esforço necessário para espalhar a mensagem sobre o nosso trabalho é uma extensão do próprio trabalho, um fator em nosso crescimento e desenvolvimento como criadores. Contar sobre o seu trabalho, explicar como funciona, passar pelas perguntas sobre ele e ficar ao lado dele para o mundo ver, tudo isso pode ser compreendido como *atos internos* que ajudam você a entender melhor o trabalho do que simplesmente colocá-lo em uma prateleira para comercialização e seguir a vida.

Caso não queira compartilhar

Uma coisa é certa, ninguém nasce sabendo compartilhar. No começo, é sempre desconfortável. Sabendo disso, se estiver resistindo muito a divulgar o seu trabalho, é hora de se perguntar: estou trabalhando na coisa certa? Se seguiu a sequência de leitura deste livro, já está no caminho de fazer o seu melhor para realizar o trabalho que realmente deseja fazer. Se pulou algumas partes, agora é a hora de voltar e concluir a leitura, porque pode ser que você não esteja em contato real com o seu chamado criativo.

De volta ao doutorado, tentei de todas as formas incorporar a criatividade à minha escrita acadêmica. Apesar de todo o esforço, nunca quis compartilhar meu trabalho com ninguém do meu círculo de amigos. Acabei percebendo que era porque não tinha orgulho do meu trabalho. Não eram as fotos que eu realmente queria criar. Estava fazendo o possível para tirar o melhor proveito dessa situação, mas não estava seguindo o meu caminho. Minhas aspirações eram diferentes e estavam sendo ignoradas. Estava buscando a minha arte com a autonomia limitada que tinha na época, e era melhor do que não criar nada, mas criar pela metade não seria suficiente. Por fim, essa resistência foi uma coisa boa. A ausência de orgulho em compartilhar o meu trabalho fez com que eu percebesse que estava trabalhando na coisa errada e que precisaria abandonar o doutorado de vez.

Quando amamos o nosso trabalho, temos a sensação de que ele precisa ser mostrado ao mundo. A sensação não é de estar "vendendo" o seu trabalho, se acredita que ele deixará as pessoas mais felizes, pensativas, promoverá mudanças sociais, ajudará as pessoas a se sentirem mais realizadas, entretidas, o que for. Não tem nada de errado ou egoísta em divulgar, compartilhar ou convidar outras pessoas para o seu trabalho se realmente tiver orgulho dele. Nesse caso, você não está querendo apenas voltar os olhos das pessoas ao seu trabalho, mas sim seu coração e mente, criando uma conexão humana.

O desejo de atrair a atenção ao nosso trabalho pode ser alimentado pelo amor que sentimos por ele. Da mesma forma que temos que aprender a nos amar e ser gentis com nós mesmos, precisamos aprender a amar o que fazemos. Obviamente, sempre encontraremos alguma coisa que pode ser melhorada da próxima vez. Esse sentimento não desaparece nunca e está aqui comigo neste exato minuto enquanto estou escrevendo esse livro para você. Mas vejo isso como um sinal de que ainda estou engajado e crescendo como criador.

Independentemente do seu projeto, ou processo, é essencial cultivar o amor pelo que você fez e reconhecer o valor que o seu trabalho tem para os outros. Se não estiver sentindo isso, é um sinal para você se sintonizar novamente. Volte para o Passo I do livro. Releia-o, se for necessário. Assim que passar a fazer o trabalho que nasceu para fazer, essa resistência desaparecerá por completo.

Reconheça a sua ambição

A expressão criativa é tão importante para a saúde humana quanto o exercício físico e a atenção plena. Algumas décadas atrás, "correr" era uma moda de gente esquisita. Como sociedade, no entanto, descobrimos coletivamente que a atividade física regular não é coisa de gente esquisita. Em uma era de conveniências modernas, havíamos simplesmente esquecido que o movimento é crucial para o nosso bem-estar. Estamos prestes a redescobrir o mesmo sobre a criatividade também.

Supondo que seja verdade, você deve estar se perguntando por que não basta fazer o seu trabalho e guardá-lo na gaveta. Afinal, podemos meditar sempre sem ter que ir a um retiro silencioso, e podemos também treinar sete minutos todas as manhãs sem correr uma maratona nem participar de uma competição de CrossFit.

CHAMADO CRIATIVO

Você está manifestando o seu poder criativo por um motivo. Tudo bem trabalhar apenas para manter suas habilidades criativas, para ser mais humano. Despertar o seu encanto criativo é bom, assim como respirar o ar puro. Dá sustento à vida e é prático por si só. Porém observei que *sempre* existem maneiras divertidas e gratificantes de tornar o seu trabalho parte integrante da vida, seja abrindo um negócio ou simplesmente compartilhando vídeos engraçados com os amigos. Mostrar o seu trabalho cultiva a conexão, aprimora o seu ofício e permite que se torne mais forte e melhor naquilo que ama. Faz parte do ciclo lançar as suas criações no mundo. Isso fecha o ciclo e fornece acesso a uma sensação de satisfação mais plena.

A minha experiência e o que aprendi ao conversar com milhares de criadores ao redor do mundo mostram que, à medida que melhoramos, que nos apaixonamos por nosso trabalho, naturalmente nos vemos querendo encontrar um público e ajudá-lo a causar impacto. Todos nós acabamos entendendo melhor o nosso trabalho quando o compartilhamos, porque é no processo de compartilhamento que o potencial do nosso trabalho se revela ainda mais.

Se o seu trabalho for sobre a dor que vivenciou, ao compartilhá-lo poderá processar melhor as suas emoções *e* confortar outras pessoas ou até mesmo ajudá-las a evitar os mesmos erros. Como forma de passar pelo luto devido à perda de seu irmão, Mariangela Abeo começou a criar retratos de pessoas tocadas pelo suicídio. Seu projeto, *Faces of Fortitude* [*Faces da Fortaleza,* em tradução livre], oferece um espaço seguro e sem estigmas para conversar sobre a saúde mental e dividir histórias de perda e sobre-vivência. Esse espaço era desesperadamente necessário. Ao compartilhar a sua experiência — da forma que for necessária — você pode vivenciar a cura, conectar-se com outras pessoas, processar a sua dor, inspirar os outros ou uma combinação de todas essas experiências.

Não deixe que nada disso o sobrecarregue no começo. Assim como quando começa a flexionar seus músculos criativos, esse crescimento ocorre naturalmente — se estiver disposto a começar com pequenas ações. Por exemplo, no início de uma nova prática de atenção plena, a ideia de um retiro silencioso de dez dias pode parecer desanimadora, até assustadora, mas ninguém está dizendo que precisa fazer isso para obter um benefício da meditação. Minha esposa, Kate, começou a meditar depois de ter sido inspirada por uma amiga e, com o tempo, passou de uma sessão diária de cinco minutos a retiros de vários dias e acabou se tornando instrutora de atenção plena (para ela, seria um absurdo ensinar meditação na primeira vez em que se sentou para meditar anos atrás).

Torne-se proativo. Não minta para si mesmo. Se a sua visão secreta for se tornar autor best-seller do *New York Times*, mergulhe de cabeça: participe de grupos de escrita, escreva um blog, envie histórias para publicação, acumule o maior número possível de cartas de rejeição.

Você pode apenas estar começando em seu caminho. Se não quiser compartilhar e apenas criar para si mesmo por enquanto, não tem problema nenhum. Perceberá que, à medida que sua prática cresce, seus sentimentos mudam. Se começar a cozinhar, pode gostar de fazer refeições elaboradas para si mesmo ou para a sua família por um bom tempo. Porém você pode começar a se perguntar se teria a capacidade de enfrentar outro nível de complexidade: dar um jantar completo. Depois de superar esse desafio, pode ser interessante abrir um bufê. Ou não.

Não precisa ser grandioso. O hobby de desenho em carvão pode levar a uma nova tradição anual de enviar cartões de Natal feitos à mão para todos os seus familiares e amigos. Afinal, *South Park* começou como um cartão de Natal em vídeo.

Mas a verdade é a seguinte: acredito que você tem, sim, uma ambição. Muitos de nós aprendemos a mantê-la trancada dentro de nós mesmos. Temos medo até de admitir. Mas e se você pudesse manifestar a sua ambição com toda a sua glória? *Você se sentiria muito vivo ou não?*

Desenvolva a energia de compartilhar

Nada disso é fácil. É por isso que é necessário energia, capacidade física e emocional para fazer o trabalho. A aptidão física, a nutrição e a atenção plena são especialmente importantes para os criadores, pelas enormes demandas impostas pela criação e divulgação do trabalho. Se você se permitir chegar ao ponto de esgotamento, estará enfraquecido quando for tentar lançar o seu negócio, apresentar a sua visão em uma reunião importante ou publicar o seu livro. É necessário haver ainda mais energia toda vez que lidamos com algo novo — e o compartilhamento pode ser uma experiência completamente nova para você.

Tony Robbins obtém resultados incríveis para as pessoas que participam de seus seminários. Tive o privilégio de trabalhar com Tony nesses encontros em algumas ocasiões. Sempre saía de lá com algo mais claro na cabeça. Mas a parte mais impressionante é ver Tony ativar a energia nos outros (e ensiná-los a ativá-la em si mesmos). Ele entende quanta energia é necessária para fazer grandes mudanças na sua vida, seja adotando um novo hábito ou assumindo um grande risco. É por isso que todos ficam pulando e andando no fogo. Essas técnicas são apenas os primeiros e mais visíveis passos para reconectar nosso sistema nervoso. Elas nos lembram como é sentir a energia verdadeira no corpo e que ela está disponível para nós sob demanda.

Não estou sugerindo que faça uma festa toda vez que precisar compartilhar o seu trabalho. Mas não faria nenhum mal.

Em uma conversa no meu podcast, a designer suíça Tina Roth Eisenberg compartilhou uma incrível mensagem de sabedoria que nunca esquecerei: o entusiasmo é mais poderoso — e também mais valioso — do que a confiança. A confiança é toda sobre você mesmo — você a desenvolve orquestrando repetidamente os resultados de sucesso. À medida que conclui e compartilha o seu trabalho, a sua confiança aumenta, mesmo se o trabalho não tiver sucesso externamente. Você aprende que tem uma função e que pode concluir o que inicia. Obviamente, essa é uma característica importante e útil de se ter.

O entusiasmo passa confiança e energia aos outros. Assim, seus efeitos são potencialmente muito mais valiosos. Se puder animar dez ou mesmo centenas de pessoas, pense nos efeitos, no valor e na energia da interação que são possíveis de se criar em torno do seu trabalho.

De mãos dadas com o entusiasmo e a confiança, agora só falta um pouco de coragem. A coragem é o que você precisa para começar — antes que a confiança seja construída pela repetição e antes que o entusiasmo esteja lá para inspirá-lo. É a capacidade de fazer aquilo que o assusta. E se você combinar essas três forças? Cuidado!

A confiança, a coragem e o entusiasmo desempenham um papel central no sucesso de qualquer pessoa. Eles afetam a maneira como você se comporta no mundo. É a diferença entre "Hum, aqui está o meu trabalho? Eu... eh... espero que você goste? Tchau". E "Aqui está o meu trabalho. Adoraria receber um feedback". Compartilhar com coragem, confiança e entusiasmo faz você começar com o pé direito.

O sucesso não é necessário

O compartilhamento bem-sucedido não significa que o trabalho será um "sucesso". Mas *não precisa ser um sucesso*. É importante saber disso. Pode ser que você faça tudo certo e ainda assim as coisas deem errado. A mentalidade e a energia que você traz o manterão resiliente a todos os fracassos que enfrentar como criador. Sem elas, você desmoronará imediatamente. Já parou para pensar quantas jogadas Michael Jordan *errou* durante sua carreira? Mais de nove mil. Vejamos no beisebol: um lendário rebatedor consegue devolver a bola uma média de 0,300 vezes, o que significa que ele acerta apenas uma a cada três vezes. Pense em qualquer empresário famoso, e sua biografia (verdadeira) servirá basicamente de indicador de fracassos entremeados por algumas grandes vitórias. Pensamos o contrário apenas por causa da nossa tendência de minimizar o fracasso e ficar remoendo o sucesso ao contar a história depois.

Você pode fazer tudo certo na criação e no compartilhamento do trabalho, e mesmo assim não há como garantir o sucesso. O Best Camera se tornou um grande sucesso, mas, no final das contas, foi meu maior fracasso. Quanto potencial perdido. As lições que aprendi com esse fracasso se tornaram a chave para o sucesso da CreativeLive. Aprendemos com cada fracasso. Ganhamos confiança com o fracasso, passamos a crer que todo fracasso contém uma lição ou uma oportunidade. É a maneira de o universo nos dizer alguma coisa que ainda não tínhamos entendido.

O propósito desse livro não é ensinar *o que* pensar sobre a criatividade, mas sim *como* pensar nela. Uma mente bem preenchida perde para uma mente bem formada. À medida que colocar a sua criatividade em prática, compartilhar esse trabalho e lutar pelos resultados, você verá como essas lições são importantes.

Comece a fazer isso agora mesmo. Pense em um fracasso do passado, de cinco anos ou mais: a perda de um emprego, o término de um relacionamento, uma catástrofe financeira. Provavelmente, agora você está em uma posição de entender a verdade por trás desse fracasso: o motivo de você estar onde está hoje.

Se o que está enfrentando ainda não fizer sentido, se não conseguir ver a lição por trás disso tudo, você ainda não se afastou o suficiente para ter uma visão mais ampla. Pode ser caótico e assustador estar em meio à bagunça, mas, se você adotar uma visão mais ampla e até rir das dificuldades, essa noção de perspectiva o salvará e o manterá no seu caminho para realizar qualquer coisa.

Quando criamos, não se trata apenas da criação de uma arte, um produto ou uma empresa, mas sim da criação de *possibilidades*. Não teremos a consciência de todas, mas elas estão lá. É um ciclo virtuoso. Você passará a ver a vida que você realmente é capaz de criar para si mesmo somente se adotar a sua criatividade inata. Será assustador no início, mas se aprender a ver o medo como ele realmente é — um sinal de que se importa com o resultado — passará a desvendar um mundo completamente novo.

Leia por Último

Stevens Pass é uma estação de esqui pequena, mas poderosa, situada em uma passagem entre as montanhas a algumas horas ao leste de Seattle. Eu esquiava lá desde pequeno, tomando o "ônibus de esqui de sábado" na maioria dos fins de semana de inverno. Depois de adulto, passei muitos dias felizes lá aprimorando minhas habilidades fotográficas com os amigos.

Que prazer senti quando o resort contratou meus serviços de fotografia. Nos cinco anos seguintes, meu trabalho foi reformular a identidade visual da marca para atrair um mix de clientes dinâmicos — de famílias jovens aos melhores praticantes de esqui e snowboard.

Embora, na época, a fotografia me levasse para o mundo todo — Nova Zelândia, Europa, Ásia — para trabalhar com marcas gigantescas, Stevens Pass era uma joia de cliente. Aproveitei cada oportunidade de fotografar heróis locais e trabalhar com os novos amigos que estava fazendo no resort. Era o meu tipo de desafio: resolver problemas de forma criativa com pessoas de quem eu gostava, em um lugar que tinha um significado pessoal para mim, cercado pela beleza natural da Cordilheira das Cascatas. Era a minha praia e não poderia estar mais feliz. Quem sempre lida com muitos clientes, aprende a dar valor aos adoráveis. Aliás, nunca deixo de dar valor aos momentos em que estou com pessoas boas fazendo o que amo.

À medida que o projeto progredia, acabei ficando mais próximo de Chris Rudolph, o jovem diretor de marketing do resort, conhecido entre seus amigos como "o embaixador de todas as coisas radicais". Ele era meu tipo de cara: obstinado, alegre, indomável. Chris personificava a criatividade. Fazia de tudo para tornar a sua vida e a vida das pessoas ao seu redor muito melhor, como mostrava o adesivo no para-choque da sua camionete: "Seja a pessoa que seu cachorro acha que você é."

Foi um páreo duro já que havia muita concorrência, mas ele conseguiu um emprego extremamente criativo na estação de esqui e, com coragem e garra, como se fosse da noite para o dia, ele promoveu aquela pequena área de esqui em um cantinho do país a um destino secreto para a elite dos esportes de inverno: atletas, fotógrafos e cineastas. Eu e Chris nos demos bem de imediato. Quando eu não estava na área, mantínhamos contato para o caso de previsão de uma forte nevasca. Assim, eu pegava um avião com a minha equipe de produção de onde estivéssemos trabalhando para voltar e capturar aqueles dias perfeitos em Stevens Pass.

Quanto mais tempo passávamos lá, mais eu e Kate nos aproximávamos de Chris e sua namorada de longa data, Anne. Toda vez que chegávamos para eu registrar as pistas em perfeitas condições, ficávamos juntos depois da sessão de fotos para comer alguma coisa e contar as novidades tomando cerveja em frente à lareira.

Certo dia, durante o inverno de 2012, saí de uma sessão em Veneza e fiz uma rápida viagem a Barcelona para uma possível contratação para a CreativeLive. Na noite em que cheguei à Espanha, estava no meu quarto de hotel, ao telefone com Kate, que estava em Seattle, lendo notícias interessantes de uma tempestade de inverno que traria uma camada de neve fresquinha para Stevens Pass. Nada me deixaria mais feliz do que largar tudo e ir ao resort para registrar as condições ideais.

Enquanto conversávamos, surgiu uma mensagem ameaçadora no Twitter: "Avalanche em Stevens Pass. Esquiadores envolvidos." Senti um calafrio. Uma atualização após a outra e fiquei sabendo que a pista em questão ficava em uma área remota do resort, relativamente inacessível para a maioria das pessoas — exceto para quem conhecesse bem a área. Por todo o tempo que havia passado lá e pela amplitude de meus relacionamentos com toda a comunidade de esportes radicais, havia grandes chances de eu e Kate conhecermos esses esquiadores. Ainda ao telefone, ficamos ansiosos de olho nas redes sociais e nos sites de notícias em busca de mais atualizações, mas não havia nada relevante. Enviei uma mensagem para Chris, que, como diretor de marketing, saberia os detalhes dos esforços de resgate: "Que merda, cara. Pensando em você — espero que esteja tudo bem."

A minha sensação era de impotência ao ver os acontecimentos se desenrolarem do outro lado do mundo. Tarde da noite em Barcelona, fiquei sabendo da terrível notícia. Três esquiadores haviam morrido na avalanche: meu querido amigo Chris Rudolph, outro amigo do Freeskiing World Tour, Jim Jack, e um terceiro esquiador que encontrei algumas vezes chamado Johnny Brennan. Elyse Saugstad, outra esquiadora profissional que conhecia, também foi apanhada pela avalanche, mas, felizmente, sobreviveu.

Fiquei acabado com a notícia. Totalmente destruído.

Também não pude deixar de reconhecer que, se não fosse pela minha viagem de última hora à Europa, talvez eu e minha equipe de produção estivéssemos nas montanhas naquele dia fatídico. Eu já tinha sobrevivido milagrosamente a uma enorme avalanche apenas alguns anos antes; de alguma forma, isso me fez sentir mais próximo daqueles que não sobreviveram. Senti parte do terror que eles devem ter vivido nos seus momentos finais.

Fiz um balanço da minha vida de uma forma que não havia feito desde a última vez que vi a morte de perto: O que teria passado pela minha cabeça enquanto aquele paredão de neve engolia a montanha a 100km/h? Puro medo? Arrependimento? Aceitação? Olhando vagamente pela janela em meu voo matinal de volta a Seattle, só conseguia me perguntar: Será que eu estava realmente vivendo meu propósito de vida? Será que eu estava realizando meu verdadeiro chamado?

Um ano depois, o *New York Times* contou a história da avalanche de Stevens Pass usando uma abordagem de multimídia online inovadora.

Imagens, vídeos, animações e gravações de áudio do dia foram agregados aos primeiros relatórios interativos desse tipo. Quando o jornal me telefonou para contribuir com essa reportagem, intitulada "Neve Caindo", fiquei honrado e, humildemente, ofereci o material que eu e Chris havíamos criado juntos durante vários anos, desde imagens aéreas a cenas épicas de esqui e retratos do próprio Chris. Parecia uma maneira de honrar a sua memória e deixar a sua impressão digital criativa na história, que acabou ganhando um prêmio Pulitzer e se tornou a matéria mais vista online do *New York Times* até hoje. Espero apenas que a popularidade da matéria tenha ajudado a aumentar a conscientização sobre a segurança em situações de avalanches.

Chris, meu amigo — você seguiu seu próprio caminho até o momento em que ele lhe foi tirado. Obrigado por me permitir acompanhá-lo por um tempo. Terei um grande carinho por nossa jornada juntos para sempre.

Estou relatando essa história aqui ao final do livro como um lembrete para você e para mim.

Não escrevi esse livro apenas para compartilhar alguns truques criativos úteis ou convencê-lo a "terminar aquele romance" de vez ou fazer aquele curso de joalheria que não sai da sua cabeça. Esses resultados seriam excelentes, porém secundários, pois não são o meu maior propósito.

Escrevi ests livro para ajudá-lo a liberar uma parte oculta de si mesmo, um espaço crítico profundamente negligenciado em nossa cultura. Muitos de nós vivem com uma incômoda sensação de que alguma coisa importante está faltando. Terminamos a faculdade, construímos uma carreira, começamos uma família, compramos uma casa, fazemos amizades e todas as outras coisas que a sociedade nos impõe para termos uma existência feliz e gratificante. E, mesmo assim, muitas vezes não nos sentimos realizados. Cheguei à conclusão de que a expressão criativa é o que falta para se viver bem.

A criatividade é uma função humana fundamental. Ela imbui tudo o que passamos na vida — toda visão, som e textura — com profundo significado. Se não reconhecermos e exercitarmos a nossa criatividade de maneiras pequenas e consistentes, estaremos minando a nossa capacidade natural de Imaginar, Desenvolver, Executar e Ampliar a vida que devemos ter. Uma vida sem criatividade é uma vida sem intenção, forma e conexão com nossa própria humanidade. Sem a criatividade para revelar a nossa própria função, somos levados pela maré.

Olhando para o texto como um todo, percebo que escrevi o livro que precisava para mim mesmo. Esse é o livro que eu gostaria de ter lido no início da minha própria jornada criativa. Como todo mundo, só queria ser feliz. Demorou um tempo para perceber que a única maneira de ter uma chance na vida era criando oportunidades: ouvindo o chamado e seguindo o meu caminho criativo. Isso se aplica a cada um de nós, e se aplica a você.

A felicidade não é um acidente. A ciência é clara sobre isso: a felicidade humana não é alcançada com as conquistas. É escolhida. Decidimos ser felizes e, em seguida, essa decisão ajuda a gerar as conquistas que nos trazem satisfação, e não o contrário. Ganhar na loteria não o fará feliz, e muito menos a chegada de Mercúrio Retrógrado. A felicidade é uma decisão.

Tem razão, não temos o controle de muitas coisas na vida, desde desastres naturais, como avalanches, a graves problemas de saúde e aborrecimentos diários, como engarrafamentos e torneiras pingando. E ninguém pode evitar os caprichos do destino. Nascidos com ou sem privilégios, não somos responsáveis pelo que o destino nos oferece, mas sim pela forma como *recebemos* nossos preciosos dons e os transformamos em algo concreto através da criatividade. Isso é tudo que podemos fazer. Aliás, estamos aqui para isso.

Sou um otimista persistente. Tenho me esforçado deliberadamente para manter a positividade como uma característica pessoal essencial. Faz bem para a minha vida e para a vida das pessoas ao meu redor. Ficamos estagnados porque achamos que a felicidade e a positividade são conferidas a poucas pessoas de sorte, mas não é bem assim. Os que carregam a felicidade escolheram aceitá-la. Ser positivo não é ter um otimismo cego, aceitar banalidades bregas, ignorar os fatos ou enfiar a cabeça em um buraco. É ver o lado bom em qualquer situação. Dar a atenção às oportunidades e vantagens, em vez de desafios e desvantagens. A positividade significa abordar a vida com a crença de que tudo é possível.

E é.

A negatividade pode parecer familiar se você está acostumado a viver com ela. Se já espera que as coisas não darão certo, você não se decepcionará, certo? Na verdade, a mente está configurada para enfatizar a negatividade. O cérebro evoluiu para priorizar a visão de um predador em detrimento da perfeição estética do pôr do sol emoldurando esse predador enquanto ele se aproxima de você pronto para atacar. Por padrão, observamos o predador e perdemos todo o pôr do sol.

Esse instinto conectado é uma desvantagem no mundo moderno. É literalmente um veneno. O pensamento negativo libera hormônios do estresse, aumenta a pressão sanguínea, enfraquece o sistema imunológico e leva a uma série de outros problemas de saúde. O pensamento negativo prejudica a sua capacidade cognitiva e a memória. O pior de tudo é que a negatividade se torna uma profecia autorrealizável. Quando se espera um resultado negativo, a intuição é sintonizada para agir de acordo, criando o terrível resultado e reforçando essa resposta negativa: "Viu? Não falei que aconteceria isso!" É uma espiral descendente que também é contagiosa. Quando se tem uma visão cética da vida, a sua mentalidade tóxica infecta todos a sua volta, em casa e no trabalho.

O melhor antídoto para o pensamento negativo são os atos criativos. Ou, como afirma o lendário investidor Ben Horowitz: "Não há bala de prata capaz de consertar isso. Não, teremos que usar muitas balas de chumbo."

As pequenas ações criativas diárias sustentam a positividade e inspiram um pensamento resoluto. Em minha própria carreira, a persistência na positividade e na criatividade sempre foi minha arma secreta. Não acredita em mim?

Pense na pessoa mais gentil que já conheceu. Ela é mais positiva ou negativa?

Pense na pessoa mais bem-sucedida que já conheceu. Ela é mais positiva ou negativa?

Pense na pessoa mais feliz que já conheceu. Ela é mais positiva ou negativa?

Se isso não acontecer naturalmente com você, não se preocupe. É uma luta contra a sua biologia. Você tem a capacidade de religar as vias neurais em seu cérebro. Escolher ser positivo, escolher ser feliz, literalmente mudará a sua mente ao longo do tempo. No entanto, para manter-se assim, precisará de um sistema, um conjunto de hábitos e comportamentos. Espero ter fornecido esse sistema nas páginas desse livro.

Essa é a minha missão secreta. Esse é o propósito da estrutura da sigla IDEA. Ao se ensinar a *imaginar* o que é possível para a sua vida, você estará se preparando para o sucesso. Ao *desenvolver* a sua vida de maneira contínua e consistente, descobrirá o que funciona e o que não funciona para você. A *execução* dessa visão fica muito mais fácil depois de traçar um caminho. Escolher *ampliar* a sua criatividade o torna rico de espírito e mais enraizado em sua comunidade. O seu exemplo será uma faísca para acender a chama dos outros.

Nem tudo aqui se encaixará na sua vida. Tudo bem. Assim como montei minha própria abordagem de vida, desconstruindo a vida dos criadores, punks de skate, melhores profissionais do mundo e filósofos que estudei, quero incentivá-lo a pegar o que funciona, integrá-lo à sua própria vida e abandonar o resto. Se ao menos estiver disposto a aceitar que *é* um criador, responsável por projetar e viver seu próprio sonho, meu trabalho estará feito. À medida que sua prática criativa se aprofunda e se expande, você passará a ter mais noção da direção da sua própria vida. Provará a si mesmo, repetidamente, que tem o poder de transformar ideias em realidade. Essa noção da sua função e autonomia é o que mais trará felicidade e satisfação à sua vida.

Siga o seu chamado criativo.

CONHEÇA OUTROS LIVROS DA ALTA BOOKS

Todas as imagens são meramente ilustrativas.

+ CATEGORIAS
Negócios - Nacionais - Comunicação - Guias de Viagem - Interesse Geral - Informática - Idiomas

---

SEJA AUTOR DA ALTA BOOKS!

Envie a sua proposta para: autoria@altabooks.com.br

Visite também nosso site e nossas redes sociais para conhecer lançamentos e futuras publicações!

www.altabooks.com.br

ALTA BOOKS
EDITORA

/altabooks • /altabooks • /alta_books

ROTAPLAN
GRÁFICA E EDITORA LTDA
Rua Álvaro Seixas, 165
Engenho Novo - Rio de Janeiro
Tels.: (21) 2201-2089 / 8898
E-mail: rotaplanrio@gmail.com